高速公路养护与灾害防治

任　宝　孔德超　唐　茗　主编

吉林科学技术出版社

图书在版编目（CIP）数据

高速公路养护与灾害防治 / 任宝，孔德超，唐茗主编 . -- 长春：吉林科学技术出版社，2020.1

ISBN 978-7-5578-6536-8

Ⅰ．①高… Ⅱ．①任… ②孔… ③唐… Ⅲ．①高速公路—公路养护—安全管理 Ⅳ．① U418

中国版本图书馆 CIP 数据核字（2019）第 300579 号

高速公路养护与灾害防治

主　　编	任　宝　孔德超　唐　茗	
出 版 人	李　梁	
责任编辑	端金香	
封面设计	刘　华	
制　　版	王　朋	
开　　本	185mm×260mm	
字　　数	380 千字	
印　　张	17	
版　　次	2020 年 1 月第 1 版	
印　　次	2020 年 1 月第 1 次印刷	
出　　版	吉林科学技术出版社	
发　　行	吉林科学技术出版社	
地　　址	长春市福祉大路 5788 号出版集团 A 座	
邮　　编	130118	
发行部电话／传真	0431—81629529　　81629530　　81629531	
	81629532　　81629533　　81629534	
储运部电话	0431—86059116	
编辑部电话	0431—81629517	
网　　址	www.jlstp.net	
印　　刷	北京宝莲鸿图科技有限公司	
书　　号	ISBN 978-7-5578-6536-8	
定　　价	70.00 元	

前　言

　　高速公路建成通车后，因承受车轮的磨损和冲击，受到暴雨、洪水、风沙、冰雪、日晒、冰融等自然力的侵蚀和风化，以及人为的破坏和修建时遗留的某些缺陷，高速公路使用质量会逐渐降低。因此，高速公路建成通车后必须采取养护维修措施，并不断进行更新改善。高速公路养护必须及时修复损坏部分，否则将导致修复工程的投资加大，缩短高速公路的使用寿命，并给用路者造成损失。高速公路维修还必须注意进行紧急服务和抢修，保持高速公路畅通无阻。在中国及其他发展中国家，高速公路养护还要对原有技术标准过低的路段、构造物和沿线设施进行局部改善、更新和添建，以提高高速公路的通行能力和服务水平。

　　本文主要有十章内容，主要从高速公路工程、桥梁工程、隧道工程、高速公路日常养护与维修、高速公路项目建设、高速公路养护作业安全、养护技术管理、高速公路的灾害修复与养护、高速公路绿化与环境保护、BIM 技术及大数据技术在公路养护中的应用等进行阐述，希望能够有助于工作人员的项目施工和进行。

目　录

绪　论

第一节　公路养护概述

一、简介

为保持公路经常处于完好状态，防止其使用质量下降，并向公路使用者提供良好的服务所进行的作业。

20世纪70年代以来，许多国家都把加强养护作为公路工作的重要技术政策，养护投资占全部公路投资的比重迅速增加，有的已大大超过用于修建的投资。国际道路会议常设协会（PIARC）于1979年设立养护技术委员会，几年来，多次召开会议研究养护问题。1983年在悉尼召开了第17届世界道路会议。

数据显示，截至2012年，全国公路养护里程达411.68万公里，同比增长3.43%，全国公路养护里程占公路总里程的比例达到97.2%，比上年末提高0.3个百分点。

在"以建代养"观念统治的时代，公路养护被放在次要的地位，2006年全国公路的养护覆盖率仅有78%；随着养护不足问题的暴露，公路管理的思路逐渐向"建养并重"靠拢，养路比率一举上升到2012年的97.2%，全养路时代已经到来。但是，过去几年公路养护更多的是覆盖"量"上的变化，而缺少"质"的提高，小修小补居多而缺乏深层次的养护。"十一五"期间全国累计用于公路养护资金约为8011亿元，仅为同期新建公路投资的16.4%，不仅远低于处于后养护时期的发达国家，也低于巴西、墨西哥等其他发展中国家，养护投入中长期有巨大的上升空间。"十二五"期间，长期累积的养护需求的集中爆发将倒逼公路管理思路向"养护优先"转换，中大修和预养护等深层养护的大面积应用将迫使养护投资加速上行。

二、发展过程

中国自古就有养护道路的优良传统。西周时期就设"司空"，负责按季节整平道路，并规定"列树以表道，立鄙食以守路""雨毕而除道，水涸而成梁"。此后，这些规定历代相传，逐渐在人民中树立起修桥补路是美德的传统观念。

高速公路养护管理工作的顺畅进行是保障高速公路可持续发展的必要条件。做好高速公路养护管理工作，提高高速公路的使用效率和服务水平，是高速公路管理部门和经营企业一项长期而艰巨的任务。

然而，目前在高速公路养护管理方面还存在许多问题，如养护管理政策不健全，养护管理体制不顺畅，"重建轻养"思想严重，缺少定额和规范，养护资金投入不够，养护工区规划与高速公路发展不够协调等问题已经突出出来，并将成为影响高速公路运营管理的障碍，影响高速公路养护水平的提高和养管机制的创新。

20世纪初，中国开始修建通行汽车的公路，那时多数省的公路部门只管修路不管养路，只有个别路线如湖南省长潭公路于1927年设立养路道班，进行经常性的养护。30年代，华东、华南各省陆续建立了养路组织，一些有关公路养护管理的规章制度陆续颁布。1939年公路管理部门开始征收公路养路费，作为公路养护的主要资金来源。40年代，西北、西南、中南等地区的主要公路统一建立了养护组织。但在华北平原地区和东北地区，仍采取农闲季节动用民工养路。50年代，各级人民政府交通部门普遍设立了公路养护管理机构，交通部公路总局制订了各项公路养护的规章制度和技术规范，改进了养路费征收办法。1955年国务院颁布了《关于改进民工建勤养护公路和修建地方道路的指示》。中国的公路养护不仅保证了公路的完好畅通，并将许多不合乎标准的公路和大车道逐步改建成符合一定技术等级的公路。

2010年12月28日，交通运输部部长李盛霖在全国交通工作会议上介绍：截至2010年年底，我国高速公路通车里程已达到7~4万公里，仅次于美国，居世界第二位。在新建高速公路的快速增长的同时，原有的很多高速公路却出现不同程度的病害与破损。而且这些病害、破损得不到及时、合理的路面养护，导致部分高速公路路况急剧下降、对车辆行驶的舒适性、经济性和安全性产生不小的影响。因此，近些年来高速公路路面养护管理及其相关问题受到越来越多的关注。

随着国家高速公路网的建设，高速公路总里程的加长，公路养护的需求与日俱增，公路养护行业发展前景广阔。因此，国内优秀的公路养护运营企业愈来愈重视对行业市场的研究，特别是对企业发展环境和客户需求趋势变化的深入研究。正因为如此，一大批国内优秀的公路养护运营企业迅速崛起，逐渐成为公路养护行业中的翘楚。

三、最新行业新闻

贵州省打破公路养护"特有"历史，在条件成熟的地方建农村公路拌合站，提高贵州公路养护质量。

贵州省通过多方筹集资金，在条件成熟的市（州）共投入资金3.2亿余元，建成了59个农村公路拌合站，打破了以往公路养护拌合站仅属于国省干线公路和高等级公路"特有"的历史。

据悉，由于农村公路拌合站的建成投入使用，甘肃省县道沥青（水泥）路中等路率已实现58.2%、乡道沥青（水泥）路则达54.4%，无铺装路面县、乡道和村道好路率达

62.4%。

四、分类

公路养护的分类各国并不一致。按养护作业范围和工作量划分，中国把公路养护分为小修保养、中修、大修和改善四类；苏联分为保养、小修、中修和大修四类；日本分为保养和维修两大类，维修中包括更新改善的内容；英、美等国则分为具体养护和交通服务两类（不包括改善工程）。国际道路会议常设协会于1983年建议，公路养护统一划分为日常养护、定期养护、特别养护和改善工程四类。

1. 日常养护

对公路各组成部分（包括附属设施）每年按需要进行频繁的日常作业，其目的是保持公路原有良好状态和服务水平。日常养护的作业项目主要有：路面及其他部分的清扫；轻微损坏的修补和设施的零星更换；割草和树枝修剪；冬季除雪除冰；以及为恢复偶尔中断的交通进行紧急处理。

2. 定期养护

在公路使用期限内所进行的、可编制程序的、较大的养护作业。定期养护作业主要项目有：辅助设施的改进；路面磨耗层的更新或修复；路面标线、涵洞及附属设施的修复；金属桥的重新油漆等。

3. 特别养护

把严重恶化的路况改善到原有状态的作业。特别养护作业项目有：加强和改建已破损的路面结构；修复已破坏的路基和涵洞；防治外部因素对公路的损害，如稳定边坡、防治坍方、添建挡土墙、改善排水设施、防治水毁、预防雪崩、砍伐树木等。

4. 改善工程

对公路在新建或改建时遗留下的缺陷进行的改善作业。改善工程项目主要有：改善卡脖子路段，提高通行能力；校正路拱和超高，改善行车视距；调整交叉道和进入口，消除事故多发点，以策安全；采取防噪声措施；扩建和改善建筑物和其他设施；添建路旁休息区，以提高公路服务水平等。

五、市场化

1987年10月，国务院发布《中华人民共和国公路管理条例》《条例》中明确规定："公路管理工作实行统一领导、分级管理原则；国道、省道由省、自治区、直辖市公路主管部门修建、养护和管理，县乡道分别由县乡人民政府负责修建、养护和管理"。全国各省、市、区都在根据自身的实际情况调整公路养护管理体制，逐渐形成了"统一领导、分级管理、管养一体"的公路养护体制。在这种体制下，国省道干线公路实行垂直管理，公路养护及管理工作直接在省交通厅和省公路局的领导下进行，县乡公路由各地方县政府自行管理。

21世纪初期，交通部提出公路养护改革的基本原则是"事企分开、管养分离"，总体方向是"市场化、社会化、专业化"。1995年，交通部在合肥市召开了全国公路养护工作会议，在会议中，公路养护改革方向要向市场化发展，达成了初步共识，公路养护运行机制市场化改革迈出了第一步。1998年，在福州会议上，黄镇东部长进一步明确要深化公路管理体制改革，提出了"改革养护体制，提高公路养护质量和效率"的改革任务。

随着改革的不断深入，公路建设的施工、设计、监理先后实行市场化，但是公路养护改革受多种因素的影响，没有突破原有体制机制的束缚，公路系统仍然是带有部分计划经济模式的管理体制。2005年，根据国务院办公厅发布的《农村公路管理养护体制改革方案》，市场化养护逐步被引入各省农村公路养护改革的实践中。

六、国外公路养护

1. 美国

美国的公路建设，由联邦政府全额出资，或与各州按一定比例共同出资，建成后交州以及地方政府进行养护和管理，联邦政府只进行宏观调控。在机构设置上，联邦政府成立了联邦运输部，总部设在华盛顿，各州分别成立了区域性办公室。联邦运输部内设公路管理局，负责制定公路发展规划，进行行业管理，其人员由联邦运输部和各区域性办公室共同组成。

美国养护管理机构和养护作业机构的职责权限，不是根据公路等级来确定，而是按照地理或行政区域来划分。管理机构除了进行路产、路政管理、巡视公路以外，还要负责计划、技术、财务、质量、环境的管理。管理机构往往把养护工程承包给私人养护，管理机构以业主的身份负责承包工程的谈判，并监督合同执行和验收工作。

由于美国经济较发达，路网形成较早，现有公路服役时间较长，部分路段逐渐出现老化现象，导致养护管理成本不断增加。针对这种状况，近几年美国逐步推行公路养护体制改革，建设推广专业化的公路养护服务中心，主要任务是做好公路的日常养护工作，并承担公路小修工程的实施。

2. 英国

英国的公路养护管理机构设置，是根据公路等级和功能的不同，实行三级管理体制，即运输部、公路署和地方公路管理部门。公路养护资金分别由中央和地方政府的财政预算支出。运输部负责全英综合运输网，为了借鉴私营机构的管理模式，提高政府机构的办事效率，1994年成立了公路署，负责高速公路和干线公路网的规划、建设与养护管理，其他道路由郡议会和大都市当局负责。公路署成立后，对全国路网按北部、中部和南部三大区进行重组，同时把高速公路和干线公路网分为24个区进行管理，每个区设立一个直属于运输部的区公路局，负责本区的公路养护管理。区公路局又通过签订合同协议书的形式，将干线公路分段委托给所经县、郡、市的当地政府作为其养护代理，负责各辖区内干线公路的养护管理。

英国各级公路养护管理机构的职责主要是进行公路养护的技术、财务和合同管理，没有自己的施工队伍，所有养护作业和专项路况检测，均通过招标委托承包商或专门的技术完成。为了规范公路养护招标工作，强化合同的监督与管理，运输部编写了自己的公路养护合同文件范本，招标和评标的具体工作由养护代理按照运输部规定的程序办理，养护代理在养护施工合同中处于业主的地位。

3. 日本

日本的公路养护管理机构实行三级垂直管理体制，自上而下分别是国土交通省、公路局、道路公团，但三者性质不同。日本的公路根据建设投资主体的不同，可以划分为国家管理的公路和地方管理的公路。根据建设资金来源的不同，又可以分为一般（免费）公路和收费公路。国土交通省负责对政府投资的公路进行宏观管理。公路局是国土交通省下设的专业职能局委，专门负责公路的规划、开发和管理。道路公团则是专业化的公路承建和运营机构，无论是政府投资的公路，还是通过贷款实施的收费公路，均由道路公团进行建设，并具体负责建成后公路的日常养护管理。

道路公团总部下设有区域性的管理局，除承担辖区内公路的改建、大修任务外，还负责公路的日常养护，以及各种设施设备的维修；区域性管理局以下，又设有公路管理事务所，是具体从事公路管理和养护的基层单位，相当于中国的道班（养护中心），一般按路线设置，每隔 50 ~ 70 公里设置一所。

日本的公路养护工作分为日常养护作业和定期养护作业。日常养护主要包括公路的检查、清扫、绿化、小型维修和冬季除雪，类似于中国的公路小修保养；定期养护作业主要包括公路桥梁及构件喷漆，改善路面、更新设施等，在中国属于公路安保工程范畴。

相关组织——

世界各国都根据自己的公路分级和管理体制设置公路养护专业机构和作业组织。中国将全国公路划分为国道、省道、县道、乡道四个等级。此外，还有专用公路。公路养护相应实行分级管理，国道、省道和重要县道由省级公路管理机构负责养护：一般县道和乡道分别由县、乡政府负责养护；专用公路由专用单位自己负责养护。中国的公路养护专业机构的基层单位是县级公路段和养路分段，一般管辖 100 ~ 200 公里。段下设若干个养路道班及其他班组进行日常养护修理工作。其他国家的公路分级管理体制同中国相似。

但苏联、日本等国的主要国道由中央政府设直属机构养护。中、苏等国的各项公路养护工程均由专业养护机构自行施工，只有少数大型项目采取招标发包形式实施。英、美、日、法等国养护机构只直接办理日常养护和交通服务工作，工程项目采取发包形式实施。

七、技术要求

早期的公路多是土路或低级路面，桥涵以木制和石砌为主，交通量也很小，故养护技术比较简单，要求也不高。随着交通量的增长，高级路面以及高速公路的出现，养护技术要求也不断提高。为此，各国都制定了养路条例，如苏联制定有公路养护技术规范，日本制定有道路养护维修纲要，美国有公路养护手册。这些技术条例的共同要求可以归纳为以下几点：

1. 贯彻预防为主的方针，努力消除导致公路损毁的因素，增强设施的耐久性，提高抗御自然灾害的能力。

2. 重视日常检查、定期检查和特殊检查，积累技术资料，加强科学分析，针对病害产生的原因，采取正确、有效的技术措施。

3. 因地制宜，充分发掘原有工程设施的潜力，以达到适用、经济的目的。

4. 尽量采用国内外先进的科学技术成果，推行科学管理方法，加强情报系统，及时处理公路上发生的问题。

5. 革新养路机具设备，相应地改革操作方法和劳动组织，提高效率，保证工程质量。

八、质量考核

一般采用定期检查路况变化的方法来考核公路养护的工作质量。一些工业发达国家，主要检查路面的使用性能，包括破损率、不平整度、抗滑能力和整体强度等技术指标，据以确定科学的养护对策。中国自20世纪60年代起，对每公里公路的路面、路基、桥涵、标号志和绿化等五项每月进行检查评定，综合按百分制计分。总的养护质量要求是：路面平整、路拱适度、行车顺畅；路肩整洁、边坡稳定、排水沟畅通；桥涵构造物完好清洁；标号志完善鲜明；路旁绿化、宜林路段路树齐全。

对不符合上述要求的部位和数量进行详细记录，按统一的规定扣分。各项的最高分数规定为：路面50分，路基20分，其他三项各10分。并按每公里所得分数将路况分为优、良、次、差四等，将每个养路单位所管路段中优等和良等路占总里程的百分比（好路率）作为考核该单位养护工作质量的主要指标。根据好路率的升降和差等路的增减来评定其成绩，并据此掌握路况变化，积累资料，以便制订下一步养护工作计划。

第二节 我国高速公路发展与规划

一、高速公路概念

公路是指联接城市、乡村和工矿基地之间，主要供汽车行驶并具备一定技术标准和设施的道路称公路。高速公路属于高等级公路。其建设情况反映着一个国家和地区的交通发达程度乃至经济发展的整体水平。

世界各国的高速公路没有统一的标准，命名也不尽相同。各国尽管对高速公路的命名不同，但都是专指有4车道以上、两向分隔行驶、完全控制出入口、全部采用立体交叉的公路。此外，有不少国家对部分控制出入口、非全部采用立体交叉的直达干线也称为高速公路。国际道路联合会在历年的统计年报中，把直达干线也列入高速公路范畴。从定义可以看出，一般来讲高速公路应符合下列 4 个条件：（1）只供汽车高速行驶；（2）设有多车道、中央分隔带，将往返交通完全隔开；（3）设有平面、立体交叉口；（4）全线封闭，出入口控制，只准汽车在规定的一些立体交叉口进出公路。

二、世界公路发展情况

目前，全世界已有 80 多个国家和地区拥有高速公路，目前世界各国的公路总长度约2000 万公里，约 80 个国家和地区修建了高速公路，通车总里程 26 万公里左右（此数据不太准确），其中美国、中国、英国、德国、法国、意大利、日本、加拿大等国高速公路里程约占世界高速公路里程的 80% 以上。

回顾历史，国外发达国家公路的发展大致都已经历了三个发展阶段，现正处于第四个发展阶段。

第一阶段从 19 世纪末到 21 世纪 30 年代，是各国公路的普及阶段。这期间随着汽车的大量使用，大多是在原有乡村大道的基础上，按照汽车行驶的要求进行改建与加铺路面，构成基本的道路网，达到大部分城市都能通行汽车的要求。

第二阶段从 30 年代到 50 年代，是各国公路的改善阶段。这期间由于汽车拥有量的迅速增加，公路交通改善需求增长很快，各国除进一步改善公路条件外，开始考虑城市间、地区间公路有效连接，着手高速公路和干线公路的规划，英、美、德、法等国都相继提出了以高速公路为主的干线公路发展规划，并通过立法，从法律和资金来源方面给予保障。

第三阶段从 50 年代到 80 年代，是各国高速公路和干线公路高速发展阶段。这期间各国大力推进高速公路和干线公路规划的实施与建设，并基本形成道路使用者税费体系作为公路建设资金来源的筹资模式，日本等国为解决建设资金不足等问题，还通过组建"建设公团"修建收费道路来促进高等级公路发展。各国经过几十年的发展，已基本形成了以高速公路为骨架的干线公路网，为公路运输的发展奠定了基础。

第四阶段为 20 世纪 80 年代末 90 年代初以来，是各国公路提高通行能力和服务水平的综合发展阶段。这期间各国在已经建成发达的公路网络的基础上，维护改造已有的路桥设施和进一步完善公路网络系统，重点解决车流合理导向、车辆运行安全以及环境保护等问题，以提高公路网综合通行能力和服务水平。此外各国还特别重视公路环境设施的建设，在公路建设和运营过程中对环境和生态进行保护，如通过居民区的路段建设防噪墙等以减小汽车行驶噪音影响，又如设置鱼类和其他动物等专用通道，保证公路沿线动物的生活不受大的影响。

三、我国公路发展现状

对于拥有 13 亿人口和 960 万平方公里国土面积的国家而言，交通对国民经济的发展具有基础性、先导性的作用。我国政府始终把发展交通运输作为国家经济建设的重点。政府已形成的理念是"经济发展，交通先行"，老百姓已形成的理念是"要想富，先修路"。

第一，我国公路建设规模快速增长。到2009年年底，全国公路总里程达386.08万公里，比2008年末增加13.07万公里。其中，高速公路通车里程达6.1227万公里，国道15.85万公里，省道26.60万公里，县道51.95万公里，乡道101.96万公里，专用公路6.72万公里，村道183.00万公里。

2009年中国公路建设投资也显著增长。全社会完成公路建设投资9668.75亿元，其中公路重点项目完成投资4321.35亿元，路网建设完成投资3214.51亿元，农村公路建设完成投资2132.88亿元。"十五"（2001年—2005年）的5年间，全社会共完成公路交通建设投资1.98万亿元，年均增长18.7%，是"九五"期间的完成投资的2.2倍，超过了建国至2000年51年的总和。"十一五"前四年公路建设总投资达2.85万亿元，已经超过"十五"投资总和的1.44倍。

2010年高速公路高速发展，4万亿投资计划显示了强大的威力。交通运输部提供的数据显示，较2009年上半年公路水路交通固定资产共完成投资情况同比增长40.4%，其中公路建设完成投资3627亿元，同比增长49%。沿海建设完成投资297亿元，同比增长5.8%。并且，交通部首次对外公布了未来30年高速公路网络建设规划。发布的这份名为《国家高速公路网规划》明确，未来30年内，中国高速公路网络将采用放射线与纵横网格相结合布局方案，建设7条首都放射线、9条南北纵线和18条东西横线，形成"7918"网状格局，通车总里程约达8.5万公里。高速公路的高速发展必将拉动2010年的重卡自卸车、载货车和牵引车的市场销量增长。

交通部近日在北京举行了2011年交通工作会议。会议发布的统计数据显示，截至2010年年底，全国公路网总里程达到398.4万公里，五年新增63.9万公里。高速公路由"十五"期末的4.1万公里发展到7.4万公里，新增3.3万公里。而2010年全年新增高速公路9200公里左右，创下历史新高，同比增长近一倍。

第二，高速公路从无到有，发展迅速。从1988年第一条高速公路沪嘉高速公路建成通车，到2010年底，我国高速公路通车里程达7.4万公里，稳居世界第二。

第三，农村公路建设稳步推进。改革开放初期，我国农村公路只有59万公里，到2010年底，全国农村公路通车里程达345万公里。全国乡镇通沥青（水泥）路率达到92.7%，东中部地区建制村通沥青（水泥）路率达到94%，西部地区建制村通公路率达到98%。

第四，桥隧建设举世瞩目。我国相继建成一批深水基础、大跨径、施工难度高的大桥或特大桥。2007年，又有两座世界一流的桥梁建成通车，一座是36公里长的杭州湾跨海大桥，一座是世界上首座跨径超过1000米的斜拉桥——苏通长江公路大桥，这标志着我国桥梁建设已由桥梁大国步入桥梁强国。在隧道建设方面，我国相继建成了中梁山、六盘山等一批（特）长隧道。2007年，总长18公里秦岭终南山隧道建成，是世界上建设规模最大的高速公路隧道。

四、我国高速公路发展规划

1. 规划方案

交通部自 2001 年开始组织编制《国家高速公路网规划》，并于 2004 年年底经国务院审议通过。根据《国家综合交通网中长期规划》，2010 年公路里程预计达到 370 万公里，其中高速公路 6.5 万公里（原计划）；2020 年公路网总规模达到 420 万公里，高速公路将达到 10 万公里（原计划。按我国经济发展需求计算，届时高速公路总规模按 4 车道算应达到 12—13 万公里左右）。根据交通部《国家高速公路网规划》采用放射线与纵横网络相结合布局方案，我国 2020 年前形成由中心城市向外放射以及横贯东西、纵贯南北大通道，由 7 条首都反射线、9 条南北纵向线和 18 条东西横向线组成，简称为"7918 网"，总规模约 8.5 万公里的国家高速公路网，其中：主线 6.8 万公里，地区环线、联络线等其他路线约 1.7 万公里，至 2010 年规划建成 5 ~ 5.5 万公里（原计划），完成 60% ~ 65%。国家高速公路规划已经明确的路线在内蒙古境内有 10 条主线、2 条联络线、1 条城市绕城环线和 1 条机场联接线，总里程 6000 公里。

《国家高速公路网规划》中明确说明："国家高速公路网是按法定程序由国务院批准的国家级高速公路网络。它并不是未来我国所有高速公路的总和。各省（市、自治区）围绕这个规划，还要规划修建连接国家高速公路网或主要用于地方发展需要的高速公路"。交通部于 2005 年 2 月下发《关于印发省（自治区、直辖市）高速公路规划指导意见的通知》（交规划发 [2005]41 号），要求各省（区、市）在原有工作基础上，制定和完善各地区的高速公路规划。

2. 发展趋势

路桥行业一直是地区经济发展水平的方向标，从 1988 年大陆的第一条高速公路正式通车到现在，中国高速公路一直保持着快速持续发展的强劲势头，取得了令人瞩目的成就。根据交通部最新公布的《国家高速公路网规划》，从 2005 年起到 2020 年，国家将斥资两万亿元，新建 5.1 万公里高速公路，使我国国家高速公路里程达到 8.5 万公里，这还不包括约 4 万公里左右的地方高速公路。未来高速公路建设将存在着巨大的资金缺口，如果单靠国家来筹措解决显然是不现实的，必须寻找新的融资途径。高速公路股票上市和发行企业债券，使中国公路投融资体制改革的一项重大举措，适应了公路投资发展的需要。但这仍然不能满足公路建设的资金需求。目前，资本市场上外资及社会闲置资金充足，如能有效利用这些外资和民间资本，将为高速公路建设发挥积极作用。

五、我国公路市场发展分析及机遇

1. 我国高速公路发展与国外的差距

虽然今年来我国高速公路建设取得了长足的发展，初步缓解了对国民经济发展的制约，但总体来说，我国高速公路发展仍然仍处于滞后于交通需求的状态。

第一，我国高速公路总量明显偏少。美国、加拿大国土面积与中国差不多，但高速公路已分别达到了 10 万公里和 1.9 万公里。法国国土面积仅为中国的 1/17，而高速公路已达 9000 公里。日本国土面积很小，高速公路已达 7265 公里。即使与一些发展中国家相比，我国也有不小差距。

第二，高速公路未形成网络。一般来说，高速公路具有通行能力大、行车速度快、运输效益高等特点，能够形成快速、高效、安全的运输通道。我国现有的高速公路是根据总体规划分期建设的，大部分项目里程较短，分布零散，没有形成长距离的运输通道，更未形成高速公路网络，因此高速公路应有的特点难以发挥，应有的效益难以体现。

第三，高速公路发展滞后于国民经济的发展。当前在经济发达的沿海省份、中西部地区的部分干线公路上，交通拥挤情况十分严重，阻碍了商品流通和经济。

2. 依据国际经验，我国高速公路行业将在未来 20 年保持快速增长。

依据美国高速公路网发展的经验，高速公路形成网络的过程中，将同步带来车流量高速增长的时期，其后车流量增长基本与 GDP 的增长同步。因此，从 2010 年末我国完成 5.5 万公里，实现"东网、中联、西通"的目标，基本贯通"7918 网"中的"五射两纵七横"14 条主干线路开始，到 2020 年我国完成"7918 网"所规划的所有 8.5 万公里的高速公路里程里的这段时间，我国高速公路都将保持快速增长的态势。

"十二五"期间，我国国民经济将保持持续快速增长趋势，预计 GDP 年均增长 7.5—8.5%。经济总规模不断扩大，工业化进程将以制造业规模快速扩张为主要特征，对能源、原材料需求大幅增加，市场活力增强，物流和人流加快，必然使"十二五"期间公路客货运输需求保持持续增长势头。

从长期来看，普遍预测，我国在 2050 年将成为全球最大的经济体，超过美国。随着我国经济总量的不断增长，高速公路行业必将分享国民经济的增长。

第三节　高速公路养护的特点和重要性

一、高速公路养护的特点

1. 实施养护工作的强制性。高速公路在国家综合运输网络中所具有的地位及作用决定了高速公路的养护应当是建立在法律、法规基础上的强制性养护。

2.养护对象的广泛性、全面性。高速公路的养护对象除道路、桥涵及沿线附属设施外，还包括交通工程设施、绿化环保设施、生活服务设施等各方面。

3.养护作业方式的机动性与时效性。与一般公路养护相比，高速公路的养护更要求快捷机动、实用高效、养护工艺、操作规程程序性强，养护作业实施时需特别设置交通安全管制区段。

4.养护技术的专业性和复杂性。高速公路的养护除需要具备机械化、专业化外，还需不断探索和发展新技术、新工艺、新材料的使用。

二、养护的重要性

正确了解及评价公路的运营状况及服务水平，根据实际情况安排养护维修，创建良好的行车环境。预防道路和设施病害的发生，及时修复随时出现的道路病害和设施损坏，尽可能延长道路及设施的使用，延缓大修周期，降低运营管理成本。发现并及时弥补由于涉及或其他原因造成的道路和其设施的先天不足和使用缺陷，逐步形成高速公路较完善的使用和服务功能。减少或杜绝由于道路及社会维护不当给用户及使用带来的意外损害，避免为此引发不必要的法律纠纷。

第一章 高速公路工程

第一节 施工部署及现场平面布置

一、施工部署

1.施工部署

遵循"先地下，后地上；先土建，后绿化"的整体施工原则，交错配合，协调施工。争取不窝工、不废工，做到合理安排各工序的施工衔接。根据工程招标文件的各项要求，施工现场场地踏勘情况及建筑物的建筑情况和位置状况，结合本以往施工经验，制定切实可行的施工部署。

（1）根据工程既定的质量目标和施工工期目标，结合工程实际特点，进行施工阶段分解，确定各阶段部署目标。

（2）加强施工过程中的动态管理，针对各工序和环节，合理安排劳动力和施工准备的投入在确保每道工序工程质量的前提下，立足抢时间，争速度，科学地组织流水施工及交叉施工，严格遵守各项规章制度，严肃确定施工调度工作，有计划、有步骤、有目标的严格合理分配班组施工任务，严格控制关键工序的施工工期，确保按期、优质、高效地完成工程施工任务。

（3）各项施工设施都要满足有利生产、方便生活、安全防火和环境保护的要求。

（4）合理布置起重机械和各项施工设施，科学规划施工道路，尽量降低运输费用。

（5）科学确定施工区域和场地面积，尽量减少专业工种之间的交叉作业。

（6）在满足施工需要的前提下，尽量减少施工用地，施工现场布置要紧凑合理。

（7）现场布置严格按文明施工及工程标准化要求进行，办工区、生活区与生产区分开。

（8）堆放应集中，机械设备如搅拌机的位置应考虑到固定性，尽可能减少移动，提高使用效率。

2.方案针对性及施工段划分

工程为综合性工程，包括土方、绿化、铺装、土建、水电安装及景观小品等施工内容，根据不同的施工内容制定施工方案，将整个工程划分为几个施工段，先做好基础工程的施工，再进行面层施工，先做好水景土建，再进行面层及水电施工，最后进行绿化种植等辅助工程，各施工段相互衔接，主次分明，为顺利完成工程的建设打下良好的基础。

3.施工顺序安排

工程总体施工顺序采用平行交叉施工，各工地平行交叉，有利于材料、劳动力、周转材料及机具等在施工段上的合理流动和调配。在施工前根据各工作段的工程量，做出详细的计划、步骤和方案，合理组织施工，以达到缩短工期，同时完成施工的目的。

在施工时各班组各司其职、密切配合、协调施工。合理地利用场地和分配工作面，有效地调配材料、物质，做到各专业层面施工的有序、协调。

在整个施工过程中，土方工程、旱喷及相关周边工程先行施工、景观小品、面层工程应根据基础工程的施工进度密切配合，紧跟基础工程，绿化工程见缝插针进行，自始至终围绕基础工程的面展开及进度开展施工。

同时，也要处理好各专业工程的施工搭接，组织好后勤供应，这样可以加快施工的进度，对完成工程施工任务也有着很大的影响。

二、现场平面布置

现场临时设施布置图文字说明：

1.工地办公室应配备各种图表、图牌、标志。室内文明卫生、窗明几净，秩序井然有序，室内外放青盆花，美化环境。

2.施工现场办公室、设备及仓储、职工宿舍，有专职卫生管理人员和保洁人员，制定卫生管理制度，设置必需的卫生设施。

3.现场厕所及建筑物周围须保持清洁，无蛆少臭、通风良好，并有专人负责清洁打扫，无随地大小便，厕所及时用水冲洗。

4.施工现场严禁小孩在施工现场穿行、玩耍。

5.现场设茶水桶，每个水桶有明显标志，并加盖，派专人添供茶水及管理好饮水设施。

6.现场消防需配备粉末灭火器。

第二节　施工方法及技术

一、确定工期

充分发挥专业队伍的技术力量，机构设备的优势，狠抓施工现场的全面管理，保证日常施工有组织、有计划、有步骤地进行。

（一）从组织和机械劳力配备上保证

抽调精干人员和最强的技术力量组成项目经理部，统一指挥，协调全标段的施工。

（二）从材料采购上保证

加强对石材质量的采购，运输保管和供应，确保工程的需要，坚决杜绝停工待料现象的发生。

（三）从计划安排上保证

严格按照工期网络计划进行施工工序的安排，结合各项技术措施计划，认真编制施工进度计划，加强施工的组织领导，严格按审定的施工组织计划和施工计划实施。充分利用有利条件和季节，合理安排施工计划实施顺序，缩短流水作业，加快施工进度，以确保工期。

经常检查施工进度计划的分行情况，及时修正施工进度计划，使施工进度计划随时具有指导生产的效力。关键线路和关键工序，在条件允许和保证质量的前提下，采用二班作业，加快施工进度，保证合同工期的实现。

（四）从安全生产上保证

1. 贯彻国家安全生产政策和种类安全法规，增强职工安全法制观念。并认真组织落实本合同制定的各项管理制度。

2. 在施工过程中，特别注意用电安全，严禁在施工专用场地、乱接电线，防止触电事故的发生。各分队成立安全小组，设专职安全员负责日常安全生产的检查和监督，以便施工顺利进行，确保工期。

3. 质安人员应及时处理，做好检查记录，并有权对违章作业下达停工整改指令。质安人员应在技术交底会上或每周检查会上对安全工作进行交底，并要讲安全操作规程，使广大职工时刻保持警惕，严防事故的发生。

4. 加强与业主的联系，做好与当地政府和群众的协调工作，维护人民群众的利益，求得政府的支持，要文明生产，使施工顺利进行，确保工期。

5. 每天下班前班长召开碰头会，解决当天难点，每五天检查一次执行情况，每十天按班组评比一次，表扬先进，找出差距，迎头赶上，开展劳动竞赛，确保工期。

6. 劳力机动调整、安排、避免出现劳力闲置、窝工现象。

二、施工技术

（一）人行道施工工艺

人行道结构自下而上依次为素土夯实、8cm 厚碎石底基层、15mm 厚 C20 水泥混凝土基层；按设计图纸，在车行道侧设有路缘石，在人行道侧设有侧边石。

1. 施工作业顺序安排

测量放样→人行道路基土方→安放路缘石、侧边石→水稳基层铺设→彩砖铺砌、灌缝→养护→检验

2. 主要施工技术方案

人行道采用两个施工队伍流水面施工的工艺，同时在 L 线路面两边依次从起点向终点推进，以加快工程进度。

（1）测量放样：根据设计要求和路面标高，初步控制标高；并根据路面宽度放出人行道边桩直线段每隔 10 米（弯道不大于 5 米）设木桩，拉水平线，为安放路缘石、侧边石作准备。

（2）人行道路基土方

1）人行道土方开挖：使用挖掘机将灰土挖出至人行道外侧，对平基槽进行整平、碾压。

2）路基土方填筑前清表：用装载机配合人工对填方范围内的垃圾、有机物残渣及原地面线以下 30cm 的草皮、树根、农作物的根系和表土予以清除，清除物用挖掘机配合自卸汽车运往废土场并堆放好；清除后的路基进行全面碾压。

3）路基填方：施工时根据汽车的容积，按松铺系数计算出每车土的摊铺面积，确定方格网的平面尺寸。在填土前划出方格网，卸土时由专人指挥倒入方格网内。同时打好松铺厚度的控制桩，在边线处挂线控制松铺厚度、线形和填筑宽度。填筑时，层层碾压，最大松铺厚度不超过 30cm。

4）检验压实度检验：碾压后应及时进行压实度检验，合格后报监理工程师抽检，经监理工程师抽验合格后方可进行下道工序施工。

（3）安放路缘石、侧边石

在道路两侧根据已拉好的水平标高线，进行预制混凝土路缘石、侧边石安装工作。安装前先挖槽并严格控制基底标高，然后进行埋设工作；安装时须保证上口找平、找直。

1）路缘石施工

在路缘石靠行车道一侧，按照设计每 10m 定一平面控制标记在安置路缘石的位置。采用人工开挖基坑，然后铺砌 M7.5 砂浆，砌筑路缘石；安装路缘石时，在相邻间隔 10m 的路缘石顶面挂线以控制上口标高，保证上口平齐；路缘石内侧以 C15 混凝土砌筑。采用 M7.5 砂浆勾缝，勾缝宽 ≤ 1cm，缝宽均匀，勾缝密实。

2）侧边石施工

①侧边石的预制

侧边石在专业预制厂预制，汽车运输到现场安装。

②侧边石的放样、安装、铺砌

在侧边石靠人行道一侧，按照设计每 10m 定一平面控制标记在安置侧边石的位置，下挖 3cm 水泥稳定碎石底基层后铺砌 M7.5 砂浆，砌筑侧边石。安放侧边石时，在相邻间

隔 10m 的侧边石顶面挂线以控制标高，保证上口平齐；侧边石外侧以 C15 混凝土砌筑。采用 M7.5 砂浆勾缝，勾缝宽 ≤ 1cm，缝宽均匀，勾缝密实。

（4）人行道面砖施工

1）水泥稳定碎石基层施工

水泥稳定碎石底基层厚度为 30cm，含水泥 4%，采用 WDB500 型搅拌机拌合，自卸车运输至现场施工。

①下承层完成后，提前进行检查，确保各项指标达到设计及规范要求；

②路面级配碎石基层所用材料产于陵水县三才石场，石料强度高，级配良好。水泥采用天涯 PC32.5 硅酸水泥，掺配比例严格按照前期试验报告控制。

③施工采用 WDB500 型拌合机拌料，自卸车运输至现场，人工摊铺、整平，然后用小型压路机压实；碾压完成后按规范要求及时养生，养生方法采用人工洒水。

2）人行道包括盲道彩砖施工

基层自检合格后报现场监理检查，合格后方能进入下一道工序。铺砌面砖须注意以下几点：

①铺砌彩砖前应对彩砖进行简单挑选，有明显外观缺陷（如：严重翘角、破损、色差过大等）的彩砖不得使用。

②铺砌前，先铺一层 30mm 厚的砂浆结合层，砂浆所用水泥、砂子必须拌和均匀；砂浆随用随拌，做到"工完、料尽、场地清"。

③铺砌前用纵横线控制纵横缝，并用水准仪控制其高程。铺砌彩砖时应轻轻平放，板块铺上时略高于路缘石顶面水平线，然后用橡胶锤轻轻敲实。砂浆摊铺面积不宜过大，彩砖随铺浆随砌；砂浆层不平时，应拿起彩砖重新用砂浆找平，严禁向砖底填塞砂浆或支垫碎石等。施工负责人、质检员应进行不定期跟踪监控，严格控制工程质量。

④铺砌彩砖的过程中除采用挂线控制纵、横缝外，还必须配备 3 米直尺、钢尺等控制平整度；铺砌过程中，彩砖人行道平整度允许偏差不超过 3mm、相邻块错台允许偏差不得大于 2mm；相邻彩砖间隙不得大于 4mm。

⑤每工作面铺砌 5m 后，质检员应及时对其进行检查。检验合格后，及时筛细纱灌缝。灌缝的砂子中可按体积比 1：10 加入适量水泥，拌和均匀。将砖缝灌注饱满，并在砖面上泼水使砂浆混合料下沉，再灌料补足。自检合格后报监理单位抽检；自检不合格的彩砖人行道必须返工。

⑥人行道养生及防护期间禁止行人踩踏、车辆碾压和碰撞。人行道必须经过充分养生，砂浆垫层具备一定强度后方可放行。

（二）级配碎石透水层施工

1. 施工准备

（1）根据设计厚度进行测量，埋设指示桩；

（2）碎石和石粉备料；

（3）级配碎石垫层铺设前，对道路路基进行整修。整修后的路基宽度、高程、平整度、纵横坡度满足设计要求。

2. 施工放样

（1）施工前，根据设计图纸进行测量放样，放出施工控制中桩、边桩的具体位置，标出施工边线。

（2）施工放样

（3）路基验收及基面清理

（4）运到现场摊铺

3. 级配碎石的拌制、运输

级配碎石垫层采用"厂拌法"，拌合站设在淮南上窑料场。级配碎石混合料的拌和采用 WBC300（300t/h）稳定土拌和设备进行集中拌和，用 3 ～ 4 台 ZL50 装载机将碎石装入配料斗，再由调速电动机驱动给料机进行配料，在其料斗的上方装有筛网，以防止粒径超规格的集料进入搅拌机，保证所拌混合料的质量。集料输送机将碎石送至搅拌系统。碎石与水泵泵入的水（含水量控制在最佳含水率 5.5%）在搅拌系统中经充分搅拌后，由输料皮带机输送到混合料储仓，再经溢料管由堆料皮带输送机将成品混合料堆积成弧形的料堆，或直接装到自卸车上。拌和站严格根据试验室提供级配比例标准进行生产。

级配碎石拌合料采用自卸车运至施工现场，按摊铺厚度均匀卸料。

4. 摊铺

根据摊铺厚度和自卸汽车每车运输量提前进行计算，按虚铺厚度，打出边桩、标注高程，放出网格线等，用挖掘机机粗平。

5. 整平

采用人工根据网格线进行精平。

6. 碾压

整形合格后，立即对整形后的级配碎石混合料按试验确定的施工工艺、压实速度和遍数进行压实。经测定混合料达到或接近最优含水率，在混合料保持最优含水量前时进行碾压，碾压遵循先轻后重、由两侧向中心碾压的原则，现场经振动压路机静压一遍，并及时检测、找补，再采用低频高幅，使级配碎石中下部分密实。之后，采用高频低幅对中上部进行压实，使上下一致密实，最后重压一遍，共碾压四遍。碾压时，如表面水分不足时，适当洒水。发现"弹簧"、松散、起皮等现象时，及时翻开重新拌和，或用其他方法处理，使其达到质量要求。

7. 养生

碾压完毕后，必须进行养生，使级配碎石表面保持一定的湿度，不干燥也不过分潮湿或时干时湿。

养生方法通过洒水或覆盖不透水薄膜的方式，养生期一般不少于 7d。

养生期间封闭交通。不能封闭交通时，采用覆盖措施，并经监理工程师批准，限制重型车辆通行，并且其他车辆的车速不超过 30km/h。

8. 质量控制

积极推行全面质量管理，并加强人员培训，建立健全各级责任制，以保证施工质量达到设计标准、工程安全可靠与经济合理。

严格执行"三检制"，并设立主要负责人领导下的专职质量检查机构；质检人员与施工人员都必须树立"预防为主"和"质量第一"的观点，双方密切配合，控制每一道工序的操作质量，防止发生质量事故；

质量控制按国家和部颁发的有关标准、工程的设计和施工图、技术要求以及工地制定的施工制度，执行质量检查部门对所有取样检查部位的平面位置、高程、检验结果等均应如实记录，并逐班、逐日填写质量报表，分送有关部门和负责人。

质检资料必须妥善保存，并及时整理，装订成册，归档备查；质量检查部门应在验收小组领导下，参加施工期的分部验收工作，特别是隐蔽工程，应详细记录工程质量情况，必要时要照相或取原状样品保存；

施工过程中，对每班出现的质量问题、处理经过及遗留问题，在现场交接班记录本上详细写明，并由值班负责人签署。

级配碎石垫层要选用质地坚韧、无杂质碎石、砂砾、石粉，级配应符合要求。配料必须准确，塑性指数必须符合规定。拌和站要严格按照试验室提供的级配比例标准进行生产，确保混合料拌和均匀，无明显离析现象。

碾压成型后要确保表面平整密实，边线整齐，无松散。级配碎石垫层压实度检测采用灌砂法，压实度不小于 0.96。取样时严格按规范及试验规程规定的取样程序和频率进行，发现不合格及时通知补压或返工。

9. 安全保证

项目部成立了安全生产、文明施工领导小组，制定了安全生产、文明施工管理目标，建立健全了各项安全文明施工管理制度。在施工过程中，加强了现场施工安全管理工作，贯彻执行施工技术安全操作规程及有关规定，签订施工安全责任制，完善安全交底工作，积极做好隐患排查及整改工作，坚持预防为主，及时发现并消除各种安全隐患。

（1）定期对各种机械进行维修，开工前必须检查，确保施工机械不带病运行；操作人员遵守机械有关保养规定，认真及时做好各级保养工作，保持机械的完好状态。

（2）施工现场警示标志齐全、明显，施工机械的进出安排专人指挥；施工过程中由专人在现场值班，确保过往车辆、人员的安全。

（3）制定各种施工机械的安全操作规程，执行施工机械机长负责制，施工机械的操作手经专门的安全培训后方可上岗；

（4）冬季施工做好机械防冻措施。

（5）机械进入作业地点后，施工技术人员向操作人员进行施工任务和安全技术措施交底。操作人员熟悉作业环境和施工条件，听从指挥，遵守现场安全规则。

（6）操作人员在作业过程中，集中精力正确操作，注意机械工况，不得擅自离开工作岗位或将机械交给其他无证人员操作。严禁无关人员进入作业区或操作室内。

（7）加强运输车辆驾驶员的交通法规教育，严格遵守交通法规、规章制度，不酒后驾驶、超载运行、带病运行、超速运行，转弯、下坡、过村庄减速慢行。卸料过程中听从现场指挥人员的指挥，卸至指定位置，设专人指挥运输车辆调头、倒车。

（8）加强驾驶员思想教育，大力提倡"文明驾驶""宁停三分、不抢一秒"的文明驾驶作风。

10.级配碎石垫层施工进度保证措施

（1）合理安排各工作面施工，流水作业；

（2）合理组织施工，做好"周密安排、精心施工、科学管理"；

（3）提高机械化程度，并提高机械利用率；

（4）及时准确填报材料用量计划，确保材料充足，不停工待料；

（5）充分做好雨天施工的思想准备，物质准备及技术准备；

（6）采用新工艺，选用符合技术规范规定的材料，择优选用施工方案。

（三）安砌花岗岩侧缘石技术

1.石材地面装饰基本工艺流程

清扫整理基层地面→水泥砂浆找平→定标高、弹线→选料→板材浸水湿润→安装标准块→摊铺水泥砂浆→铺贴石材→灌缝→清洁→养护交工。

2.施工准备

施工前要清理现场，检查铺砌或铺粘面部位有无水、暖、电等工种的预留件，是否影响施工。并要检查板块的规格、尺寸、颜色、边角缺陷等，将板块分类码放。准备工序包括：

（1）基层处理

板块地面铺砌前，应先挂线检查并掌握地面垫层的平整度，做到心中有数。然后清扫基层并用水刷净。铺筑前提前 10h 浇水湿润基层表面。

（2）基准点设置

根据设计要求，确定平面标高位置。一般水泥砂浆结合层厚度应控制在 10 ~ 15mm，砂结合层厚度为 20 ~ 30mm。将确定好的地面标高位置线弹在控制桩上。根据板块的规格尺寸挂线找中，即将人行道分段（8 ~ 10m）拉十字线。分块布置要以十字线对称，将拉出的标准线固定控制桩上。

（3）试拼

根据标准线确定铺砌顺序和标准块位置。在选定的位置上，对每个段落的板块，应按图案、颜色、纹理试拼。试拼后按酚方向编号排列，然后按编号码放整齐。

（4）试排

在分段段落的两个垂直方向，按标准线铺两条干砂，其宽度大于板块。根据设计图要求把板块排好，以便检查板块之间的缝隙（板块间的缝隙如设计无规定，通常大理石、花岗岩不大于 1mm，水磨石和水泥花砖不大于 2mm，预制混凝土板块不应大于 6mm），核对板块与其他构筑物的相对位置，确定找平层砂浆的厚度。

3. 施工方法

（1）板块浸水

预制烧结砖板块是多孔材料，又因为结合层砂浆一般在 10 ~ 15mm，如使用干燥板块，则铺粘后水分很快被板块吸收，造成结合层砂浆脱水而影响砂浆凝结硬化，影响砂浆与基层、砂浆与板块的粘结质量，所以施工前应将板块浸水湿润。花岗岩板块洒水湿润。铺砌时，以背面内湿面干为宜。

（2）摊铺砂浆找平层（结合层）

铺砌石板块的地面，不仅要求有较好的平整度，而且不得空鼓和产生裂缝。为此要求找平层使用 1∶2（体积比）的干硬性水泥砂浆，铺设时的稠度（以标准圆锥体沉入度）为 2.5 ~ 3.5cm，即以手握成团、落地开花为宜。为了保证粘结效果，基层表面湿润后，还要刷以水灰比为 0.4 ~ 0.5 的水泥浆，并随刷随铺板块。

摊铺干硬性水泥砂浆找平层时，摊铺砂浆长度应在 1m 以上，宽度要超出平板宽度 20 ~ 30mm，摊铺砂浆厚度为 10 ~ 15mm。地面虚铺的砂浆应比地面标高线高出 3 ~ 5mm，砂浆铺抹后用大杠刮平、拍实，用木抹子找平，再在结合层上贴铺石板块。贴铺石板块前，应在找平层上均匀地撒一层干水泥面粉，并用刷子蘸水弹一遍，同时在板块背面刷水，再将板块正式镶铺于地面上。

（3）对缝

正式镶铺时，板块要四角同时平稳下落，对准纵横缝后，用橡皮锤轻敲振实，并用水平尺找平。对缝时要根据拉出的对缝控制线进行，并要注意板块的规格尺寸一致，板块规格长宽度误差应在 1mm 之内。对于大于此误差的板块应拣出后分尺寸码放。

（4）灌缝

对于无镶条的板块地面，应在 24h 以后进行灌缝处理。灌缝时用浆壶将毗泥浆或 1∶1 稀水泥砂浆（水泥∶细、砂）灌入缝内三分之二高低，并用小木条把流出的水泥浆向缝隙内刮抹，灌缝面层上溢出的水泥浆或水泥砂浆应在凝结前予以消除，再用与板面相同颜色的水泥浆把缝擦满。待缝内的水泥凝结后，再将面层清洗干净，并在 3 天内禁止上人走动或搬运物品。

4. 注意事项

（1）铺贴前将板材进行试拼，对花、对色、编号，以入铺设出的地面花色一致。

（2）石材必须浸水阴干。以免影响其凝结硬化，发生空鼓、起壳等问题。

（3）铺贴完成后，2～3天内不得上人。

（四）混凝土砖铺装技术

1. 首先根据设计图纸进行人行道的定位及高程标定，对基层表面进行复查，不符合要求的应进行修整。路面砖基准点和基准线的设定，根据铺筑平面设计图，在路缘石边应设定路面砖基准点。通过路面砖基准点，应设置两条相互垂直的路面砖基准线，其中一条基准线与路缘石基准线的夹角为0°或45°。设置两个及以上路面砖基准点同时铺筑路面砖时，根据工程规模及路面砖块形尺寸，设间距为5～10m的纵横平行路面砖基准线。

2. 按标高及中、边的纵横挂线，以挂线为依据铺砌。

3. 铺砌人行道砖时，先铺一层2cm M10水泥砂浆进行调平，再进行铺砌混凝土砖。

4. 试拼和试排：铺设前对每一块混凝土砖，按方位、角度进行试拼。试拼后按两个方向编号排列，然后按编号排放整齐。为检验砖与砖之间的缝隙，核对砖块位置与设计图纸是否相符合。在正式铺装前，要进行一次试排。

5. 砂浆：（厚度为2cm，强度为M10）按水平线定出砂浆虚铺厚度（经试验确定）拉好十字线，即可铺筑砂浆。铺好后刮大杠、拍实、用抹子找平，其厚度适当高出水平线2～3mm。

6. 在混凝土砖试铺时，放在铺贴位置上的砖块对好纵横缝后用胶制锤轻轻敲击板块中间，使砂浆振密实，锤到铺贴高度。砖块试铺合格后，翻开砖块，检查砂浆结合层是否平整、密实。增补砂浆，然后将板块轻轻地对准原位放下，用橡皮锤轻击放于板块上的木垫板使板平实，根据水平线用水平尺找平，接着向两侧和后退方向顺序铺贴。铺装时随时检查，如发现有空隙，应将混凝土砖掀起用砂浆补实后再进行铺设

7. 在铺砌盲道时遵循以下原则

（1）行进盲道砌块与提示盲道砌块不得混用。

（2）盲道尽量避开树池、检查井、杆线等障碍物。

（3）路口处盲道铺设为无障碍形式（即三面坡流向于路面）。

人行道铺装必须设置安全警示牌标志，施工人员必须使用安全防护用具、佩戴安全帽，确保安全施工。

8. 覆盖养护：灌浆擦缝完24h后，应用土工布或干净的细砂覆盖，喷水养护不少于7d。

（五）便道施工

1. 施工过程

施工便道主要解决边坡清表和边坡填筑土方的垂直运输，要考虑清表废弃土的临时堆放，本施工便道计划宽度 4.3 米，便道与便道高差 3 米。

2. 具体说明

施工便道的施工顺序从上往下修筑，当汽车进不了现场时，垂直运输用挖机分台阶转运（如施工便道示意图）。

（1）垃圾段的施工：边坡上所有的垃圾、种植土、建筑杂物等必须全部挖清，为了减轻坡面的压力，清挖垃圾到路面后，立即用 10t 汽车运至业主指定的弃料场。便道的开挖边坡控制在 1∶1.5，原则要清理到无垃圾为止，当垃圾过厚形成便道超挖时，要外购运粘土回填，控制在原计划的高程，再用挖掘机分层碾压，压实度与边坡填筑 85% 相同（碾压过程与一般土方回填相同）。

（2）一般土的施工：一般土的施工便道开挖，边坡控制在 1∶1.5，便道外边线控制与边坡外线相同，余土用 10t 汽车运到不影响施工作业的场地堆放（作回填土料）。

（3）当在开挖施工便时，遇到土质层不能满足设计及机械设备操作平台要求时，必须经设计部门意进行换填土或 5% 水泥石碴层；便道边坡出现塌方时必须进挡板支护，必要时进行打钢板桩处理；

（4）碾压施工：由于本施工便道基本是挖掘机作业道路，平整度一般，压实度要求与边坡填筑 85% 相同，所以，本次碾压选用挖掘机碾压。

施工便道主要用于要解决边坡清表和边坡填筑土方的垂直运输及机械操作需要，待项目工程完毕后，必须对施工便道按设计要求进行边坡整形处理回填夯实。

（六）雨水管道工程施工

1. 测量放线

①根据排水管道设计平面图、断面图，了解管线走向、坡度、地下设备安装位置、管线高程、坐标等有关资料，提前做好测量放线的准备工作。

②对管道中心线、检查井、折点定位桩点及永久性水准点，设置保护桩、引线桩及临时水准点。

③所有保护桩、引线桩应设在定位桩点的延长线上，附近有永久性建构筑时也可设在建构筑物上，但必须设置在明显、牢固的地段。若无合适位置，采用现浇钢筋混凝土桩来代替，并随时进行校验。

④将两个以上永久标高点进行两次闭合核实，若无误差认定永久性水准点，按规范要求每 40 ~ 50m 加密临时水准点，临时水准点亦可用浇桩代替。

⑤上述所有的控制桩、标高桩和其他桩经监理工程师复核后，在设置的桩上编号，防

止和其他单位的桩混淆而发生差错。所有的桩要予以详细记录，并说明位置、方向、作用、标高或方位等。

⑥根据管沟上口开挖宽度，定出线中心位置，在地面上表明开挖边线。当沟槽开挖到一定深度后，利用坡度板检查沟槽是否挖到应有的槽底高程，并作为埋设管子的依据。

2. 地下管线及障碍物探测

根据施工图纸、业主、规划、监理及其他相应的职能部门提供的地下管线、障碍物等位置，用红漆做好标识，并应对施工作业班组做好技术交底，沟槽开挖前应由人工在标识处开挖探坑，找出地下管线、障碍物的准确位置后，通知业主、设计、监理、规划及其他相应的职能部门现场踏勘，待确认后方可进行下道工序的施工，沟槽开挖时要对已挖出的地下管线、障碍物做好相应的保护措施。

3. 土方开挖

①根据测量出的管道中心线、检查井、折点的位置，用白石灰撒出开挖边界线，经业主、监理、设计及规划部门验线合格后方可开挖工作。

②开挖采用机械开挖为主，人工为辅的原则进行施工，严格按照操作规程施工，确保槽底土结构不被扰动。在槽底预留大于20厘米厚土层，人工清理平整，防止超挖而使管基松动破坏。沟槽底两侧根据规范留出相应工作面宽度及排水沟宽度，根据土质情况确定沟槽放坡系数，当场地不允许放坡时采用沟槽支护，支护方案根据现场情况确定。

③遇有石方沟槽，对石方部分采用机械打孔爆破，注意控制爆破规模，保证施工安全。

④遇有地下设施，前后各 lm 人工开挖，单面翻土，余土离开沟槽边缘 0.8m，高度不超出 1.5m；遇到有已修建的管线注意采取保护措施，通知有关单位进一步确保管道不受损伤，不影响其正常使用。如开挖至门口或路口时，采用半幅施工，预留一段人工开挖或按要求搭设车辆便桥、行人便桥，确保施工及行人安全。

⑤在高压线下作业时严格按电业局要求施工，注意施工机械、人员安全。

⑥为了使沟槽中心线及高程准确，在开挖时设置坡度板，在坡度板侧面顶部用小铁钉订出中心线，在坡度板侧面钉上高程板，坡度板上写明桩号、下返高程等有关数据，便于控制；槽底高程允许偏差：土方 +20mm；石方 +20mm；-200mm。

⑦沟槽开挖出的土作为回填材料，存放于沟槽一侧。余土装车外运，外运时应安排专人清扫路面，作好文明施工。

⑧沟槽开挖过程中应控制其质量达下列要求：

⑨沟槽断面选择：沟槽开挖断面是由槽底宽度、深度、坡度等因素来决定的，正确的选择沟槽开挖断面，可以减少土方量，便于施工，确保安全。沟槽底宽度取决于管径、管材、施工方法根据施工规范，管道沟槽底部的开挖宽度可按下式计算：

$$B=D_1+2（b_1+b_2+b_3）$$

式中　　　　B——管道沟槽底部的开挖宽度（mm）；

D_1——管道结构的外缘宽度（mm）；

b_1——管道一例的工作面宽度（mm）；

b_2——管道一侧的支撑厚度（mm）根据实际情况待定；

b_3——现场浇筑混凝土或钢筋混凝土管一侧模板的厚度（mm）；

注：槽底需设排水沟时，工作面宽度（b_1）应适当增加

⑩必须做好地表水和降雨水的疏导和排除工作，防止地表水流入沟槽内，造成塌方、滑坡事故。要保证地表自然沟的排水畅通，并在自然沟和沟槽间留有保护层。

沟槽土方开挖过程中应及时进行钎探，并通知监理验槽，验槽合格方可进行管基施工。

4.管道基础施工

①施工顺序：原土夯实—垫层定位放线—铺筑基础—基础夯实。

②管基施工所需材料必须具有出厂合格证，严格按配合比控制下料并挂牌标识。

③土方开挖后经甲、乙双方共同验槽合格后，进行原土夯实，夯实后，在经纬仪的监控下进行砂石基础定位、放线工作。

④待垫层达到平整度要求后，用经纬仪测量放出管道中心线位置进行规定安装。

⑤管基采用基础时，必须保证管外壁与基础贴合压实，可加薄砂一层。

⑥施工中管道穿越软土地基处及其他地基不良时，管道基础须进行处理，应与设计人员协商处理意见。

⑦如开挖后发现地基土具湿陷性，管基下应铺设 3：7 灰土 300MM 垫层厚，再进行管道基础施工。

⑧如开挖发现旧管道渗水，地基土含水量相对较高的情况，换填砂卵石，换填深度视具体情况由各相关方协商解决。

5.管道安装

①由于其材质的刚性及线性膨胀系数，在考虑强度问题时，必须增加固定点的数量来保证供水管网的刚性；在考虑线性膨胀系数时，必须考虑到长距离管道的敷设必须有一定的伸缩量。

②管道的埋设深度根据冰冻程度、外部荷载与其他管道交叉等因素确定。在一般情况下，埋设深度可在冰冻线以下0.2米处，并符合当管径大于110㎜时，管顶最小埋深为1.0米。

③沟槽底部一般为管外径加 0.4 米，管沟边应是一直线，沟底应在一平面，沟内不得含有突出物、碎石或其他硬块。用机械挖沟时，沟底应留 0.2 ~ 0.3 米厚的土层暂不开挖，最后应当用人工清理沟底至标高位置。

④管道敷设时，管顶回填 20cm 的中粗砂，管底做 15cm 的砂垫层。

⑤高密度聚乙烯（HDPE）管的安装要求

a.施工前，对管材、管件等做二次外观检查，发现有问题的均不能使用。

b.由于其高密度聚乙烯（HDPE）管管身重量轻，在安装过程中人工即可搬动，一般

不需要动用机械，因而在将其放入沟槽时，不得与沟壁和沟底激烈碰撞。

c. 安装法兰接口的阀门和管件时，应采取防止造成外加拉应力的措施，口径大于100mm 阀门下，应设砖支墩。

d. 在高密度聚乙烯（HDPE）管穿越铁路、公路等障碍时，应设套管，以起到保护管材作用。

e. 管道安装和敷设工程中断时，应用木塞或其他盖堵将管口封闭，防止杂物进入管道。

f. 在熔接管件时，应把被熔接管材尺寸相配套的加热头装配到焊接机器上，连接电源，等待加热头达到最佳温度 260℃，同时将管材、管件插入熔接器内，按规定时间进行加热，加热完毕后，取出管材与管件，立即连接，在管材与管件连接配套时，如果两者位置不对，可以在一定时间内做少量调整，但扭转角度不宜超过 5 度。

⑥应注意的几个问题

a. 管道敷设时应尽量避免穿越腐蚀、污染管道地段，必须穿越时需设置套管。

b. 雨季或地下水位高的地区施工时，防止管道上浮。

c. 管沟回填应分层夯实，若管道穿越道路时，为避免压坏管身，可在管顶全部回填粗砂。

d. 管材具有良好的韧性和柔软性，在安装时，要充分利用这一点进行敷设，一般大口径管材弯曲埋地半径 R 应大于 30D，但在弯曲部位不得安装管件、阀门、水表等辅件。

e. 施工过程中，应及时清洁管材与管件的熔接部位，避免水、沙子、灰尘等与其接触而引起的热熔粘接不牢固；同时还应用铅笔在管材上标记热熔深度。

f. 与其他塑料管一样，高密度聚乙烯（HDPE）管应避紫外线直接照射

6. 检查井施工

①检查井施工所需的原材料，必须有生产厂家出厂合格证、材质单，钢筋、水泥、砖及砂石等原材料进场必须要进行复检，待合格后方可用于施工；所需砌筑砂浆及混凝土必须要根据实验室出具的配合比搅拌。

②井室底部混凝土垫层施工施工时必须保证干燥，基坑有水的情况下应做降水处理。

③钢筋、模板、混凝土等工序，应由具备相应技术等级的工人操作，结构外行尺寸及结构强度应符合设计要求，施工工艺要科学合理。混凝土在浇筑过程中要振捣密实，严禁出现露筋、蜂窝、麻面及缺棱掉角等情况，如有出现应及时处理，混凝土在浇筑 12h 后开始洒水养护，养护龄期不得少于 28 天。

④井室在现场用红砖砌筑而成，检查井内的流槽应与井室同时砌筑，井室高程应与管底高程相符合。内、外部抹防水砂浆。

⑤井室砌筑时，应满足设计要求，采用"三一"砌筑法，砂浆饱满度不小于 80%，砌筑前要将砖充分润湿，砂浆要随砌随拌，不得使用过夜灰。砌筑时应同时安装定型铸铁踏步爬梯，爬梯安装位置应正确。保持每 360mm 一个直至井口，其中不得缺少及随意加大距离。当砌筑砂浆未达到规定抗压强度前，不得进行踩踏。砌筑时井周围要随砌随填，分

层夯实，回填时，回填土内不得含有粒径大于 50mm 的砖、石及冻土块和有机物。井室砌筑时，应随时检查井室的直径尺寸，偏差不大于 ±20mm。砌筑时应对照图纸设计规格、位置预留支管管口，并应做临时封堵。

⑥管口进入井内壁应平齐，管径大于 300mm 的管口应砌筑砖圈加固。

⑦铸铁井圈、井盖的安装其高度必须与路面保持水平。

⑧地下井室封顶前，应将里面的渣土杂物清扫干净，未封顶的井室要加盖临时盖板，以免人员、车辆及杂土掉入井内。

⑨检查井施工时所需的砂浆及混凝土，不同标号的在每一个台班必须留置试块，取样不得小于一组抗压试块，并留同样条件试块，试块应随机取样制作，并送至试验室进行抗压强度试验。

7. 管道严密性试验

①在管道回填前采用闭水法进行严密性试验，管道闭水试验时，试验管段应具备下列条件：

a. 管道及检查井外观质量已检查合格；b 管道未回填土且沟槽内无积水；c 全部预留孔洞应封堵不得漏水；

d. 管道两端堵板承载力应经核算并大于水压力的合理；除预留进出水管外，应封堵坚固不得漏水。

②试验方法：从上游往下游进行分段，上游段试验完毕，可往下游段倒水，以节约水资源。试验管段应按井距分隔，长度不应大于 1km，带井试验。试验水头以上游检查井井口高度为准。将试验管段两端的管口封堵；采用砖砌，养护 3 ~ 4 天达到强度后，在向闭水段的检查井内注水。

试验管段盛满水后浸泡时间不得少于 24 小时，使管道充分浸透。当试验水头达规定水头开始计时，观察管道的渗水量，直至观测结束时，应不断向试验管段内补水，保持试验水头恒定。渗水量的观测时间不得小于 30min。

渗水量计算：

$$q=w/（T\times L）$$

式中　　　q—实测渗水量（L/（mi″m））：

　　　　　W—补水量（L）：

　　　　　T—实测渗水观测时间（min）

　　　　　L—试验管段长度（m）

8. 土方回填

①回填时应在隐蔽工程验收合格后进行，凡具备回填条件，均应及时报监理单位验收并及时回填，防止管道因暴露时间过长造成损坏。

②回填土不得含有碎砖、石块及大于 10cm 的硬土块，并不得采用房渣土、粉沙、淤泥、

冻土等杂物。

③回填时必须将沟底杂物清理干净，回填时沟槽内不得有大量积水。

④管道两侧及管顶 0.5m 范围内回填土不得含有直径大于 50mm 砖块等硬物；

⑤管顶以上 500mm 范围内回填时，应由人工从管道两侧对称回填，且回填土不得直接扔在管道上。

⑥回填土时分层夯实，人工夯实每层的虚铺度不大于 200mm，机械夯实每层的虚铺厚度不大于 250mm，回填土的压实度控制在 95% 为宜。

⑦分层回填至管顶 1.5m 以上时，方可上大型压路机械进行碾压。

⑧检查井周围回填时应符合下列要求：

a. 现浇混凝土或砌体水泥砂浆强度达到设计要求；

b. 检查井周围回填要与管道回填同步进行，当不能同时进行，要留台阶型接茬；

c. 检查井周围回填夯实时要沿井室中心对称进行，且不得漏夯；

d. 回填材料压实要与检查井紧贴。

（七）地形调整施工

1. 土方平衡及调配

（1）施工准备主要机具

1）主要大型机械：挖掘机、推土机、装载机、自卸汽车、翻斗车等；

2）一般工具：铁锹、手推车、平碾、蛙式打夯机、钢尺等。

2. 土方开挖及平整

（1）作业条件

①土方开挖及平整前，将施工区域内的地下、地上障碍物、杂物清除和处理完毕。

②在机械施工无法作业的部位和修整边坡坡度，地形精细修整等，均应配备人工进行。

③根据挖方、堆方工程量，选用施工机械，以发挥施工机械的最高效能。

④保留树木应做防护，如用草绳包扎、设置护栏等。

⑤场地的定位控制线桩、标准水平桩及灰线尺寸，必须经过检验合格后，才能作为施工控制的基准点。

⑥施工区域运行路线的布置，应根据作业区域工程的大小、机械性能、运距和地形起伏等情况加以确定。

⑦夜间施工时，应有足够的照明设施，在危险地段应设置明显标志，并合理安排开挖、推平顺序，防止错挖或超挖。高压线下应有专人负责。

⑧熟悉图纸，做好技术交底。

⑨施工机械进入现场所经过的道路和卸车设施等应事先经过检查，必要时进行加固或加宽等准备工作。

（2）操作流程

确定开挖、推土顺序和边坡→分段分层开挖、推土→修边清理。

开挖应从上到下分层分段依次进行，随时做好一定坡势，以利排水，并应做好支撑准备，以防塌陷。

（3）成品保护

1）对定位标准桩、轴线引桩、标准桩点、桩木等运土、推土时不得撞碰，并应经常测其平位置，水平标高和坡度是否符合设计要求，定位标准桩和标准水准点边应定期复测和检查是否正确。

2）土方开挖、推土时，应防止邻近物、道路、管线等发生下沉和变形，必要时应与设计或建设单位协商，采取防护措施。并在施工中进行沉降或移位观测。

3）施工中，如发现有文物或古墓等，应妥善保护，并应及时报请当地有关部门处理，方可继续施工；如发现有测量用的永久性标桩或地质、地震部门设置的长期观测点等，应加以保护，在设有地上或地下管线、电缆的地段进行施工时，应事先取得有关管理部门的书面同意，施工中应采取措施，以防止损坏管线，造成严重事故。

3. 机械回填土

（1）工艺流程

基底地坪的清整→检验土质→分层铺土→机械碾压密实→检验密实度→修整验收

1）填土前，应将基土上的洞穴或基底表面上的树根、垃圾等杂物都处理完毕，清除干净。

2）检验土质：检验回填土料的种类、粒径，有无杂物，是否符合规定，以及土料的含水量是否在控制的范围内。如含水量偏高，可采用翻松、晾晒或均匀掺入干土等措施；如遇回填土的含水量偏低，可采用预先洒水润湿等措施。

3）填土应分层铺摊：每层铺土的厚度应根据土质、密实度的要求和机具性能确定，但每层厚度不超过60cm。

4）碾压机械压实填方时，应控制行驶速度，工程拟采用碾压机械分层碾压，分层厚度不大于60cm，并随碾压随找平。

5）碾压时，轮（夯）迹应相互搭接，防止漏压或漏夯。长宽比较大时，填土应分段进行，每层接缝处应做成斜坡形，碾迹重叠0.5～1.0m左右，上下层错缝距离不应小于1m。

6）填方超出基底表面时，应保证边缘部位的压实质量。运土后，如设计不要求边坡修整，宜将填方边缘宽填0.5m，如设计要求边坡修平拍实，宽填可为0.2m。

7）在机械施工碾压不到的填土部位，应配合人工推土填充，用蛙式或柴油打夯机分层夯打密实。

8）回填土方每层压实后，应按规范进行取样检验，测出干土的质量密度、压实度，达到要求后，再进行上一层的铺土。

9）填方全部完成后，表面应进行拉线找平，凡超过标准高程的地方，及时依线铲平，凡低于标准高程的地方，应补土夯实。

（2）质量标准

1）基底处理必须符合设计要求或施工规范的规定。

2）回填的土料，必须符合设计要求或施工规范的规定。

3）回填土必须按规定分层夯压密实，取样测定压实后的干土质量密度，其合格率不应小于90%，不合格的干土质量密度的最低值与设计值的差，不应大于 $0.08g/cm^3$，且不应集中，环刀取样的方法及数量应符合规定。

（3）成品保护

1）施工时，对定位标准桩、轴线控制桩、标准水准点及桩木等，填运土方时不得碰撞，并应定期复测检查这些标准桩点是否正确。

2）夜间施工时，应合理安排施工顺序，要有足够的照明设施，防止铺填超厚，严禁用汽车直接将土倒入基坑（槽）内，但大型地坪与堆山工程不受限制。

3）基础的现浇混凝土应达到一定强度，不致因回填土而受破坏时，方可回填土方。

（4）应注意的质量通病

1）未按要求测定土的干土质量密度：回填土每层都应测定夯实后的干土质量密度，符合设计要求后才能铺摊上层土。试验报告要注明土料种类、试验日期、试验结论及试验人员签字。未达到设计要求的部分，应有处理方法和复验结果。

2）回填土下沉：因虚铺土超过规定厚度，或夯实不够遍数，甚至漏夯。基底有机物或树根、落土等杂物清理不彻底原因，造成回填土下沉，为此，应在施工中认真执行规范的有关规定，并要严格检查，发现问题及时纠正。

3）回填土夯压不密实：应在夯压时对干土适当洒水加以润湿；如回填土太湿同样夯不密实呈"橡皮土"现象，这时应将橡皮土挖出，重新换好土夯实处理。

4）在地形、工程地质复杂地区内填方，且对填方密实度要求较高时，应采取措施（如排水暗沟、护坡桩等），以防填方土粒流失，造成不均匀下沉和坍塌等事故。

5）填方基土为渣土时，应按设计要求加固地基，并要妥善处理基底下的软硬点、空洞、旧基以及暗塘等。

6）回填管沟时，为防止管道中心位移或损坏管道，应用人工先在管子周围填土夯实，并应从管道两边同时进行，直至管顶0.5m以上，在不损坏管道的情况下，方可采用机械回填和夯实。在抹带接口处，防腐绝缘层或电缆周围，应使用细粒土料回填。

7）填方应按设计要求预留沉降量，如设计无要求时，可根据工程性质、填方高度、填料种类、密实要求和地基情况等，与建设单位共同确定（沉降量一般不超过填方高度的3%）。

4. 人工回填土细整

（1）填土前应将地面上的垃圾等杂物清理干净。

（2）人工采用蛙式打夯机，每层铺土厚度为 200～250mm，人工打夯不大于 200mm。每层铺摊后，随之耙平。

（3）回填土每层至少夯打三遍。打夯应一夯压半夯，夯夯相接，行行相连，纵横交叉，并且严禁采用水浇使土下沉的所谓"水夯"。

（4）修整找平：填土全部完成后，应进行表面拉线找平，凡超过标准高程的地方，及时依线铲平，凡低于标准高程的地方，应补土夯实。

（八）苗木种植工程施工

（1）施工工序

园林绿化种植的施工顺序一般为：

地形细整→定点放线→乔木栽植→灌木种植→地被草坪栽植→施工期养护→养护管理期养护→竣工验收移交

（2）选材

1）表土、肥料、水等应符合工程要求；

2）植物品种

①所有植物应考虑当地气候特点，选择在周边地区定植三年以上且符合工程设计要求效果的苗木，带冠种植；适合于当地气候条件易于生长的、并有丰满干枝体系和苗壮的根系。植物应无缺损树节、擦破树皮、受风冻伤害或其他损伤，植物外观应显示出正常健康状态，能承受上部及根部适当的修剪。无特殊规定或图纸标明，所有植物应在苗圃采集。

②乔木应具有挺直的树干，发育良好的枝杈，根据其自然习性对称生长。不应有大于直径 20cm 未愈合的伤痕。

③运到现场的乔木高度应符合图纸要求，其胸径（树高出地面 1.2m 处）应按施工图纸要求。

④不允许采用代替品种，除非证实在承包期内的正常种植季节采集不到规定的植物。只有经监理工程师同意后，才允许种植代替品种。

（3）地形细整

根据建设方提供的施工场地，对照设计施工图进行场地细整。

1）地形要求，应使整个地形的坡面曲线保持排水通畅，堆筑地形时，根据放样标高，由里向外施工，边造型，边压实，施工过程中始终把握地形骨架，翻松辗压板结土，机械设备不得在栽植表层土上施工。

2）微地形粗整形完成后，人工细做覆盖面层，保持表面土质疏松，并清理杂物。人工平整时从边缘逐步向中间收拢，使整个地形坡面曲线和顺、排水通畅。回填土的含水率应控制在 23% 左右，不允许含有粒径超过 10cm 的石块，雨天停止作业，雨后及时修整和拍实边坡。若施工场地有垃圾、渣土、建筑垃圾等要进行清理。

3）必须使场地与四周道路、广场的标高合理衔接，使绿地排水通畅。

4）种植场地种植土最低厚度必须符合下列要求。

表 1-1　园林植物种植必需的最低土层厚度

植被类型	草本花卉	草坪地被	小灌木	大灌木	浅根乔木	深根乔木
土层厚度（cm）	30	30	45	60	90	150

5）对场地进行翻挖、松土、对杂草需用锄头、铁锹连根拔除、杂草很多时用除草剂进行消除，以符合植物和设计要求。

6）如果用机械整理地形，应事先与建设单位或相关单位联系，了解是否有地下管线，以免机械施工时造成管线的损坏。

7）场地整理时应考虑土壤的压实程度与设计标高的关系，土壤压实后密实度达 80% 以上，以免种植后，淋水下陷厉害造成场地不平整。

（4）定点放线

1）施工人员接到设计图纸后先到现场核对图纸，了解地形地貌和障碍物情况并找到定点放线的依据和方法。

2）首先按工程布置的图纸标出种植地段、种植位置及品种的轮廓，并进行放样，按现场监理工程师提供的水准点、坐标基准点结合图纸，确定放样基准点。

3）用经纬仪完成施工坐标控制网放设，对所有基准点打桩定点，复杂地点及建筑用地应加密控制网。

4）分别对绿化苗木栽植位置等进行放样，每次放样后，报请监理工程师进行审核，核准后、进行下一道工序的施工。

5）种植地段应修整到符合监理工程师指示的线形和坡度，应具有舒畅的外形。在种植中所有大土块、石块、硬土及其他杂物和不适于种植的材料，均应由承包人自行移走。处理好的表土和底土应分开，并得到监理工程师认可。

6）对交叉施工造成的放样破坏及时进行复样，保证施工精确度和进程。

整个放样工序按：基准点确定→控制网放样→放样→核实→使用→复线→使用的途径进行。

（5）树穴开挖

1）挖坑挖槽的质量标准

挖坑挖槽的位置要准确，坑应根据根系、土球大小、土质情况而定，刨坑刨槽要直上直下桶形，不得上大下小或上小下大，不然造成窝根或填土不实。

坑径一般可按规定的根系或土球直径大 30 ~ 40 厘米。

2）刨坑、刨槽的规格要求

刨坑、刨槽位置要准确，坑径应根据根系、土球大小及土质情况而定，刨坑、刨槽要直上直下成桶形，不得上大或上小下大，以免造成窝根或填土不实。好土、弃土分别放置，及时将多余的无机料和施工垃圾清理干净。

①坑径一般可比植物的根系或土球直径大 0.2 ~ 0.3m。

②如遇土质过粘、过硬或含有有害物质如石灰、沥青等，则应适当加大坑径。

3）刨坑的操作方法

①刨坑时要找准位置，以所定位置为中心按规定坑径画一圆圈作为刨坑的范围。

②挖坑时应将表土与底土分别放置，如土质有好有坏亦应分开堆放。堆放位置以不影响苗木栽植为宜，刨坑到规定深度后在坑底堆土堆，以利根系舒展。

③刨坑时如发现地下管道，电缆等地下设施应停止操作，并及时向有关领导报告及时解决。

④在斜坡上挖坑应先做成一平台，平台应以坑径最低处为标准做平台，然后在平台上再挖坑。

⑤在运出植物前，应由园艺人员按起苗、调运等技术要求负责将植物挖出、包扎、打捆，以备运输；任何时候，植物根系应保持潮湿、防冻、防止过热、落叶树在裸根情况下运输时，必须将根部包涂粘泥浆，使根的全部带有泥土然后包装在稻草袋内。所有常绿树及灌木的根部，均应连同掘出的土球用草袋包装。运到工地及种植前，这些土球应结实，草包应完好。树冠应仔细捆扎以防止枝杈折断。

⑥植物以单株、成捆、大包或容器内装有一株或多株植物运到工地时，均应分别系有清楚的标签，标明植物名称、规格、尺寸、树龄或其他详细资料。

（6）起苗及包装

1）起苗的质量标准：为保证树木成活，提高绿化效果，要选生长健壮无病虫害，树形端正，根系发达的树苗。先在苗圃号苗并在重要苗木向阳面喷漆做标记。

①乔木土球应达到其胸径的 7 ~ 10 倍或树高的 1/3；常绿类乔木土球应达到其胸径的 7 ~ 10 倍或树高的 1/3；灌木土球应达到其胸径的 7 ~ 10 倍或树高的 1/3；灌木土球应达到其高度的 1/2。或按设计要求规定土球大小起苗。

②掘带土球苗，应保证土球完好，土球要削平整，50 厘米以上土球底要小，一般不要超过土球直径的 1/3，土球包装均要严，草绳要打紧不能松脱，土球底要封严不能漏土。

③打包：土球规格在 40 厘米以下，土质坚硬可在坑外打包，先将蒲包放好，捧出土球放入包内，但搬运土球时不要只提树干，放入包内将包包严，再按规定将草绳捆紧，土球虽在 40 厘米以下，但土质松软，沙性大，易散坨的和 50 厘米以上的土球均应在坑内打包，所用蒲包草绳应在使用前一天浸水，以增加拉力，可使草包打严，草绳勒紧，50 厘米以上土球如土质松软的土球，应修好土球后先围腰绳，腰绳宽度应根据土质而定，围好腰绳再用蒲包将土球包严，用草绳将蒲包固定，进行打包，打好包后再围上腰绳，腰绳宽

应根据土球大小而定。一般为 6 ~ 10 道，最后进行封底，封底前在顺树倒的方向坑底处先挖一小沟并将封底草绳紧紧拴在草绳上，然后将树推倒，用蒲包封严，用草绳错开勒紧，捆成双十字形或五角形。

（7）苗木运输及假植

1）装、运、卸、假植树木时均要保证树木根系，土球的完好，不得折断树木主尖、枝条，不要擦伤树皮，卸车后应立即栽植苗木，因故不能立即栽植的苗木应埋土假植保护好根系。

2）为保证正常季节带冠移植大规格苗木必须带土球。吊运苗木时必须严格按照规程、规范操作，吊车的荷载吨位要大于土坨和树体的总重量。装车时土球（木箱）朝前，树冠向后，保证土球完整，不散坨。运输保持树木平稳，不滚动，不损伤树皮和主枝。

3）运苗装车前押运人员应按所需树种、规格、质量、数量认真检查核实挂牌后再装车。凡运距较远的苗木，应用草苔或湿草袋盖好根部以免风干而影响成活。

4）苗木运到工地后按指定位置卸苗，卸苗要从上往下顺序卸车，不得从下乱抽，卸时应轻拿轻放，不许整车往下推以免砸根系和枝条。卸土球苗 40 厘米以下可直接搬下，但要搬动土坨不应只提树干同时保护好树体及土球不受损伤。

5）卸车后不能立即栽植时，应临时将根部埋土或用苫布草袋盖严，也可事先挖好宽 1.5 ~ 2 米，深 40 厘米的假植沟，将苗码放整齐，一层苗一层土将根部埋严。如假植时间超过七天以上则应适量浇水保持土壤湿润，带土球苗临时假植应尽量集中将树直立，土球垫稳，假植时间较长则应在土球和枝叶上经常喷水以增加空气中湿度和保持土球土壤湿润，但水量不宜过大以免将土球泡软再搬运时土球变形影响成活。

6）苗木卸车完毕及时报请监理工程到现场对苗木进行验收。

（8）苗木栽植与养护管理

1）在种植时，先在坑底填约 150mm 厚的表土，同时要掺中腐熟的有机肥料作为底肥，注意要在底肥上覆盖一层土，不至于直接接触苗木根系而损伤根系。禁忌使用耕作层以下的深层生土（阴土）。苗木栽植前先对苗木进行自检，然后报请监理工程师进行抽检，不合格苗木不允许进场。

2）苗木栽植前 2 天，对比较干旱的树穴先灌穴，待水全部渗下去后方可栽植，同时为提高成活率，可使用一定浓度的 ABT 生根粉以促进新根的萌发。注意先把土球上的包扎物打开，再将稀释后的溶液喷施或浇灌根部，并适量施用植保粉。

3）栽前对苗木进行修剪，修剪的原则是灌木保持其自然树形，短截时保持树冠内高外低，疏枝应保持外密内疏。栽后修剪时，应以疏除为主，修剪总量不超过 1/4 ~ 1/3，保持主枝、侧枝分布均匀。银杏等具有明显主干的树种，在保证主枝顶芽不受伤害的前提下，重点以疏枝为主，侧枝可结合整形适当短截；元宝枫、国槐、栾树、白蜡等苗木的修剪，应保留树冠的基本骨架，保持主、侧枝先端一致，树冠整齐。修剪后较大创口应涂抹保护剂，起到杀菌、促使伤口愈合的作用。

4）栽植位置要符合设计图纸要求：树木高矮干径大小要搭配合理，树体要保持上下垂直，不得歪斜，树形好的一面要迎着主要观赏方向。

5）栽带土球苗木时，应提草绳入坑摆好位置后放稳再剪断腰绳和草包保持土球不松不散，并应尽量将包装物取出，然后填土踩实，踩实时不要直接踩压土球。

6）栽植较大规格的常绿树或落叶乔木时，应立支柱对树体进行保护，并不能使支柱与树干直接接触以免磨伤树皮，立支柱的方向应在下风口。支撑要捆绑牢靠，高度一致、整齐美观，支撑对于不同的树种应分别采用不同的支撑方式，分别有四角支撑、三角支撑和一字支撑，支撑时为了保护好树体支撑点的树皮要进行必要的缠绕保护，材料采用棕皮式或草绳等，支撑杆采用高度一致、粗细均匀的竹杆或杉木杆。

7）绿篱成块种植或色块种植时，应由中心向外顺序退植，坡式种植应由上向下种植大型块植或不同色彩丛植时，宜分区、分块种植。

8）栽后24小时内必须及时浇上第一遍透水，第二遍水要连续进行，第三遍水在第二遍水5~10天后进行。灌水量要充足（注意第一次浇水后将树穴下陷部位及时回填种植土并捣实）。浇完第三次透水后，进行苗木的扶直整理工作，要对苗木支撑进行修整和修改，之后根据树种性质分别确定浇水时间。

9）待第三遍水渗下后及时进行中耕扶植或封穴，并在树干周围堆成30cm高的土堆，以保持土壤中的水分和防止风吹树干造成空隙而影响成活，中耕封穴的同时，应将土填实并将树木扶直。

10）苗木栽植完及时报请监理工程师验收，并递交苗木养护管理的详细计划及日程。

（9）养护管理

1）根据天气情况和土壤水分状况以及苗木本身的需水量，适时浇水。

2）缓苗过程结束后苗木开始生长，适当追施肥料，中耕除草。

3）经常巡逻值班，防止盗苗，发现死苗或缺苗，及时补栽。

4）根据病虫害发生情况，适时对苗木进行病虫害防治。

5）冬季封冻前浇足冻水，并清理苗木附近杂草防火灾毁苗。

（九）大树移植施工

绿化工程在设计中采用了大规格景观树来进行园林造景。稀有、大规格、全冠为园林工程施工的难点所在。因此，施工必须作为重点进行安排施工，才能最终保证施工良好效果。

（1）选苗

由于大规格苗木较稀有且苗圃中存量较少，因此在选苗时，应做到：

1）苗壮、芽饱满、无病虫害、苗木生长势好

大规格乔木由于生长年限较长，因此有的生长不良，芽不饱满且多病虫害，移栽后由于受伤，树势较弱，病虫害蔓延，不易生长。因此选树时必须选择树势生长健壮，芽子饱满、无病虫害，在满足设计规格的同时尽量选树势生长旺盛的苗木，移栽后苗木恢复快，

成活率高，且能保证景观。

2）冠形饱满，树干较直

大规格乔木，由于生长年限较长，且多在野外偏僻处，苗圃苗较少。因此，较少得到人工抚育，大部分树冠由于生长环境，树势、土壤、遮阴、自然界竞争等多种因素影响，容易造成偏冠，树干弯曲。而工程所用材料为城市景观大道，因此必须选择冠形圆满，无偏冠，干形较直，无破损的苗木，才能达到预期效果。

3）土层深厚，易带土球

大多数大规格苗木多生长在土层瘠薄、粗放管理之处，挖苗时土球不易挖掘，而且，由于树龄较长，根系延伸远，毛细根少，因此，起苗时，尽可能选择黏土土质，土层深厚，土球不易散裂的苗木，才能保证成活率。

4）能适应栽植地点的环境条件，做到适地适树。

5）苗木原环境条件适宜挖掘、吊装和运输操作，土壤不易松散，能成形。选定的大树，用油漆或绳子在树干胸径处做出明显的标记。以利识别选定的单株和栽植朝向；同时，要建立登记卡，记录树种、高度、干径、分枝点高度、树冠形状和主要观赏面，以便进行分类和确定栽植顺序。

6）苗木必须是已在苗圃断根屯集了2年以上或容器栽植苗，尽量不在非绿化季节临时断根带冠移植。掘起屯集苗时，应在大于原来土球直径30cm左右处下挖，保护土球外围新生根。

7）工程采用的油松、白皮松等名贵树种，以及银杏、悬铃木季节性栽植较强树种，采取提前半年以上选择苗木，并在适宜的季节移植到苗圃内，进行容器培育5个月以上，促生根系后再运抵工程现场栽植，以保证良好的树冠及较高的成活率。

（2）起苗时间

根据植物生物学特性和生态学习性，各种苗木有其不同的特性，因此在起苗时，应根据不同苗木，在不同的时期挖掘。

最好选择在生长季节移栽，因此时根系再生速度快，树木易成活。由于已过了苗木最佳栽植季节，所以本次工程移植苗木必须加大土球，在保证整体景观的效果下加强修剪、遮阴、保湿等措施。

（3）切根处理

通过提前切根处理，促进侧须根生长，使大树在移植前即形成大量可带走的吸收根。这是提高移植成活率的技术关键。

在移植前，以树干为中心，以胸径的3～4倍为半径画一个圆形或方形的边线，把圆形或方形的东、南、西、北分成4段，在树体的南和北或东和西两段向外挖宽30～40cm的沟，深度50～70cm（视根的深浅而定）。挖掘时，如遇较粗的根，应用锋利的修枝剪或手锯切断，使之与沟的内壁齐平。如遇5cm以上的粗根，为防大树倒伏，一般不切根，而是在土球壁处行环状剥皮并涂抹20～50mg的生长素（萘乙酸等），促发新根。沟挖好后，填入肥沃土壤并分层夯实，然后浇水。数月后即可挖运栽植。

（4）挖掘

1）准备工作：应准备吊车、油丝绳（或吊装网包）、吊带、草绳、木板、抱杆、粗网绳、铁锹、锯、剪刀、油漆等。

2）整枝：挖掘前，根据树形及设计要求，将树冠中病、枯枝、重叠枝进行疏除，弱枝强剪、强枝弱剪，以利恢复树势，同时，根据园林树木修剪造型原则，对树冠，进行适当修剪，去掉树干、基部萌条。修剪造成的伤口应涂以保护剂，如含有 0.01% ~ 0.1% 的萘乙酸膏。

3）支撑、牵拉：根据大树粗度、高度，用粗大竹杆（一般毛竹杆）或粗木杆对树体进行支撑，一般为三角形或四角对称支撑，用麻绳绑牢，必须保证大树在挖掘时不致突然倾倒，以防伤人或损伤树木。

4）挖掘

①土球大小：常绿和落叶大规格苗木必须带土球（台）移植。胸径为 12 ~ 18cm，土球直径 1.2 ~ 1.5m，胸径为 25cm 以上应采用箱板移植，土台、箱板的规格为胸径的 8 ~ 10 倍。土球（台）高度一般为土球直径的 4/5 左右。因此在起苗时，土球大小严格按照业主及招标文件的要求，若在夏季，对苗木反季节移栽，土球直径还应加大。

②土球挖掘：根据苗木规格确定土球大小后，在土球外沿向外延伸 10 ~ 20cm 开始挖掘。先将树体根部周围土球范围内所有浮土去掉，四周开始挖掘，挖掘宽度以方便人员操作为宜，土球一般上宽下窄，原则以尽量减少毛细根损伤为佳。遇到大的侧根或主根，不能用铁锹或钝皿铲断，而应用锯仔细锯断，细根用剪刀剪断。土球大小要求为：r=30cm 以下的苗木带 Φ1.5m 的土球；r>30cm 的苗木带 Φ2.0m 的土球。

挖掘时应循序渐进，以防土球散裂；若土壤为沙质土，土球易裂，可边挖边用草绳严密缠绕土球。

土球大部分挖完，修平整，用草绳横向严密包裹后，可用吊车进行吊扶，以防大树倾倒。将土球稍微吊离土层，再用草绳横向缠绕，形成"井"字或"#"形。

草绳缠绕时应使用湿草绳，用力拉紧嵌入土球，然后固定，防松脱。

（5）吊装

1）保护树杆：先用草绳对树干紧密缠绕，再用网包进行缠绕后吊装；若无网包，也可在草绳缠绕后，用宽度 20cm，厚度 3 ~ 5cm，长度 1m 左右的木板四块贴在树杆上，用油丝绳直接吊装，该措施特别在早春季节，树皮容易滑脱，可有效防止擦伤树皮。同时必须对树冠进行包裹、保护，以免在运输和栽植过程中造成枝叶损伤。

2）吊装：吊装时，起吊部位最好在树体重心部分，以使树体与土球保持平衡。起吊时，应轻起轻放，不宜过快。树木装进汽车时，要使树冠向着汽车尾部，根部土块靠近司机室。树干包上柔软材料放在木架上，用软绳扎紧，树冠也要用软绳适当缠拢，树体在车上放稳后，在树干与车厢接触部分，用纸板或麻布等垫实，以防擦伤树干；同时用麻绳系牢，防止运输时树体滚动。

吊装时，树体下严禁站人，防止吊绳断裂或滑脱，造成事故。

3）用油漆涂抹伤口：对去掉的大枝伤口或擦伤部位，用油漆进行涂抹，保护伤口，防止病菌侵入。

（6）运输

大规格苗木在运输时，许多苗木树冠超高、超宽。在运输途中，应尽量选择较宽的路线，且车速不应过快，防止颠破土球。非适宜季节吊运时应注意遮阴、补水保湿，减少树体水分蒸发。

运输途中特别注意沿途跨路电线，防止扯断或触电。

（7）树穴开挖

1）要栽植的苗木，其树穴应提前准备，根据放线定点要求和苗木规格，树穴应比大苗土球直径大20cm以上，深度比土球深30cm以上，以利于栽树时调整树的姿态。

2）树穴挖好后，进行灌水，水应灌足，使树穴充分吸水，这样，栽树时，树穴水分不易流失，可充分浸泡土球，大树运输前，树穴内应无积水。并对穴土进行杀菌、除虫处理。

（8）栽植

苗木运到工地后，应随到随栽。最好在阴天或傍晚进行，移植前后，可根据不同树种的特性，采取有针对性的控制树体水分蒸腾措施（如喷施抗蒸腾剂、包裹树干、搭建荫棚等）。

1）修整树冠，保护伤口：大苗运到工地后，对在运输途中造成的树冠损伤及时修剪，并根据工地实际，本着园林观点对树冠重新整形，并用泔油涂抹伤口，防止水分散失和病菌侵入。

2）起吊：起吊前，树体保护措施与挖掘装车时保护措施相同，但起吊部位应在重心之前，即靠近树冠分枝点处，这样，起吊时树体直立，土球下垂，方便栽植、调整树姿。

3）扶正：利用吊车帮助，再用人工，对树体进行调整，端正位置，确立最佳观赏面和土球深度。

4）去掉土球包装物：树体调整完毕，应去掉土球包装物，以利根系恢复、生长；但若土球易散裂，也可不去，但应将土球周围草绳划断，露出土球，以利生根。

5）支撑：树木在栽植完成浇水前必须支撑，一般采用竹杆、杉木杆，长度在树高的1/2～2/3，根据树种粗度、冠幅大小而定。支撑与树干接触部位用棕皮，棕丝或草绳缠绕保护树皮，支撑下端与土壤接触部必须砸实并用木桩与支撑绑扎牢固。

6）埋土、灌水

大土球苗木不宜采用"三埋两踩一提苗"的常规措施，应该边埋土边灌水，使泥土灌满树穴与土球每一个缝隙，以防根系"架空"，不利根系生长。或用铁管多点插入树穴底部从下到上灌水，以保浇透浇匀。

7）不耐水湿的树种（如雪松）宜采用浅穴堆土法栽植。这样根系透气性好，有利根系伤口愈合和新根萌发。

8）视栽种时间和树种需要，对部分新植树木冬季采取防寒措施。

（9）封穴

1）灌水：大规格树木土球灌水时，必须一次性灌足，用树枝或铁棒轻轻插入土球，以检查土球是否松软或浸透，大土球四周在灌水时，最好轻轻插入几个孔（最好保证土球不散），以利于水浸透土球；若一次灌水不足，土球四周泥土形成泥浆，最终附在土球表面，则以后灌水时土球更不易浸透。

2）堆穴：待水完全渗透后，将树穴四周围堰土在树基部堆成中间高四周高的树穴并踏实。

3）覆盖：用地膜以树基为中心，对树穴进行覆盖，覆盖时应严密，不重不漏，特别对接缝处，再用土进行覆盖，否则进风后易鼓起，树穴开裂，露风露气，根系容易失水不易成活。

（10）树体缠绕

用草绳对树干由基部严密缠绕，直至分枝点处，冬春两季，草绳外面再用地膜进行缠绕。夏秋两季将地膜去掉。该项措施既利于树体保温，又利于减少水分蒸发，在高温干旱季节，向树体喷水，又有利于树体吸水，促进树木生长。

（11）养护

1）保持树体水分代谢平衡

①包干：用草绳、蒲包、苔藓等材料严密包裹树干和比较粗壮的分枝。上述包装物具有一定的保湿性和保温性。经包干处理后，一可避免强光直射和干风吹袭，减少树干、树枝的水分蒸发；二可贮存一定量的水分，使枝干经常保持湿润；三可调节枝干温度，减少高温和低温对枝干的伤害，效果较好。或采用塑料薄膜包干，此法在树体休眠阶段效果是好的，但在树体萌芽后应及时撤换。因为，塑料薄膜透气性能差，不利于被包裹枝干的呼吸作用，尤其是高温季节，内部热量难以及时散发会引起高温，灼伤枝干、嫩芽或隐芽，对树体造成伤害。

②喷水：树体地上部分（特别是叶面）因蒸腾作用而易失水，必须及时喷水保湿。喷水要求细而均匀，喷及地上各个部位和周围空间，为树体提供湿润的小气候环境。可采用高压水枪喷雾，可将供水管安装在树冠上方，根据树冠大小安装一个或若干个细孔喷头进行喷雾，效果较好。或采取"吊盐水"的方法，即在树枝上挂上若干个装满清水的盐水瓶，运用吊盐水的原理，让瓶内的水慢慢滴在树体上，并定期加水，既省工又节省投资。但喷水不够均匀，水量较难控制。一般用于去冠移植的树体，在抽枝发叶后，仍需喷水保湿。

③遮荫：大树移植初期或高温干燥季节，要搭制荫棚遮荫，以降低棚内温度，减少树体的水分蒸发。在成行、成片种植，密度较大的区域，宜搭制大棚，省材又方便管理，孤植树宜按株搭制。要求全冠遮阴，荫棚上方及四周与树冠保持 50 厘米左右距离，以保证棚内有一定的空气流动空间，防止树冠日灼危害。遮阴度为 70% 左右，让树体接受一

定的散射光，以保证树体光合作用的进行。以后视树木生长情况和季节变化，逐步去掉遮阴物。

2）促发新根

①控水：新移植大树，根系吸水功能减弱，对土壤水分需求量较小。因此，只要保持土壤适当湿润即可。土壤含水量过大，反而会影响土壤的透气性能，抑制根系的呼吸，对发根不利，严重的会导致烂根死亡。为此，一方面，要严格控制土壤浇水理。移植时第一次浇透水，以后应视天气情况、土壤质地，检查分析，谨慎浇水。同时要慎防喷水时过多水滴进入根系区域。第二方面，要防止树池积水。种植时留下的浇水穴，在第一次浇透水后即应填平或略高于周围地面，以防下雨或浇水时积水。同时，在地势低洼易积水处，要开排水沟，保证雨天能及是排水。第三方面，要保持适宜的地下水位高度（一般要求—1.5米以下）。在地下水位较高处，要做网沟排水，汛期水位上涨时，可在根系外围挖深井，用水泵将地下水排至场外，严防淹根。

②保护新芽：新芽萌发，是新植大树进行管理活动的标志，是大树成活的希望，更重要的是，树体地上部分的萌发，对根系具有自然而有效的刺激作用，能促进根系的萌发。因此，在移植初期，特别是移植时进行重修剪的树体所萌发的芽要加以保护，让其抽枝发叶，待树体成活后再行修剪整形。同时，在树体萌芽后，要特别加强喷水、遮阴、防病治虫等养护工作，保证嫩芽与嫩梢的正常生长。

③土壤通气：保持土壤良好的透气性能有利于根系萌发。为此，一方面，要做好中耕松土工作，以防土壤板结。另一方面，要经常检查土壤通气设施（通气管或竹笼）。发现通气设施堵塞或积水的，要及时清除，以经常保持良好的通气性能。移植时，没有安装通气设施的，应予补装。

3）树体保护

新移植大树，抗性减弱，易受自然灾害、病虫害、人为的禽畜危害，必须严加防范。

①支撑

大规格乔木由于树冠大、重心高，而根系较小，依靠树体自身不能固定，易被风吹倒或发生倾斜，即使树体摇动，也易造成根部晃动，使根部不能生根或露气后使根部腐烂。因此，大树栽植完毕，必须进行支撑。

大树支撑一般用大毛竹杆或杉木杆，因树体规格、高度而定。本项目大树一般用毛竹杆或杉木杆采用三角形或四角对称支撑，竹杆底部用短木桩和支撑固定，使其不易风吹滑动，竹杆与树体支撑部用麻绳绑牢固，树木支撑部位要用棕皮或草绳缠绕保护，以致不损伤树皮。支撑完毕，用力摇动树体，树体牢固，不摇动。

②防病治虫：坚持以防为主，防治结合的原则，根据树种特性和病虫害发生发展规律，勤检查，做好防范工作。一旦发生病情，要对症下药，及时防治。

③施肥：施肥有利于恢复树势。大树移植初期，根系吸肥力低，宜采用根外追肥，一般半个月左右一次。用尿素、硫酸铵、磷酸二氢钾等速效性肥料配制成浓度0.5%到1%

的肥液，选早晚或阴天进行叶面喷洒，遇降雨应重喷一次。根系萌发后，可进行土壤施肥，要求薄肥勤施，慎防伤根。

④防冻：新植大树的枝梢、根系萌发迟，年生长周期短，积累的养分少，因而组织不充实，易受低温危害，应做好防冻保温工作。一方面，入秋后，要控制氮肥，增施磷、钾肥，并逐步延长光照时间，提高光照强度，以提高树体的木质化程度，提高自身抗寒能力。第二，在入冬寒潮来临之前，做好树体保温工作。可采用覆土、地面覆盖、设立风障、搭制塑料大棚等方法加以保护。

4）输液促活技术

移植大树时，必须带土坨，但是大树的吸收根仍然多数失去，留下的老根再生能力差，新根发生慢，吸收能力难以恢复，虽然截枝去叶，但是大树仍然要蒸发大量水分，当供应（吸收）水分数量小于消耗（蒸腾）水分数量时，就会导致树木脱水而死亡。为了维持大树移植后水分供应与消耗的平衡，常采用外部给水（土壤浇水和树体喷水）措施，但是往往效果不佳，甚至造成渍水烂根。如果采用树体内给水的输液新技术，就可解决移植大树桩水分供需矛盾，从而促其成活。其技术要求如下：

①液体配制输入的液体以水分为主，水中可配入微量的植物激素和磷钾矿质元素，为了增加水的活性，可以使用磁化水或冷开水。每千克水可溶入 ABT5 号生根粉 0.1 克，磷酸二氢钾 0.5 克。生根粉可以激发树体内原生质的活力以促进生根和发芽，磷钾元素能促进植株生活力的恢复。

②注孔准备用木工钻在植株基部钻输液洞孔数个，孔向朝下与树干呈 30 度夹角，深至髓心为度。输液洞孔数量多少和孔径的大小应与树干大小和输液插头直径相匹配。一般树干注射器和喷雾器输液的需钻输液洞孔 1 ~ 2 个，挂瓶输液的需钻输液洞孔 2 ~ 4 个。输液洞孔的水平分布要均匀，垂直分布要相互错开。

③输液方法常用的有三种：

注射器注射：将树干注射器针头拧入输液洞孔中，把贮液瓶倒挂于高处，拉直输液管，打开开关，液体即可输入，当无液体输入时即可关上开关，拔出针头，用胶布封住孔口。

喷雾器压输：将喷雾器装好配液，喷管头安装锥形空心插头，并把它插紧于输液洞孔中，拉动手柄打气加压，打开开关即可输液，当手柄打气费力时即可停止输液，并封好孔口。

挂液瓶导输：将装好配液的贮液瓶挂在洞孔上方，把棉芯线两头分别伸到贮液瓶底和输液洞孔底，外露棉芯应套上输塑管，防止污染，配液可通过棉芯输到树桩全身。

④其它事项使用树干注射器和喷雾器输液的，其次数和时间应根据植株需水情况施用。挂瓶输液的可依需要增加贮液瓶内的配液。当树干生新根抽梢后，停止输液，并用波尔多浆涂封孔口。有冰冻的天气不宜输液，以免植株受冻害。

此外，在人流比较集中或其他易受人为、禽畜破坏的区域，要做好宣传、教育工作，以防破坏树木。

同时，设置竹篱等加以保护。新植大树的养护方法、养护重点，因其环境条件、季节、树体的实际情况不同而有所差异，需要因时、因地、因树灵活地加以运用，能收到预期的效果。

总之，稀有大规格苗木由于其购买难度大，造价高，树龄长，移植困难，在施工中，应严格按照操作程序，谨慎操作。大树移植十大操作步骤，是保证大树移植成功的重点保障措施，其根本目的就是通过程序化操作，尽量减少水分蒸发，同时促进根部吸收水分，保证苗木成活。

（十）草坪建植施工

草坪施工的内容，就是要求根据已确定的设计来完成一系列的草坪建植过程。这一施工过程，主要包括地形整理、放线定点、布置给排水设施、铺种草坪草和后期管理等工序。

（1）场地准备

铺设草坪和栽植其他植物不同，在建造完成以后，地形和土壤条件很难再行改变。要想得到高质量的草坪，应在铺设前对场地进行处理，主要应考虑地形处理、土壤改良及做好排灌系统。

1）土层的厚度

草坪植物的根系 80% 分布在 40cm 以上的土层中，而且 50% 以上的是在地表以下 20cm 的范围内。为了使草坪保持优良的质量，减少管理费用，应尽可能使土层厚度达到 40cm 左右，最好不小于 30cm，在小于 30cm 的地方应加厚土层。

2）土地的平整与耕翻

这一工序的目的是为草坪植物的根系生长创造条件。步骤是：

①杂草与杂物的清除，清除目的是为了便于土地的耕翻与平整，但更主要的是为了消灭多年生杂草，为避免草坪建成后杂草与草坪草争水分、养料，所以在种草前应彻底加以消灭。

②初步平整、施基肥及耕翻，在清除了杂草、杂物的地面上应初步作一次起高填低的平整，平整后撒施基肥，然后普遍进行一次耕翻。

③更换杂土与最后平整。在耕翻过程中，若发现局部地段地质欠佳或混杂的杂土过多，则应换土。

为了确保新设草坪的平整，在换土或耕翻后应灌一次透水或滚压 2 遍，使坚实不同的地方能显出高低，以利最后平整时加以调整。

④为提高土壤肥力，最好施一些优质的有机肥料做基肥。但勿直接用家畜肥粪，因其中含有大量杂草种籽，会造成以后草坪中野草滋生，后患无穷。

⑤碱性土或含石灰、受到污染的土壤有害草坪生长，应将 40cm 厚的此种表层土全部刨松运走，另换壤土，以利于草坪植物的生长发育。为防治地下害虫，保护草根，可于在施肥的同时施以适量农药，必须注意撒施均匀，避免药粉成团块状，影响草坪植物成活。

（2）排水及灌溉系统

草坪与其他场地一样，需要考虑排除地面水，因此，最后平整地面时，要结合考虑地面排水问题。不能有低凹处，以避免积水。草坪多利用缓坡来排水，在一定面积内修一条缓坡的沟道，其最低下的一端可设雨水口接纳排出的地面水，并经地下管道排走，或以沟直接与湖池相连。理想的平坦草坪的表面应是中部稍高，逐渐向四周或边缘倾斜。

（3）草坪种植施工

1）播种法

①种子的质量

质量指两方面：一是纯度；二是发芽率。一般要求纯度在98%以上，发芽率在85%以上。

②种子的处理

为了提高发芽率，达到苗全、苗壮的目的，在播种前可对种子加以处理。

③播种量

应根据草种、种子发芽率来确定种子播种量，种子有单播和2~3种混播的，单播时，一般用量为10~20g/㎡。

④播种

a. 选择无风或微风天气进行，机械播种播2~4次，保证播量准确，播撒均匀。

b. 为取得更好的效果必要时可进行植前施肥，对整好的场地，均匀撒施熟化的有机肥3kg/m²、复合肥0.08kg/m²，再进行土壤翻耕，然后用铁耙将表土耙平、耙细保证细整后的坪床不出现坑洼高低不平的现象，以免浇水或雨天积水而造成草坪生长不良。细整后的坪床准备播种。

c. 白三叶播种量以发芽率及土壤条件来决定。发芽率高、土壤条件好则可减少草种播种量、反之增大草种播种量。一般为10~15g/m²，用播种机撒播均匀。

d. 覆土镇压：播种后，用覆土耙进行覆土2次以上，覆厚0.2cm，之后用50~80kg滚筒进行镇压2次，确保草种与土壤接触紧密、坪床具有一定的紧实度。

e. 覆盖：选用草苫子进行覆盖，保湿、防止种子流失、减少径流对地表的冲刷而导致地表板结。

f. 播后24小时内进行第一次喷灌，喷湿土壤5~10cm，1天喷2~3遍，保证坪床湿润，直至种子发芽。

g. 发芽后20天，保证2~3天对草坪进行一次喷灌，之后每3~5天对草坪进行一次喷灌，直至成坪。

h. 揭除覆盖物：待幼苗出土整齐后，选择阴雨天或晴天的傍晚进行，并注意揭除后的养护工作，防止造成幼苗脱水伤害。

i. 草坪草生长到5叶期时，用速效氮（4~8g/m²）对草坪进行第一次追肥。

j. 当草坪生长至10~12cm时，对草坪进行第一次修剪，选用悬刀式剪草机修剪，剪高7~8cm。

k. 苗期进行 3 ~ 5 次杂草防除工作，采用化学防治与人工拔除相结合。

l. 做好苗期病虫害防治工作，如幼苗凋萎病、根腐病及食叶、食茎害虫的发生。

1）草皮分栽铺植

①以生长健壮的草坪做草源地，草源地的土壤若过于干燥，应在掘草前灌水。掘取草根，其根部最好多带一些宿土，掘后及时装车运走，将草要堆放在阴凉之处，堆入要薄，并经常喷水保持草根潮湿，必要时可搭荫棚存放。

②草皮建植采用分栽草根与铺草块的方式进行铺植。

③草块选择无杂草、生长势好，无病虫害的草源。

④草皮移植前 24 小时修剪并喷水，镇压保持土壤湿润，较好起草皮。

⑤起草皮规格规格宜为 30cm×30cm，厚度掌握在 3 ~ 5cm 适宜，否则运输不易，铺植时草皮根系也不容易与原地形土壤相结合而扎根。

⑥草皮运输时应在运输车上用木板分置 2 ~ 3 层，以免卸车草皮破损。

⑦草皮铺植于地面时，草皮间应有 3 ~ 5cm 的间距，后用 0.27T 重的碾压器压平，也可用圆筒或人工脚踩，使草皮与土壤结合紧密，无空隙，易于生根，保证草皮成活。

⑧草皮压紧后浇第一遍透水，保证坪床 5 ~ 10cm 湿润，使草皮恢复原色或失水不易过多，之后每隔 3 ~ 4 天浇一次水，以保证草皮的需水量。

⑨保证滚压和浇水，直到草皮生根而转到正常的养护管理。

（十一）分车带绿化施工方案及措施

（1）反季节种植

根据工程的施工工期需要在夏季进行树木移植。要提高夏季苗木栽植的成活率，就要采取一系列措施。笔者在多年实际工作中，从种植材料的选择、土壤处理、移植施工及养护管理等方面取得了一些经验。

（2）种植材料的选择

1）由于夏季气候条件对于树木移栽来说上很不适宜，气温高、蒸发量大，极易造成植物脱水。这样，在选材上要尽可能挑选长势旺盛而健壮、根系发达、无病虫害的树苗。对于大苗应做好断根等移栽前的准备措施，选用已移栽过的苗圃中的大苗。这样的大苗虽然成本高，但是苗木须根多，土球不易破碎，吸水能力强。

2）种植前土壤处理

夏季移栽苗木的种植土必须保证土质肥沃疏松，透气性和排水性好。对存在建筑垃圾等有害物质的地块，必须扩大树穴，清除废土，换上适宜植物生长的好土，施入腐熟的有机肥作为基肥。对排水不良的种植穴，可在穴底铺 10 ~ 15 厘米砂砾或铺设渗水管、盲沟，以利于排水。

3）假植

在非正常季节种植大苗假植很重要，采用一种经济适用的假植方法，即硬容器苗法。

栽植需提前在树木休眠期断根，将苗木种在容器中养护，如木箱、柳竹筐等。在施工时根据容器情况不脱离或脱容器下地栽植，这样植物根系受损小，可有效提高植株成活率。

4）严把施工环节

夏季，由于气温比较高，蒸腾作用较强，树木常常会因脱水死亡。为提高成活率，除常规方法外，施工中还应采取一些特别措施：

①加大土球规格：正常季节移栽土球直径一般为胸径的 8～10 倍，夏季要达到 12～14 倍。当土球直径大于 1.8 米时，就要考虑打箱板施工。

②适当疏枝：疏枝的多少要根据树种和当时的天气情况来决定。干旱高温天气要适当多疏，反之则少疏。对于常绿乔木，也需要适当修剪，以疏枝为主，修剪量可达 1/5～2/5。要注意剪口平滑，并涂保护剂。

③起苗、运输：树木移植尽量避开高温干燥的天气，起苗最好安排在早晨或下午 4 点以后，以减少苗木水分损失。起苗之前对树冠喷 1∶10 的抗蒸腾剂，起苗后马上运输。如果路途较长，落叶乔木要用无纺布或彩条布将树冠裹严，以减少运输过程中苗木蒸腾失水。

④种植要及时，苗木运到工地之后，应马上组织人员种植。坑内先施生根粉，然后用 2 公斤以磷为主的复合肥拌土，填至 70% 左右，再填土至与地面平。

5）栽后管理

①浇水：浇水次数、间隔天数要根据实际情况来决定。若种植后连下几次大雨，则可减少浇水量和次数。若连续高温少雨，则需加大灌溉量。每次灌溉量不能过多或过少，否则会泡根或使根受旱，都会影响移植树木的成活。

②遮阴：可用遮阴棚对树冠进行遮阴，棚的大小和树的冠幅相当，定期对树冠喷雾，以保持湿度，提高苗木的成活率。

（3）保证措施

1）质量体系与保证措施

为保证优良工程质量目标的实现，我将从组织上、制度上、措施上全面落实质量保证体系，严格执行质量保证体系，抓好施工前、施工后质量控制。

①加强技术管理，认真贯彻各项技术管理制度，做好技术交底，做好现场工程记录。施工结束后，认真进行工程质量检验和评定，做好技术档案管理工作。

②加强技术管理，建立工料消耗品入帐，实行"当日记账，月底结账"制度，对植物材料实行"专人保管，按额领取"制度。

③严格苗木、草种材料的检验制度，以合格的材料保证工程质量目标的实现。

④加强各工序完工后成品保护，组织专业班组进行检查、自查、评比交流推广先进经验。

⑤加强各工序间的配合与衔接。做到苗木随到随栽，提高苗木的成活率。

2）工期保证措施

①接到中标通知书后，立即组建项目部，在一周内进驻工地，做前期准备，保证按时

开工，制订详细的进度计划，严格照施工进度安排施工，项目部总工每天晚上开技术员、施工员碰头会，解决当天遗留问题，并为次日工作预先安排。

②工程形象管理制度、进度表等上墙，专人负责当天进度工作。

③领会业主、监理的施工进度意图，并且合理、正确的付诸实施。

④明确当日的施工质量进度目标，并对合理化建议实施者奖励。

⑤对影响工程质量、进度的施工人员，坚决辞退并罚款。

3）人员安全与保证措施

①严格执行现场安全管理制度和安全操作规程。所有施工现场必须与周边地区有明显标志加以区分，在施工现场严格按照高速公路养护施工安全技术规程执行，现场必须设醒目警告标志，在施工现场前后各1公里的段落摆放安全标准墩和施工标志，施工人员统一着安全反光服。施工车辆都要挂醒目的施工标志牌，夜间施工必须挂指示灯。

②所有施工现场必须与周边地区有明显标志加以区分，必须有醒目警告标志，杜绝非施工人员进入施工现场。

③完善安全生产管理制度，对各工种制定相应的岗位责任制，加强经常性的岗位学习和安全教育，提高员工的安全生产意识，杜绝事故发生。

④加强工地现场的防火工作，配备消防设施。

⑤加强施工现场的用电管理，电源附近需设明显标志。

4）安全生产保证措施

①制定健全安全生产保证措施

项目经理出任组长，由各专业工长，班组长及专、兼安全生产检查员组成施工现场安全生产骨干小组。项目设专职安全员一名，有权因安全问题责令某分部、分项停工整顿安全，各施工队队长兼职安全检查监督员。

②制定安全生产管理制度

a.执行安全交底制度。施工作业前，由队长向施工班组作书面的安全交底，施工班组长签字，并及时向全体操作人员交底。

b.执行施工前安全检查制。各队在施工前对所施工的部位，进行安全检查，发现隐患，经有关人员处理解决后，方可进行施工操作。

c.加强对施工人员的安全意识教育，提高自我防护意识。进场前对职工进行安全生产教育，以后定期与不定期地进行安全生产教育，加强安全生产、文明施工的意识。

d.建立安全生产责任制。定期组织安全生产大检查，并建立安全生产评定制度。根据安全生产责任制的规定，进行评比，对安全生产优良的班组和个人给予奖励，对于不注意安全生产给予教育，加强安全生产、文明施工的意识。

e.建立安全生产责任制。定期组织安全生产大检查，并建立安全生产评定制度，根据安全生产优良的班组和个人给予奖励，对于不注意安全生产的班组和个人给予批评，甚至处罚。

5）环境保护、水土保持、施工后期的场地恢复措施

①各级领导首先重视环境保护，加强环境保护的宣传教育工作，并制定切实可行的管理制度，工程施工期间，将在办公室设专人负责落实环境保护措施。

②现场运土车辆必须加盖篷布，防治沿路抛洒污染环境，在施工现场要低速慢行。施工中采用袋装白灰，避免块布消解污染周围环境。

③各种事故费油、废液和生活垃圾，进行集中储备，集中处理，严禁乱流、乱弃。

④施工完毕后，做到工完料清，场地整洁。

⑤为减少噪音污染，夜间不进行噪音较大的工作，避免给沿线居民造成干扰。

6）支付保障措施（有关民工工资、劳务分包、材料采购、设备租赁、工程分包等的按期支付保证措施）

①农民工是工程的主要施工力量之一，将把农民工纳入我方的管理体系中，采取有效措施加强管理。在项目实施前，我方将与业主签订《中标人确保按时支付农民工工资承诺书》，遵守业主为本项目制定的农民工工资保证金制度，保证按时足额支付民工工资，并接受政府部门、业主、社会媒体的监督和检查。

与农民工签订劳动合同，明确责任和义务；办理意外伤害保险、住院医疗保险；定期进行体检；进行岗前技术和安全培训。我方将为每位农民工建立银行账号，按期足额将农民工工资打入银行卡内，杜绝拖欠农民工工资现象发生。确保农民工工资资金充足。民工花名册和工资支付表报监理备查。

②设备材料款项支付保障措施

为保证工程顺利实施，我方在与设备材料供货单位签订采购合同时，即明确计量和支付依据（如设备材料质量、供货进度等）和方式。

③实行设备材料款项专款专用制度，并确保资金充足。在业主拨付给我方的工程款项及时到位的情况下，保证按时给设备材料供应商支付设备材料价款。

（十二）护坡及其他施工

（1）挖方边坡坡面

1）边坡整修

根据设计坡比要求，自上而下对边坡进行认真削坡整修，清除掉坡面上的松石、松散层，边坡要求大面平顺、坡度满足设计要求，平台线型平整直顺。

坡面横向拉槽：在坡面上沿线路纵向挖出 2～3cm 深的小沟槽，以增加喷播客土和坡面间的粘结力和稳定性。

2）打锚杆、挂网

边坡整修合格后，在坡面上铺设铁丝网。

铁丝网选用机编铁丝网，网眼尺寸为 8cm×12cm，钢丝直径 3mm，抗拉强度符合要求。

锚杆采用Ⅱ级螺纹钢筋，长度根据坡面地质情况确定，间距为 2m×2m。

3）喷播客土

喷播客土的厚度视边坡坡度和地质情况而定，一般为 5cm ~ 10cm 厚。

4）喷播植草

喷播植草混合料的配合比（植生土、土壤稳定剂、水泥、肥料、混合草籽、水等）根据边坡坡度、地质情况和气候条件确定，在保证喷层性能指标的前提下，尽量减少水和水泥的用量，保水剂的掺量应通过现场试验确定。

喷射作业区的气温不低于 +12℃，混合料进入喷射机的温度不低于 +12℃。

5）养护

养护派专人进行，及时浇水、清除杂草，并做好病虫害的防治。

春季返春期至雨季来临，由于风大、气候干燥，需要及时浇水，并做到充分湿润，雨季可停止浇水，但要注意当时的雨水情况，若较少时仍要及时进行人工浇水。

种子萌发期内加强水肥管理，苗木生长正常后，可适当逐渐减少浇水次数，锻炼植物的适应能力。

清除杂草：可以用物理机械灭除法和虎化学除莠法。机械灭除法对一些一、二年生的杂草，在未开花前进行割除效果较好，对一些高大三省的单株杂草，也可以采用人工拔除的方法加以挖出；化学除莠法因对边坡草有相应的毒害，尽量少用，若采用，应严格按照农药时使用说明喷施，但除莠应在杂草开花前进行，以增加除草效果。

病虫害的防治：边坡绿化中，常见的害虫有蝗虫、蚊蟪、小弟老虎、粘虫、蚂蚁，一般用 1/1000 的敌百虫液或 1/1000 的敌敌畏喷洒即可。病害主要有锈病、赤霉病、叶斑病等，防治病害的农药较多，像敌锈钠、石硫合剂、代森锌、萎莠灵等，其具体的使用剂量及防治对象和方法可参照农药说明。

（2）边坡平台植草绿化

结合坡面分级平台，在种植槽内回填种植土，然后种植花灌木和藤木进行边坡绿化。

灌木选择：软枝黄蝉和勒杜鹃，种植间距 25cm。

藤木选择：爬墙虎，种植间距 25cm。

（3）填方边坡绿化施工

1）施工方案

鉴于我标段填方路基属于高填方填土路基，根据填方土质情况，对填土路基边坡采用客土直播 + 固化剂绿化方案。

1）施工方法

填方路基填筑完成后，按 1 : 2 坡比要求进行边坡坡面的整修，达到平整密实要求。然后方可开始客土直播施工。

利用土壤固化和客土直播相结合方法，以达到固化表层和促进植物生长效果，土壤固化剂把松散的表土层粘结成有机整体，提高土壤抵抗风雨的侵蚀，同时提高土壤的保水性能，提高发芽率。

（4）植物选择与配置

植物选择的原则以边坡达到了坡面防护的目的，同时还要求满足美观的效果。

1）植物选择的原则

①乡土植物或已适应当地气候条件的外来植物。

②抗逆性强植物：特别是抗风能力强，抗旱、耐热、贫瘠性强。

③根系发达植物，生长速度快，覆盖能力强。

④绿化与美化相结合，营造自然舒适的视觉效果。

⑤多年生，又自我更新能力，效果长久。

⑥常年绿色，适应粗放管理。

⑦乔、灌、藤、草木相结合。

2）植物种子配合比

①挂网客土喷播、客土喷播＋固化剂植物种子配合比

a. 草本：百喜草，$12g/m^2$；柱花草，$2g/m^2$；糖蜜草，$3g/m^2$。

b. 藤木：大翼豆，$2g/m^2$。

c. 灌木：银合欢，$3g/m^2$；山毛豆，$2g/m^2$；胡枝子，$0.5g/m^2$。

d. 乔木：台湾相思，$2g/m^2$（在第一级边坡中不加入）

②边坡平台、坡顶和碎落台种植灌木和藤木

a. 灌木选择：软枝黄蝉和勒杜鹃，种植间距25cm。

b. 藤木选择：爬墙虎，种植间距25cm。

（5）质量检验标准

1）基本要求

①坡面植物种类与防护范围应符合设计要求，并沿坡面连续覆盖，覆盖率≥95%。

②边坡植物施工质量应符合如下要求：

a. 草皮应与基底钉合牢固，表面平整。

b. 植物成活率应在95%以上。

（十三）时令花卉栽植施工

花卉为园林绿化、美化和香化的重要材料。尤其草本花卉，花色艳丽，装饰效果强，美化速度快，不仅可以创造优美的工作、休息的环境，还使人们在生活之中，劳动之余得以欣赏自然，有助于消除疲劳、增进身心健康，达到为人们生活和生产服务的目的。不仅绿化、美化了环境，还起到防尘、杀菌和吸收有害气体等卫生防护作用。大面积的地被植物，可以防止水土流失，保护土壤。

（1）地形整理

整地的质量与花卉生长有重要关系，可以改进土壤物理性质，使水分空气流通良好，根系易于伸展，土壤松软有利于土壤水分的保持，不易干燥，可以促进土壤风化和有益微

生物的活动，有利于可溶性养分含量的增加。通过整地可将土壤病菌害虫等翻于表层，暴露于空气中，经日光与严寒等灭杀之，有预防病虫害发生的效果。

在原机械平整场地的基础，在花卉栽植区域进一步用机械粗平，因场内倒运土方过度密实的地块深翻 40～50cm，同时需施入大量有机肥料。

整地应先翻起土壤、细碎土块，清除石块、瓦片、残根、断茎及杂草等所有垃圾。基本粗平后，撒施充分腐熟的有机肥不少于 5kg/㎡，然后用旋耕机深翻 30cm 以上。整地在设计许可的范围内提高了排水坡度以利排水防涝。

（2）定点放线

用经纬仪、标杆、测绳、钢尺等仪器和工具参照已施工完毕的园路、广场等设施位置，按设计图纸要求测放出花卉栽植轮廓线。

（3）起苗

起苗应在土壤湿润状态下进行，以使湿润的土壤附在根群上，同时避免掘苗时根系受伤。如天旱土壤干燥，应在起苗前一天或数小时充分灌水。裸根移植的苗，用手铲将苗带土掘起，然后将根群附着的土块轻轻抖落，勿将细根拉继或使受伤，随即进行栽植。栽植前勿使根群长时间暴露于强烈日光下或强风吹击之处，以免细根干缩，影响成活。带土移植的苗，先用手铲将苗四周铲开，然后从侧下方将苗掘出，保持完整的土球，勿令破碎。有时为保持水分的平衡，在苗起出后，可摘除一部分叶片以减少蒸腾。但若摘除叶片过多，由于减少光合作用面积，会影响新根的生长和幼苗以后的生长。

（4）花卉选择运输

花卉应选择健壮无病虫害的植株。因花卉抗逆性较差，所以运输距离一定要缩短，同时注意运输途中的保湿、保温、通风等设施。

（5）栽植

1）栽植时间尽量选择无风的阴天进行，如工期紧张也应在上午 10 时以前，下午 2 时以后进行，避免中午阳光暴晒，并且在移植时应边栽植边喷水，以保持湿润，防止萎蔫。

2）栽植时应先按设计密度要求计算出株距（如 16 株 /m² 一般情况下株距为 25cm），然后按株距要求栽植出轮廓线，然后再由外向内依株行距逐行栽植。裸根栽植时应将根系舒展于穴中，勿使拳曲，然后覆土。为了使根系与土壤密接，必须妥为镇压。镇压时压力应均匀向下，不应用力按茎的基部，以免压伤。带土球的苗栽植时，填土于土球四周并镇压之，不可镇压土球，以避免将土球压碎，影响成活和恢复生长。

3）花卉栽植深度应与原苗圃栽植深度相平或略浅，尤其是在回填土地段，以防止因栽植过深而造成根系积水，影响长势甚至死亡。

4）栽植完毕后，以细喷壶充分灌水。第 1 次充分灌水后，在新根未生出前，亦不可灌水过多，否则根部易腐烂。小苗组织柔弱，根系较小而地上部分蒸腾量在，移植后数日应遮住强烈日光，以利恢复生长。

5）运抵现场后的花卉 12 小时不能栽植完成的须临时假植，采用遮阴、喷水养护等措施。

（6）栽植后的养护管理

1）整理修剪：栽后将上年的枯枝败叶修剪清除干净，为防止病虫害的传播需烧掉或深埋。

①修枝：剪除枯枝、病枝、残枝或过密细弱的枝条，促进通风、透光，节省养份，改善株型。

②摘叶：叶片过于茂密，影响开花结果，因此要摘去部分老叶，下脚吕和部分生长过密的叶。

③摘心：摘除某些枝条的顶芽，尤其是幼苗期早行摘心，可促进分枝，使植株丛状，可增加花的数量或使花变大，提高观赏价值。

④除芽：即除掉过多的腋芽减少不必要的分枝，以集中养份，使花朵更美丽。

⑤去蕾：摘除过早发生的花蕾或过多的侧蕾，使养份集中，使花美而大。

⑥整形：根据各种花卉的外观形状，除去参差不齐的叶片，保持植株的外形美观。

2）浇水、排水、浇灌用水以清水为佳，以河水、湖水最为适宜，深井水在夏季时应经过贮晒 1～2 天方可使用。夏季浇水应避开中午，以早晚为宜，深秋冬季浇水应在晴天上午十点左右进行。浇水时尽量以喷洒的方式，不宜直接浇在根部，要浇到根区的四周，以引导根系向外伸展，以免影响正常开花或缩短花期。夏季降雨后应及时排水，以免因积水而造成根部腐烂死亡。

3）施肥：花卉栽后经过 10～20 天后的缓苗以后，花前、花后各追施肥料一次，种类以经过沤制的饼肥加水稀释后在土壤较为干燥时进行开沟或穴施，施后第二天浇清水，以免"烧根"。全年施肥 5～6 次，但要薄肥勤施。注意观蕾切忌施肥，否则会引起落花。在花卉观蕾前或落花后，还可用喷雾器叶面喷施浓度为 0.1%～0.3% 的磷酸二氢钾、尿素、硫酸亚铁等肥料，以补充钾、铁等元素。

4）中耕除草：雨后或浇灌后但土壤不能太湿时应及时中耕，以保证土壤的通气性，提高花卉的长势，深度以不伤根为原则。花卉长势旺盛时节因根系密布且较浅，中耕易浅，以 3～5cm 为宜，避免过深伤根。除草应在杂草发生之初，尽早进行。因此时杂草根系较浅，入土不深，易于去除，否则日后清除费力；杂草开花结实之前必须除清，否则，1 次结实后，需多几次除草，甚至数年后始终不能清除；多年生杂草必须将其地下部分全部掘出，否则，地上部分不论刈除多少，地下部分仍能萌发，难以全部清除，也可结合中耕进行。

5）病虫害防治：花卉病虫害的发生较苗木更为严重，尤其像蚜虫，红蜘蛛、白粉病、黑斑病等花卉与苗木之间相互传播，在防治花卉病虫害的同时，也要对树木进行防治，同时适当增加花卉防治的次数。选用农药种类时应以低毒，无味且对花卉无药害为原则，如用菊酯类农药为好，像敌敌畏、氧化乐果等高毒，易产生药害的农药则禁止使用。

（十四）管道工程的施工

1. 工艺流程

熟悉施工现场→施工放线→开挖沟槽→管材报验→管道安装→水压试验→管沟回填→场地清理→提交竣工资料报请验收。

2. 施工工序及施工要点

（1）喷灌管道施工

1）施工顺序

测量放线→开挖管沟→沟底处理→下管稳管→钢管焊接→砌筑井室→部分回填→试压、冲洗消毒→回填夯实→交验

2）施工放线

①放线准备工作

a.核查施工现场是否与图纸相符，包括图上距离与实际距离是否一致，放线的关键点与实际位置是否相符。

b.确认场地平整，处理所有影响放线的障碍物。

②用经纬仪进行控制网测设，根据方格网用直角坐标法定出放线原点，打桩标识将设计图在原地貌上测设并用石灰粉标识。

③坚持先整体后局部，先主管后支管，放线过程中边放线边核实，控制放线误差不超过有关要求及设计规定。

④对交叉施工造成放线破坏，要及时进行恢复，保证施工精确度和进程。

（2）管沟开挖

1）严格按放线线路开挖管沟，不得任意偏斜曲折。沟槽深度按设计进行。沟槽宽度在方便安装管道情况下尽可能窄，以对保护管道有利。

2）以机械开挖为主，加快施工进度，保证效率，结合人工，进行局部和细部处理，提高工程质量和精度。

3）考虑现场为回填土且深度较大，开挖时宜作适当放坡（据土质及深度按有关规定执行），特殊地方宜做挡土设备，以防塌落。

4）剔除沟槽内的砖石碎块，残根淤泥等杂物，沟底遇石层或坚硬物，应加挖深10cm，并填良质土夯实找平，遇淤泥处加挖深20cm后，用良质土回填并夯实找平，保证管沟底密实平直。

5）用水准仪控制管道沟底坡度，利于排水放空。

（3）管道安装

1）检查做好安装准备工作，确认所有安装的每一个管件无机械损伤。

2）安装由专业人员负责，非专业技术人员，不参与安装操作，操作按行业操作规程执行。

3）在安装前应确认好各种管材的供货商，其规格符合设计图纸的要求，待管道挖好后埋入管子。

4）粘接面洁净，无尘土、油污、水渍，用胶适量以形成一层胶膜为宜，用胶均匀，杜绝出现漏刷部位。胶合剂挥发速度较快，刷胶后插接应迅速，以免胶膜干固，胶着面经加压，接着力会增加，要尽往内插紧，并持续 5 秒左右，对大口径管，持续加压时间应相应增加。

5）在工作暂停或休息时间，管口应封盖以免石子、土块、碎屑等进入管道，影响使用质量。

（4）钢套管安装

钢套管采用在过路或需要对 PVC 管材加以保护的部位进行敷设，选材用焊接钢管防腐处理，防腐刷沥青漆两遍方式处理，钢套管一般在路口处要比路距离两侧超出 1 米为宜，距离长的套管要进行焊接，焊接要有专业焊接工操作，施工中必须符合有关焊接规范以保证施工质量。

（5）试压

1）试压前应回填一部分土，回填高度为 1/3 倍埋深、夯实，试压前应编写水压试验程序。

2）试验水压为使用压力的 1.5 倍，保持 10 ~ 20 分钟，无渗漏，压力表降压不超过 0.1Mpa，则可通过，若有漏水或破裂情况发生，应及时修补，并查找原因，并继续试水，直至符合要求。

3）管线较复杂的分段进行分区试压。

（6）回填

回填包括试压前回填，是在安装完成并试压证实安装质量合格后进行，回填应坚持"先慢后快，先细后粗，分层回填，层层夯实"的原则，即回填管道周围时要慢，管道两侧填土要均匀，不能改变已布设管道的位置，尤其保持立管竖直。先回填细土，如现场无足够量细土，则应进行碎土过筛，防止坚硬石块或其他尖锐物与管壁接触，回填过程中应层层夯实，每次回填深度不超过 0.3m，先期夯实不要用力过大，以免损伤管道。回填完成后的剩余土方，应运送清除为后续施工项目提供场地。

（7）对阀门井、自动喷灌设施、设备等构造物，按设计选用的国标进行施工，并按国标图中的技术标准要求检查验收。

（8）交工验收

作好灌溉部分竣工图，将竣工材料整理齐全提请监理工程师验收。

（十五）排水管井施工

1. 施工顺序

测量放线→开挖管沟井坑→沟坑底处理→基础→下管稳管→接口→砌检查井→部分回

填→闭水试验→回填夯实→装井座井盖及雨水口→检查验收

2. 沟槽开挖

（1）按照设计图纸要求，测出排水管道的中心线，并将中心线控制桩引到施工作业现场外做好保护。在施工过程中，经常利用该控制点检查、校正管道位置。

（2）管道沟槽底宽除管基宽度外，两边应留有 0.8 米宽，其中 0.5 米宽为工作面，0.3 米宽用于排水沟。沿排水沟每隔 30 米挖一集水井，配潜水泵抽排积水。管沟边坡根据开挖沟槽过程中的地质情况进行放坡。

（3）采用机械分段分层开挖。在挖土时，为防止机械扰动槽底原始土层，沟槽底预留 10 ~ 20 厘米原土层用人工清理至设计标高。为方便施工，槽顶一侧堆置土方，堆置位置在远离槽顶边 1.5m 以外，以免因荷载过大而引起沟槽塌方，另一侧留出用于材料运输和管道安装。

（4）对有地下水的沟槽，要从低向高开挖，以便抽排积水，如发现沟槽底部有不良土基时，要及时请示监理单位、设计院等协商处理。

3. 管井施工

（1）排水管道铺设前先打平基，等平基达到一定强度再稳管、打管座及接口施工。管道基础和检查井分别按设计图及标准图施工。

（2）钢筋砼管的运输、下管采用 8t 或 16t 汽车吊吊装，人工配合。吊装前要先对管材进行检查，修补缺陷，并经监理工程师认可合格后方能下管安装。

（3）排水管道采用重型钢筋砼承插排水管。接口、抹带前将承口内部及插口外部洗刷干净，接口环形缝要均匀一致，填料要填捣密实。

（4）管道铺设遵循从低处向高处的原则，稳管时管轴线和坡度用仪器检测，管底与管基紧密接触，管道安装和铺设中断时，应用塞子或堵板将敞口封闭。

（5）检查井砌筑应在井基砼强度达到 70%、稳好管子、做好接口后砌筑。排水检查井内的流槽也应在井壁砌到管顶时随时修建，用砖砌筑并抹水泥砂浆，防止积水与阻塞。

（6）污水管道安装完毕后，要及时进行闭水试验，试验合格并经监理工程师核准签验后，方可填土。

4. 沟槽回填

（1）回填前应先排除积水，检查管座是否与管道紧贴，并应保护管道接口不受损坏。

（2）在管道安装完、管基砼及井室砌体砂浆强度达到设计要求的 70% 后，分两步回填：管道两侧管腔及管顶以上 0.5 米处应先填筑采用人工填夯，管顶上部 0.5 米以内不得回填直径大于 100 毫米的块石或坚硬的土块，分层摊铺，分层夯实，夯实均匀，防止漏夯；然后再填筑以上部分。如槽内宽度允许，采用压路机进槽碾压，每层碾压厚度必须控制在 30 厘米以内。

（3）回填土方时，管道两侧和井室四周要同时分层对称回填，对称夯实，以防管道受力不均匀发生移位或损坏井室。

（4）回填夯实时每层土均应取样检验，达到设计及规范要求后方可填筑上一层。

（5）井座、井盖施工时应与路面施工协调配合，及时调整其标高。

5. 安装过程需注意事项

（1）禁止非专业技术人员安装管件，若非专业技术人员进入施工区操作，不刷胶造成漏粘，安装不当造成废品，或虽正确操作生产出多余半成品。

（2）选派责任心强的技术员进行安装，操作人员责任心不强，不按规程操作，抛掷管材会造成机械损伤，安装时未检查，为整个系统的密实性埋下隐患；粘接面不洁净，使胶接剂不能充分起作用，或刷胶不均匀，造成试验不能通过，反复修改，延误工期，影响其他项目施工。

基于以上要点，施工前应加强技术培训和责任心教育，严格按操作规程作业，确认每一道工序合格，搞好交接检验工作，专人负责、层层把关。

（3）水管安装完，尚未试压前，应在管道上覆土，以求保护，防止石块或其他坚硬物坠入管沟，损伤管道。

（十六）电缆敷设施工

1. 放线

向监理工程师递交工程放线开工报告。充分了解设计图纸，并到现场了解地形地物及各种障碍物，确定放线的依据和方法。按图纸设计要求将电缆敷设线路测放到实地中。并报请监理工程师验收核准。

2. 开挖电缆沟

递交所用电缆及配套设施的检验合格报告及施工开工报告。了解现场实际工程量。勘察敷设线路，了解地面和地下障碍物，及时做出解决方案。由于电缆接头处是电缆线路运行最容易出故障的地方，因此中间电缆接头的位置应放在置于维修的地方。电缆沟的开挖宽度和深度，应严格依照图纸设计的规格施工。开挖电缆沟，遇到转弯处应挖成圆弧状，以便保证电缆敷设时有足够的弯曲半径。电缆沟的深度宜为900mm左右，以保证电缆表面深度≥700mm需要。电缆沟施工完毕，经自检合格后，报请监理工程师验收核准。

3. 预埋电缆保护管

直埋电缆敷设在下列部位处应穿管保护电缆：电缆需穿路时，穿钢管保护。电缆需从直埋电缆沟引出地面时，为防止机械损伤，用金属管加以保护。

4. 电缆管的加工和敷设应按以下要求施工

钢管电缆管的内径应大于电缆外径的1.5倍。其他材料保护管内径应为1.5倍再加100mm。保护钢管的管口应无毛刺和尖锐棱角，外表涂防腐漆。保护管埋深应≥0.7m。直埋电缆保护管引进电缆沟、入井时，管口应加以封堵，以防渗水。

5. 敷设电缆

首先应将直埋用的电缆沟铲平夯实，再铺一层厚度不小于 100mm 的砂层或软土。当所需敷设电缆都放进沟时，应将其整理整齐，不宜相互交叉重叠，以便电缆的散热，在中间接头处和终端处应留有余量，电缆整理好后，应立即进行中间电缆头和终端头的连接，并进行绝缘耐压试验。

6. 缆沟回填

电缆覆盖时，上部先铺 150mm 厚的砂层或软土层，并加盖保护盖板，并盖砖加以保护，覆盖宽度应超过电缆两侧各 50mm。

经隐蔽验收后，可以向电缆沟内回填土，并分层夯实。

7. 标志设立

在回填土时，应在电缆沟的下列位置设置电缆标志桩或方位标志。在直线段每隔 50 ~ 100M 处。电缆接头处，转弯处，进入建筑物处。当设置有入孔井，也应设置标志桩，标志桩应埋设在电缆沟中心，为预制砼结构，并且在标志桩上注明编号。

（十七）拆除工程的施工

拆除工程包括拆除铺装面层、基层 19664.28 平方米，拆除道路路牙 2986.8 米，面层为透水砖、花岗岩等，基层材料为级配砂石、混凝土垫层等。

1. 拆除工程的施工准备

（1）技术准备工作

1）被拆除物的竣工图纸，弄清铺装的面层、基层厚度及结构情况，建筑情况，水电及设备管道情况。

2）学习有关规范和安全技术文件，编制施工组织设计。

3）明确周围环境，场地，道路，水电设备管道，危房情况等，并附简图。

4）向进场施工人员进行安全技术教育。

（2）现场准备

1）清理被拆除建筑物倒塌范围内的物资，设备，不能搬迁的须妥善加以防护。

2）疏通运输道路，接通施工中临时用水，电源。

3）切断被拆建筑物的水，电，煤气管道等。

4）检查周围建筑物，尤其是危旧房，必要时进行临时加固。

5）向周围群众出示安民告示，在拆除危险区域设置警戒标志。

（3）机械设备材料的准备

拆除所需的机械工具，起重运输机械，爆破拆除所需的全部爆破器材以及爆破材料危险品临时库房、分别列出《主要机械设备需用表》《主要材料需用表》。

（4）劳动力准备

成立组织机构，明确技术负责人和专职安全员，绘制组织机构图，组织劳动力。

（十八）拆除工程的安全技术规定

1. 拆除工程在开工前，须组织技术人员和工人学习安全操作规程和拆除工程施工组织设计。

2. 拆除工程的施工，必须在工程负责人的统一指挥和监督下进行．工程负责人须根据施工组织设计和安全技术规程向参加拆除的工作人员进行详细的交底。

3. 拆除工程在施工前，应该将电线，瓦斯煤气管道，上下水管道，供热设备等干线，支线切断或迁移。

4. 工人从事拆除工作的时候，应该站在专门搭设的脚手架上或者其他稳固的结构上操作。

5. 拆除区域周围应设立围栏，挂警告牌，并派专人监护，严禁无关人员逗留。

6. 拆除建筑物，应按自上而下的顺序进行，严禁几层同时拆除，当拆除某一部分的时候应该防止其他部分的倒塌。

7. 拆除过程中，现场照明不得使用被拆除建筑物中的配电线，应另外设置配电线路。

8. 拆除建筑物的栏杆，楼梯和楼板等，应该和整体进度相配合，不能先行拆除。建筑物的承重支柱和横梁，须在所承担的全部结构和荷重拆掉后才可以拆除。

9. 拆除建筑物一般不采用推倒方法，遇有特殊情况必须采用推倒方法的时候，必须遵守下列规定：

（1）砍切墙根的深度不能超过墙厚度的1/3，墙的厚度小于两块半砖的时候，不许进行掏掘。

（2）为防止墙壁向掏掘方向倾倒，在掏掘前，要用支撑撑牢。

（3）建筑物推倒前，应发出信号，待所有人远离至建筑物高度2倍以上的距离后，方可进行。

（4）在建筑物倒塌范围内若有其他建筑物时，严禁采用推倒方法。

10. 被拆建筑物的楼板平台上不允许有多人聚集和堆放材料，以免楼盖结构超载发生倒塌。

11. 在高处进行拆除工程，要设置流放槽、拆除较大的或者沉重的构件，要用吊绳或者起重机械配合并及时吊下或运走，禁止向下抛掷、拆卸下来的各种构件材料须及时清理，并分别堆放在指定位置。

12. 拆除石棉瓦及轻型结构屋面工程时，严禁施工人员直接踩踏在石棉瓦及其他轻型板上进行工作，必须使用移动板梯，板梯上端必须挂牢，防止高处坠落。

13. 采用控制爆破方法进行拆除工程应按下列要求：

严格遵守《土方及爆破工程施工与验收规范》中关于拆除爆破的规定，编制爆破施工方案，按规定报相关部门审批后实施。

在人口稠密，交通要道等地区爆破建筑物，应采用电力或导爆索起爆，不得采用火花起爆。当采用分段起爆时，应采用毫秒雷管起爆。

须用微量炸药的控制爆破，虽可大大减少飞石，但不能绝对控制飞石，仍应采用适当保护措施，如对较矮建筑物采取适当覆盖，对高大建筑物爆破设置安全区，避免对周围建筑物和人身的危害。

爆破时，对原有蒸汽锅炉和空压机房等高压设备，应将其压力降到 1 ~ 2 个标准大气压。

爆破各道工序要认真细致地操作，检查与处理，杜绝各种事故发生。爆破须设置临时指挥机构，分别负责爆破施工与起爆有关安全工作。

（十九）冬季和雨季施工方案

为此，为保证工程质量和降低工程造价，在安排施工时，特殊季节采取以下措施。

1. 冬季施工方案

（1）掌握天气预报的气象趋势及动态，开工前与当地气象部门签订服务合同，以利安排施工，做好预防的准备工作。

（2）根据工程施工的具体情况，确定冬季施工需要采取防护的具体工程项目或工作内容，制定相应的冬季施工防护措施，并在物资和机械做好储备和保养工作。根据施工项目和天气变化情况准备和采购具有防火、阻燃功能的冬施物资。

（3）安全环保组检查用火制度落实情况，在重要位置设置灭火器；现场对临时供水管道及其他易冻胀物采取保温防冻措施；对施工车辆进行冬季保养，加注防冻剂，选用冬季低标号燃油，防止车辆出现问题，保证施工的正常使用。机械加强冬季保养，对加水、加油润滑部件勤检查，勤更换，防止冻裂设备。

（4）检查职工住房及仓库是否达到过冬条件，及时按照冬季施工保护措施作过冬篷，准备好加温及烤火器件。

（5）由于北京冬季寒冷干旱，春季风沙较大，对于新栽植的雪松在冬季要进行搭风障防寒措施，春季风沙较大时要晚些撤离风障。

（6）清理现场，搭建必要的冬季隔风、蓄热设施；做好现场热源供应设施的安装与封闭，做好现场供水管道及出水口的保温抗冻；落实冬季用火证检查、批准制度，严格防范冬季煤气中毒事件发生，定期通风换气；注意现场的防火工作，设置明显的防火标识，设备足够的消火措施，现场严禁明火取暖，4 级风以上时不得有明火施工，如果施工必须有严格的防火措施。

（7）做好苗木防寒保暖、搭风障措施等，做好假植苗的浇水养护工作。

（8）土建工程冬季施工要做好材料保暖加温处理，砼搅拌时要按比例加防冻剂、减水剂、增强剂等，砼浇筑后要采取保暖措施，如蒸气法或苫盖保温；砂浆要注意保暖、防止冻结，如水泥、砂子碎石等建筑材料加温、搅拌时使用温水等措施。

2. 雨季施工方案

雨季施工主要以预防为主，采用防雨措施及加强排水手段，确保雨季正常进行施工，不受季节性气候的影响。雨季的重点放在施工中易出现的边坡冲刷、浸泡、含水量过大以及如何保证施工效率等问题采取有效措施，做到雨季施工的连续性和保证工程质量。

（1）施工作业面准备好砂土供垫道之用。

（2）料场地面应碾压密实，下部首层木防垫宽厚一些，以防雨后地面下沉，下雨前覆盖好苫布。料场四周设自然排水沟，不得存有积水。

（3）对材料应入库存放，或临时垫高码跺并上搭雨棚，不得水浸和雨淋；应对临时设施进行全面检查，做好防漏防雨、安全用电工作；现场施工测量仪器，测量时用伞遮挡，防止暴晒或雨淋，用完后及时装箱放在室内通风、干燥处保存。

（4）材料部门在进入雨施之前，根据雨施计划，提前把雨施材料按计划进场，以防止雨季提前来临造成不必要的损失。

（5）成立汛期领导小组，项目经理任组长；对现场所有排水设施，要派专人定期检查、疏通，特别是集水坑处，要派专人负责，定期抽水，以保工程顺利进行。

（6）抽水设备的电器部分必须做好漏电的保护措施，严格执行接地、接零和使用漏电开关三项要求。施工现场电线应架空拉设，用三相五线制。

（二十）安全文明施工

1. 加强安全文明教育宣传和组织纪律管理，要求做到科学管理，安全生产，文明施工。

2. 加强安全生产，文明施工教育，增强施工人员及各班组人员的安全生产意识，及时地消除各种安全隐患。

3. 设立专职安全员，全面负责施工现场的安全工作。

4. 制定详细的安全生产措施，设立施工警示牌，设置安全警示线。加强施工现场管理，做到材料堆放合理有序，道路整洁通畅，设备工具有序管理，施工人员、安全员及其他各管理人员佩牌持证上岗。

5. 建立专职清卫班组，在铺装施工时，及时做好每天现场及进出车辆清卫保洁工作，避免二次污染。

6. 在施工地段及入口处竖警示牌，夜间挂红灯，并保证施工沿线在夜间有足够的照明设施。各交通路口设置明显的导向标志并设专人值班，维持交通畅顺。

7. 安全保证措施

由于工程机械较多，施工面狭窄，安全隐患主要为机械事故和交通事故。

（1）全面贯彻 JGJ59-2011 建筑施工安全检查标准，确保安全生产、文明施工。

（2）开工前要对机械操作人员和卡车司机进行安全交底，特种机械操作人员必须持证上岗。

（3）进入施工现场一律戴好安全帽，按时发放和正确使用劳保用品。

（4）各种机械实行专人使用，定期维修保养，杜绝机械安全事故的发生。

（5）现场人员必须严格遵守安全生产规章制度，严禁酒后作业。

（6）施工机械实行安全验收制度，落实专人管理，明确安全责任。计划每周安排安全员、机管员对现场机械、设备进行安全专项检查，排除安全隐患。

（7）供电线路规范架设杆、线，使用绝缘子，杜绝拖地线，架空满足高度要求。全面使用铁制闸刀箱，设置二级漏电保护。所有机械设备可靠地保护接地、接零。

（8）现场交通方面合理组织，在交通繁忙时安排专人在现场负责指挥交通，在大堤岸侧设置安全警示标志，夜间设置警示灯。

（9）制订意外事故和火灾的应急预案。

（二十一）防汛措施

依据工程的工期安排，需维护好施工围堰，确保施工期的围堰安全显得尤为重要。项目部成立抢险领导小组，组建抢险突击队，落实安全措施。安排专人24小时对围堰外的水位进行观测以及对围堰的检查，并做好记录，发现险情及时汇报，及时采取在围堰顶施打子堰加高等应急措施，确保围堰在意外情况下万无一失。

为防止雨水冲刷、水流对围堰的影响，围堰填筑完成后，备置 $20m^2$ 土工布、20只编织袋，以应对出现的意外情况。

三、质量保证和创优计划

（一）质量目标

质量目标：符合现行国家有关工程施工验收规范和标准的要求合格。

认真贯彻执行的质量方针和质量要求，在组织体系中落实质量管理的人员到位，以岗位责任制落实施工过程的质量管理，始终贯彻实施的质量、环境、健康、安全综合管理方针，杜绝工程重大质量事故的发生。

（二）质量保证体系

根据本标段的具体特点，制定全方位的质量控制体系。

1.质量保证体系

严格按照施工质量规范的要求，以质量手册为核心和指导，以作业指导书为操作的具体指南，所有质量活动都有质量计划并具体反映到质量记录中，整个施工过程标准化、规范化、有章可循、责任分明。本对质量管理实行、项目经理部两级管理，审核监理部由主管副总经理、总工程师及相关职能部门人员组成，负责组织工程质量计划，指导质量工作的实施，对施工质量工作进行安排、检查和总结；项目经理部质量管理成员由项目经理、项目技术负责人及相关负责人组成，参与工程质量策划，根据质量总体策划大纲，指定阶段质量实施目标，并组织和督促责任部门进行质量工作的实施，并对阶段目标的实施情况定期监督、检查和总结。

2. 质量保证措施

为确保工程达到所要求的质量目标，根据以往的施工管理经验以及工程的特点，采用项目法管理机制，委派管理经验丰富的工程师担任工程的项目经理，各相关职能部门全力配合。

在工程的建设中，要求全体施工人员牢固树立"质量第一"的意识，贯彻"质量第一求效益，用户之上为信誉"的企业宗旨，以"精心施工、严格要求、事前控制、杜绝返工"的指导思想，认真对待每个施工环节。

为保证所承建工程质量处于受控状态，制定本质量措施。运行本质量管理规划的同时，严格执行国家现行有关技术标准规范的规定。确定工程质量的主要措施：

（1）建立质量责任制

1）建立健全质量责任制，上至项目经理、总工程师，下至作业队的工人，均制定质量责任制，形成质量管理工作系统。

2）按照质量管理组织机构，配齐质量管理的各级机构的工作人员，将质量意识强、施工经验丰富、组织能力强的人员充实到质量管理的各级机构或部门。

3）全面按照投标文件中确定的具有丰富的类似项目工程施工经验的队伍和技术、管理人员投入本项目，以保证施工顺利进行和质量创优。

4）建立健全各种质量管理的规章制度及制订质量标准及操作工艺，并通过质量监督检查工作确保贯彻落实，每季度定期举行一次工程质量评比。

5）分阶段确定本项目质量攻关项目，并组建相应质量小组，保证质量得到有效的控制。

（2）人力资源管理

1）执行质量标准，并对项目部具体要求，制定翔实可行的质量职责和权限，选拔经验丰富的管理人员和工程技术人员，采取奖惩制度，确保各级人员有效行使自己的职责和权限。

2）对各级施工人员要根据具体情况进行培训，包括专业技术培训、安全、文明施工培训等；保证管理人员、特种作业人员上岗证持有率100%，普通工人和民工岗前教育率100%。

（3）建立材料进场检验管理制度

严格把好材料质量关，所有的进场材料，必须经检查合格并出具合格证后方可进入施工现场。

1）根据现场平面布置图，认真做好材料的码放，力求做到方便施工，避免或减少二次运输。

2）材料进场时，根据进料计划、送料凭证、质量保证书或产品合格证，进行数量、质量的把关验收，验收时要做好记录，办理验收手续。

3）对不符合计划要求或质量不合格的材料，应拒绝验收。

（4）思想教育保证措施

在本项目参战员工中，广泛经常开展"责任、市场"质量观教育，使广大员工深刻认识到：百年大计，质量第一；质量责任重于泰山；质量就是市场，必须不断建造精品工程，施工企业才能赢得市场，才能生存发展，企业员工才有收入来源，才能不断改善和提高物质和文化生活水平。

深入开展全面质量管理教育，使参战员工更深刻认识人、机、料、法、环五大因素对工程质量的重大影响，从而围绕五大因素研究并实施不断提高工程质量的措施和办法。

（5）技术管理保证措施

1）建立并实行以总工程师为首的技术负责制，同时建立各级技术人员的岗位责任制，做到分工明确，责任到人，使施工程序和方法符合施工规范和施工技术管理制度的要求，以此确保工程质量创优。

2）认真编制施工组织设计

运用统筹法、网络计划技术等现代管理方法，在周密调查研究取得可靠数据的基础上，编制切实可行的实施性施工组织计划，并报业主（或监理工程师）批准。在严格按网络计划组织实施的同时，实行动态管理。根据变化了的情况及时作为必要调整，使整个施工过程时时处于受控状态。

3）做好施工前的技术准备工作

①组织施工方案会审，开工前组织技术负责人及各个施工作业小组及各专业工种队长进行施工方案会审，集思广益，查找是否有差、错、漏现象，提前发现问题、分析问题，以便解决问题。

②认真进行技术交底。施工方案会审后，由总工程师、单项工程技术人员逐级进行书面及口头技术交底，确保作业人员掌握各项施工工艺及操作要点、质量标准，技术交底对各负责人要签认。

③抓好技术资料管理。施工过程做好详细记录，各种原始资料搜集齐全，用于组织后期施工、编制竣工文件和施工技术总结，为做好技术档案和技术情报工作打下基础。

（6）施工保证措施

1）施工准备阶段

①根据本投标文件制定的质量目标和各项保证措施，分层次制订全部或单项工程的创优规划和更为详细的创优保证措施，为工程创优明确方法、途径和标准。

②设立工地试验标准段，配备专业的试验人员，以保证施工试验和检测的需要。

2）施工测量保证措施

①将在项目上组织一个技术小组对在传统工艺上出现的一些施工中的质量通病，进行分析、查找原因，讨论出如何解决办法，并在以后的工作中加以避免，查阅资料解决施工

中的难点问题，大胆革新，采用新工艺、新技术、新材料用最小投入获得更高质量的工程。

②准备工作

所有进入现场的测量器具无论是否经过计量检定，均重新到指定的计量检定部门进行检定；与建设方办理交接桩手续；检查红线桩和水准点；承担测量工作的单位和个人应具备相应的执业资质；编制测控布置；建立测量数据库；对测量人员进行技术交底。

验线工作由规划验线、监理验线和施工单位的主管部门验线三级组成。相互重叠的各级验线工作应尽可能地同上进行，以缩短工作时间。验线工作与放线工作要做到人员、仪器和测量方法三分开，独立进行。验线的精度要高于放线。严禁验线与放线同时进行。在施工工序安排上要给验线留出必要的时间，严禁不经验线就擅自施工的现象发生。验线工作按精度级别和难易程度由专业验线组和质检员分别负责。验线工作必须有下道工序的工长参加，并填写交接单。

3）土方挖运质量保证措施

①用挖土机挖作业面时，应附以人工配合修整坡面，尽量减少边坡超挖和挠动边坡土体松，尽可能使边坡平整并符合设计要求的坡角。

②开挖土体含水率过大，掺加渣土、级配砂石、白灰等拌和料，使土体达到最佳含水率。

③严格按施工方案规定的施工顺序进行土方开挖施工，应注意先从低处开挖，分层、分段依次进行，形成一定坡度，以利排水。

④挖深均匀，不出坑、不凸起，装载均匀不掉块。

⑤开挖线不清楚、不动铲、不装车，及时反映给项目部要求画线后开挖。

4）堆筑土山工程质量保证措施

①根据工程特点按其整个宽度水平分层分区施工，每层铺土厚度和压实遍数，视土的性质、密实度和所使用压实机具的性能而定，一般应进行现场碾压试验确定。根据所选用的压实机械和填土性质，每层摊铺厚度控制在 300 ~ 500mm，根据工程经验，填土预留一定的下沉高度。

②为保证填土压实的均匀性、密实度和避免滚子陷住，提高碾压生产率，在重碾压机碾压之前，宜先用轻型的压实机械（如推土机、自卸车等）低速行驶 2 ~ 4 遍，使表面平实。碾压机械的行驶速度不宜超过额定行走速度，并要控制压实遍数。

③回填应分层对称，防止造成一侧压力，出现不平衡，破坏基础或构筑物。土方的碾压应从边缘开始，逐渐向中间推进，避免边缘土被向外挤压而引起塌落现象。

④回填土应夯压密实，应在夯压前对干土适当洒水加以润湿。在地形、工程地质复杂地区的填土，且对填土密实度要求较高时，应采取措施以防填方土粒流失，造成不均匀下沉和坍塌等事故。

⑤填方应按设计要求预留沉降量，如设计无要求时可根据工程性质、填方高度、填料种类、密实要求和地基情况等与建设单位共同确定。

5）苗木种植工程质量保证措施

①带冠移植大规格落叶乔木必需带土球，吊运时吊车荷载吨位要大于土球和树体总重量，装车时土球朝前，树冠向后，保证土球完整，不散坨。运输中树木不滚动，不损伤树皮和主枝。

②栽植前要进行适当修剪，所有大规格落叶乔木必须保证树冠完整，修剪以疏枝为主，修剪总量不超过 1/4 ~ 1/3，保持主枝、侧枝分布均匀。有主干的树种如银杏等，要以疏枝为主，侧枝可结合整形适当短截，不伤害顶芽。

③栽植时，树坑要视土球大小决定树坑大小，垂直下挖。栽植时可使用生根粉。严禁使用耕作层以下的深层土。

④栽植后要设立支架保护，支架要牢固，高度一致，整齐美观，捆绑时要加垫层，不伤害树皮。栽植后要及时浇水，浇完三遍水后，要进行苗木扶植整理。

⑤移植大规格苗木要在阴天或傍晚进场，对不同树种特性，采取有针对性的控制树体水分流失，可采取避苫、喷蒸腾剂、搭荫蓬。

⑥植物材料按计划要苗，随到随种，必要时假植，不使植物苗木失水。

6）工程资料和文件管理保证体系

①质量保证资料按照以下五部分进行整理收集：

a. 主要原材料的质量合格证、试验报告、检验检疫证

b. 施工试验报告和记录

c. 施工记录

d. 工程预检记录

e. 工程隐检记录

②工程技术资料管理收集主要按照下五个部分整理：

a. 编制工程施工各分项工程施工作业设计

b. 编制施工进度网络计划

c. 质量通病预防措施及治理整改措施

d. 设备及材料使用登记表

e. 施工涉及的设计变更、洽商等。

（7）施工过程监督及检查

1）建立健全、指挥部监督检查和项目部、班组自检的质量监督检查制度，强化以项目质量检查工程师为核心的工程质量监察系统，选拔坚持原则、不徇私情、秉公办事的人员担任各专、兼职质量检查，确保和维护其权威性。

2）实行工序质量考核负责制，上道工序必须经检查验收满足本项目的质量标准并经签认后方可转入下道工序的实施。

3）对关键工序项目，实行旁站监督，全部施工必须置于质检人员的现场监督之下。

4）主动配合支持监理工程师的工作，积极征求监理工程师的意见，坚决执行监理工

程师决定，共同把质量关，联合创优。

（8）质量控制技术措施

1）确保原材料质量

①草种必须附有检测检疫证、合格证，草种使用前必须做发芽率试验。

②草种保管必须符合国家规定的种子仓库的相关技术标准。

③苗木必须经过检疫，生长健壮，土球完好，无病虫害。

④所有基建材料必须达到国家优质标准。

2）先期进行标准段施工

施工前先进行标准段试验，经监理工程师批准后，选择最佳方案。

3）草坪、花卉、苗木的养护及时到位，并加强缺陷修复。

（9）竣工服务承诺制度

1）在合同规定的责任期内，进行保修、维护、植物养护管理等服务。

2）为保证特殊单项工程的正常使用，提供必要的技术咨询服务。

3）进行工程回访，听取用户意见，发现问题及时维修、维护。

4）对重要部位进行专项观测，并做好统计工作。

（三）创优规划

1. 创优目标

（1）确保总体工程质量符合现行国家有关工程施工验收规范和标准的要求合格。

（2）确保绿化养护工作严格按照张家口市地方标准《城市园林绿化养护管理标准》中特级养护质量标准。

2. 创优规划

严格按业主和监理工程师的要求进行施工，按 ISO9001：2000 质量体系标准贯彻于施工全过程，高标准、严要求，科学管理，精心施工，加快速度，降低成本，确保全线创优良工程，争创精品工程。即：

（1）全线工程创优，无工程死角

（2）各类原材料质量合格率 100%；

（3）杜绝重大质量事故的发生。

（四）施工场地治安保卫管理计划

1. 治安保卫工作目标

1）在施工中，认真执行有关法规，将保卫工作与生产任务紧密结合，有效的落实防盗措施，严防各类偷盗事件发生。

2）强化安全生产管理，通过组织落实、责任到人、定期检查、认真整改，尽量减少偷盗事件发生的工作目标。

3）作好人事管理，加强治安保卫教育，及时处理好单位之间、人员之间的矛盾和纠纷，杜绝重大刑事案件。

4）加强对重点人员和各关键部位的检查管理，杜绝各类认为破坏事故的发生。

5）落实成品保护责任制，杜绝重大成品保护损坏事故和设备、零部件的丢失事件的发生。

6）贯彻十堰市施工现场治安保卫工作基本标准，把本项目工地创成十堰市安全文明工地和治安先进工地。

2. 治安保卫工作的手段和措施

1）建立强有力的管理机构

①成立现场治安保卫指挥部。成立由项目部经理为总指挥长、一名治安保卫专家为副指挥长，项目部保安部经理及各分包单位的项目负责人为成员的治安保卫指挥部。治安保卫指挥部的职责是：

确定现场治安保卫工作总体方案；审批现场保安部制订的治安保卫工作方案；协调各施工单位间的治安保卫关系；制定特殊情况下的加强安全保卫措施，有紧急事故发生时的应急预案；组织保安人员进行特殊时期安全保卫工作的演习。

②组建现场保卫部。指挥部下设现场保安部。项目经理部抽调素质水平高、责任心强的保卫干部，组建现场保安部。其主要职责为：在现场治安保卫指挥部的领导下，全面负责项目工地的治安保卫工作；制订并组织实施专项治安保卫方案；组织现场门卫管理和现场组织值勤工作；组织职工群防，建立工地群众治安管理体系；组织成品保护工作；管理保安队伍；与当地公安部门联络，开展社会联防工作。

2）配置必要的设施和配备高水平的保安队伍

①配制摄像监视机4台、电子计算机以及对讲机等必要的管理机具设备，建立多媒体有线电视监控系统，对施工现场的全貌、主要工作面、人员车辆的出入进行全天候监视与控制，使整个施工现场的治安保卫控制做到快捷、可靠、有效。

②项目保安部设置专门的监控室，配备2台监视器，定时自动循环播放现场每个监控点的画面；需要时选播指定处的画面，以及时掌握整个施工现场的情况。

③聘用实力强、有较好信誉及管理水平的保安及成品保护管理单位进入现场，主要从事现场保安及成品保护工作。

3）严格门卫管理

①按照十堰市施工现场管理标准和项目的CI管理统一要求，设置标准化围墙和大门，由项目保卫干部和保安值勤人员昼夜值班，实行封闭式管理。

②所有施工人员进入施工现场，必须佩带保卫部统一印制的出入证。出入证。出入证设置条形码，每天人员进出须刷卡，加强人员管理。

③外来人员进入现场应持有相应证件，并填写"会客单"，并从门卫处借带安全帽，

方准入内。其离场时，应将接待人签字的"会客单"和安全帽交还门卫。

④外来车辆进场必须出示有关证件，并办理入场证。

⑤物资出场应有物资管理部门签发的出门证。特殊、危险物品要由保卫部门监护出场。

4）严格施工人员的审查与管理

①施工队伍进场前将其所有施工人员的名单报至保卫部。外地务工人员还应附有身份证、治安证、劳务证的复印件。保卫部对所有有关证件进行审查后，发给出入证和 IC 卡，实行门卫打卡制度管理。

②施工人员进入施工现场必须无条件地遵守现场治安保卫管理制度，听从保卫人员的指挥与管理。要求施工队伍中，每 50 人推选一名治安员，负责管理本队组的治安管理。治安员受保卫部职工群防组的指挥和管理。

5）签订治安保卫责任书

在本项目施工的全过程中，坚持贯彻"谁负责施工，谁负责治安保卫"的原则，保卫部代表项目经理部，负责组织与各进入施工现场的各分包队伍签订"治安保卫责任书"。在该责任书中明确治安管理目标、责任范围和具体治安责任。保卫部定期（每季度）检查责任书的执行情况，发现问题及时处理。

6）开展治安教育培训

现场保安部每月组织一次治安教育培训，培训对象主要为各分包队伍的保卫负责人和治安员。及时宣传北京市有关治安保卫管理要求，部署下一阶段的治安保卫工作。

7）开展治安教育培训

保卫部每季度组织一次治安检查，以及时发现管理漏洞和薄弱环节，不断强化治安管理。

8）坚持现场日夜巡逻制度

每日安排足够的保安力量，进行昼夜巡视检查，以及时发现并处理各种违纪现象，及时发现制止偷盗行为，确保建设物资及工程的安全。

9）开展社会联防

与公安、环保、环卫等部门和街道组建联防小组，办公点设在项目工地，以提高现场综合治理能力和及时解决施工与地方的各项有关工作的交叉和矛盾，开创企业与政府共建文明工地的新局面。

10）实施必要的奖罚的制度

①在施工全过程中，由保卫部组织针对定期检查的结果进行分析，对于治安保卫工作成绩突出的单位和个人给予奖励；对于问题多的单位或个人给予处罚。

②对于在日常管理中的各种违纪、违章问题给予必要的处罚，严重的提交公安部门处理。

3. 安全生产及文明施工措施

安全生产措施计划。

施工安全是关系到财产、业主利益和劳动者生命安全的大事，多年来一贯强调"安全第一、防护为主"的生产方针，其目的就是使国家、集体的财产及广大劳动者的人身安全有切实可靠的保障。在工程施工过程中，因作业条件、生活环境和工艺要求的限制和影响，更具复杂性和危险性，因此要求在施工过程中必须自始至终的坚决执行国家颁布的有关安全防护措施，切实做好自身的劳动安全防护工作，确保安全生产。

在工程施工安全总目标为：杜绝重大伤亡事故，实现"五无"（无重伤、无死亡、无倒塌、无中毒、无火灾）。

（1）安全生产管理体系

1）主管工程副总经理和安全监控部门作为一级的安全生产、文明管理监控机构，负责对现场指定的管理制度和运作实施情况进行检查监督。通过严肃有效的行政管制，使项目经理部始终处于正常良好的运行状态。

2）施工现场成立项目经理为主的安全生产领导小组。项目经理为该工程项目的安全生产第一责任人，项目经理部设立项目副经理和专职安全人员，由他们统一抓各项安全生产管理措施的落实工作

3）各生产班组建立相应的安全生产管理小组，设立兼职安全员，配合专职安全员工作。

（2）落实安全生产责任制

设安全生产委员会，副经理为安全生产第一负责人，安质部为主管安全的职能部门，项目设安全生产领导小组，项目经理为安全生产直接领导人，项目设安全主任、专职安全员，负责项目的安全生产日常管理工作，各工种兼职安全员，负责本工段的施工安全管理工作。、项目管理责任明确，严格各级安全责任制，落实到人头，确保安全工作。项目有人管、有人过问、有人抓现场的管理制度能落实到实处，使安全工作时刻处于受控状态，保证安全生产的顺利进行。

（3）贯彻执行安全生产检查制度

1）现场用供电系统，非电工不得操作，电工每天对供电设施进行检查。

2）施工机械不得碰撞支护结构及供电、排水系统。

3）正在施工中的区域做好防护装置及保护设施，不得任意拆除、随意挪动各种防护设施、警示牌和安全标志等。

4）保持施工现场的道路畅通无阻，夜间应设照明，并加强值班巡逻。

5）作业台架及安全护栏等做定期检查，及时维护，预防安全事故的发生。

6）未经施工现场负责人批准，任何人不得在施工现场内住宿。

7）成立施工安全领导小组，设立专职安全员，安全员有权对现场内任何违反安全操

作规程及规定的人员进行处罚。

8）施工现场用电应严格按照用电安全管理规定，加强电源管理，预防发生电气火灾。

（4）安全生产的管理措施

1）健全安全机构，明确工地及各种安全责任人，建立领导安全值班制度，做好值班记录，发现问题及时整改。

2）施工现场安全教育，树立安全生产的正确认识，培养安全生产必须具备的基本知识和技能。

3）及时发现事故隐患，堵塞事故漏洞，防患于未然，项目经理部必须建立安全检查制度，实行定期的、季节性的、专业安全检查以及每周的安全巡检。安全检查以查思想、查领导、查制度、查隐患为主。

4）在施工易发伤亡事故（或危险）地段设置明显的、符合国家标准要求的施工安全警示标志牌及标志，要设立项目的标语、警句提示进场人员注意安全。

5）现场采用封闭围挡，高度不小于1.8m，围挡材料可采用彩色定型钢板、砖、砼砌块等墙体。

6）现场出入的大门应设有本企业标识或企业标识；在进门处悬挂工程概况、管理人员名单及监督电话、安全生产、文明施工、消防保卫五板；施工现场总平面图。

7）进入施工现场的施工人员佩戴安全帽、防护手套等安全防护措施。

8）保卫组负责施工期间的一切用火、用电及易燃、易爆物品的管理，严格控制火源、水源严格用火审批手续。检查发现不安全因素，主动采取预防措施，堵塞漏洞，加强管理，确保施工现场安全。

9）制定安全防护及操作规章，教育施工人员增加安全防范意识，学习安全生产的相关规章

10）设立负责安全防护的专门人员，进行督促检查排除主要隐患，保证持证上岗制度：特殊工程必须持有上岗操作证，严禁无证上岗。

11）在工地现场成立施工安全组，项目经理作为工程的全权直接责任人。全面负责工程的安全实施。

12）建立本项目的安全作业、岗位职责、操作规程制度、并在施工现场立牌提示，由小组施工队长负责。

13）做好施工现场的防火、防盗、防风、防爆等工作。材料、构件、料具等堆放时，悬挂有名称、品种、规格等标牌；水泥和其他易飞扬细颗粒建筑材料应密闭存放或采取覆盖等措施。易燃、易爆和有毒有害物品分类存放。

14）安全工作必须做到预测预控，对不安全因素提前做出预见性分析，并及时采取相应的技术措施，有针对性的预防和控制。

15）定期进行安全教育，并进行安全检查，对安全隐患坚决制止。

四、文明施工

（一）制定文明施工管理制度

根据招标文件及业主的有关要求，结合工程施工特点，本投标人特制定出适合工程的文明施工管理制度，力争在文明施工中再创佳绩。

（二）文明施工保证措施

1.现场文明施工措施

（1）积极开展文明施工窗口达标活动，施工现场布置合理有序。

（2）施工现场的机具、料具和施工材料堆放整齐，工地生活设施清洁文明；工地现场开展以创建文明工地为主的思想政治工作。

（3）严格按规范施工，对施工便道要经常洒水，防止尘土飞扬并做好施工用水的处理工作。

（4）建立奖惩制度，对保持好的施工组奖励，对不好的施工组进行处罚。

（5）积极与当地政府、环保等部门协作共同抓好环保工作。

（6）与当地政府和群众广泛开展共建活动，积极推进两个文明建设。

（7）施工现场应保持道路畅通；排水沟、排水设施通畅；现场运输道路硬化处理，保持平整坚实、畅通、现场设置良好的排水措施，在大门口设置车辆清洗池，对出场车辆进行清洗，以防尘土、泥浆被带到场外；保护原有绿化苗木。

（8）施工现场设置密闭式垃圾站，施工垃圾、生活垃圾应分类存放。施工垃圾必须采用相应容器或管道运输。

（9）各种施工材料按施工现场平面布置图分类码放整齐，符合要求，不得妨碍施工交通和场容。施工现场的材料保管，要依据材料性能采取必要的防雨、防潮、防晒、防冻、防水、防爆、防损坏措施。贵重、易燃等特殊物品要及时入库，专库专管，加设明显标志，并建立严格的领退料手续，搞好限额领料工作，严格执行材料节奖超罚制度。

2.办公及生活区卫生

（1）施工现场办公、生活区与作业区分开设置，保持安全距离。

（2）工地保证开水供应，不食用生水，茶水桶内部清洁无垢。

（3）工地办公室、现场宿舍实行卫生值制度，保持办公室和宿舍等处的室内环境整洁卫生，做到无痰迹，烟头纸屑等，要符合卫生和安全要求。

（4）宿舍内工具、工作服、鞋等应定点集中摆放，保持整洁，床下不得随意堆放杂物。

（5）食堂保持内外环境整洁，工作台和地无油腻。食物存放配备冰箱和熟食罩，生熟分开，专人管理，保清洁卫生。炊事人员持健康合格证并经培训上岗。食堂一切用具，用后洗净，不得有污垢、霉变物。定期进行消毒、防尘、灭蝇、灭鼠活动。食堂应有加盖的泔水桶或垃圾袋。

（6）厕所卫生设专人管理，每天清洁，保持整洁。厕所内定期下药，杀毒，并做好记录。

（7）工地配备急救药箱，医务人员每周一次巡视工地，做好季节性防病卫生宣传工作。

（8）兼职卫生员要协助医护人员抓好防病卫生工作，做好记录，高温季节经常到食堂验收食品，防止食物中毒。生活垃圾定期清除、外运并妥善处理。

（9）消防器材配置合理，符合消防要求。

3. 文明施工内业资料

（1）根据文明施工要求，做好相应的内业资料。如文明施工基础资料及施工许可证的记录、申报、保管工作。

（2）办公室布置文明施工有关的图、表。

（3）定期举行文明施工管理活动，检查前期文明施工情况，发现问题及时整改，并做好记录。

五、施工环保

认真贯彻《环保法》和《水保法》及国家现行的有关环境保护法律，搞好环境保护，防止污染，维护生态平衡。严格控制新污染和逐步治理老污染，净化的生活空间，美化的生活环境。坚持"以防为主、防治结合、综合治理、化害为利"的原则，采取有力措施，防止污染和破坏自然环境。

环境保护措施：

（一）排水

1.施工期间始终保持工地的良好排水状态，修建有足够泄水断面的临时排水渠道，并与永久性排水设施相连接，不形成淤积和冲刷。

2.施工平面布置尽量利用永久征地，减少对耕地或林木的破坏，避免水土流失，保持生态平衡。

（二）防止和减轻水、大气污染

1.保护水质

施工废水、生活污水不排入农田、耕地、饮用水灌渠道和水库。

施工期间或完工后，妥善处理废料以减少对河流、溪流的侵蚀，防止进入河道或溪流。

冲洗集料或含有沉积物的操作用水，采取过滤、沉淀池处理等措施，确保排放指标符合要求。

2.控制扬尘

施工作业产生的灰尘，除在场地作业的人员配备必要专用劳保用品外，随时进行洒水以使灰尘公害减至最低程度。

易于引起粉尘的细料或散料进行遮盖或适当洒水。运输时用帆布、盖套及类似物品遮盖。不在工地燃烧各种垃圾及废弃物。

3. 减少噪声、废气污染

对噪音较大的工序安排在昼间施工，并在工地四周临界处按要求设置噪音监控点，定期进行噪音测试。对参加施工人员加强教育，减少人为施工噪音出现，增强全体施工人员防噪音不扰民的自觉意识。

（三）保护树木及绿色植被

施工中，加强对道路用地之外的现有绿色植被的保护，不破坏现有绿色植被。

保护道路两旁的古树名木，即使在道路用地范围内，有可能时也要尽量设法保护。

施工期间严格控制破坏植被的面积及树木的数量，除了不可避免的占地、砍伐以外，不再发生其他形式的人为破坏。

（四）保护土地和自然资源

妥善处理废物，尽量避免破坏林木、农田及其他工程设施。重视堆砌土堆的复耕，有条件时，在弃土堆顶面绿化或平整成耕地。

对施工人员加强保护自然资源及野生动物的教育，严禁偷猎和随意砍伐树木。

施工时，对当地自然资源严加保护，决不随意开采。

（五）保护公共设施

在工程施工期间采取一切措施加以保护。对施工人员加强保护教育，严禁破坏公用设施。

六、施工进度

（一）工程进度原则

1. 根据工程施工现场的自然条件，合理配置生产要素，科学计划安排，精心组织施工，在确保安全、质量的前提下，满足业主对工期的要求。

2. 实事求是，量力而行，最大限度的发挥我的优势，采取先进、成熟的技术措施，在提前完工的情况下，保证该工程达到优良水平。

3. 统筹兼顾，合理安排工期，组织均衡生产，提高设备、器材利用率，做到少投入，多产出，确保整个工程顺利进行。必要时交叉施工要为下一工序做好准备工作，将各工序之间的相互影响降到最小限度。

（二）施工计划管理体系

工程施工中，将根据设计文件和有关施工规范、规程、精心编制实施性施工组织设计，确定合理的施工方案，科学规划，狠抓关键线路，突出重点，确保主体。同时总揽全局，统筹兼顾，科学管理，确保工程保质保量按期竣工。从以下几个方面，予以有利保证：

1. 从优化施工方案上保证

工程土方调运工程量大，且含大量苗木、地被，苗木最佳栽植季节已过去，施工中要保持各分项施工交叉进行。因此有序分层次的安排各项施工是保证工程进度和工程质量的关键环节。

（1）分段进行，平行施工，抓好各工施工工序的交叉点，合理安排，重点突破。

（2）科学管理，优化施工组织，抓住关键工序，按地形整理、绿化种植、土建铺装、现场围挡等专业分工，统一组织施工。

（3）必要时可昼夜施工，实行轮班制。

2. 从组织机构、资源配置上保证

（1）调遣精兵强将，强化项目管理。在中标后，各级人员准时到位并根据工程特点，确定优秀的专业化施工队伍；投入性能优良的施工机械设备按时进场，及时进行安装调试，确保按时开工。同时，项目所需资金拨付到位及时，保证工程的顺利进行。项目经理部按项目管理的各项要求开展工作，强化项目管理，强化施工全过程的监督、检查、指导。并选用优质的施工材料，提高工程质量，降低施工难度，避免返工。

（2）为保证计划完成，须选派曾经担任类似工程的项目经理担任该工程的项目经理，其具有丰富的现场施工组织管理经验，能够合理规划，统筹安排，保证工程的工期按要求时间完成。

（3）制订详细的材料采购计划，保证材料供应及时，专设材料供应组，专项负责材料采购工作，严格按照总体施工进度计划中要求的时间将材料运达现场。

3. 从施工计划上保证

（1）统筹规划，确保施工计划的严肃性。

（2）狠抓重点工程进度，确保按期竣工。

（3）加强对种苗质量的采购、运输、保管和供应，确保工程的需要，坚决杜绝停工待料现象的发生。

（4）严格按照工期网络计划进行施工工序的安排，结合各项技术措施计划，认真编制施工进度计划，加强施工的组织领导，严格按审定的施工组织设计合理安排施工，做到旬有计划，日有安排。重要工序要做好施工组织设计和施工计划并呈报监理工程师审批后才实施。充分利用有利条件和适宜季节，合理安排施工计划并呈报监理工程师审批后才实施工序，缩短流水作业步距，加快工程进度，以确保工期。同时经常检查施工进度计划的执行情况，及时修正施工进度计划，使施工进度计划随时具有指导生产的效力。关键线路的关键工序，在条件允许和保证质量的前提下，采用两班作业，加快施工进度，保证合同工期的实现。

4. 从工序安排上保证

（1）采用先进的施工方法，合理安排施工程序；做好每个工序的准备工作，使各工序合理转序。

（2）为最大限度地挖掘关键线路的潜力，各工序施工时间尽量压缩。各工种之间建立联合签认制度，保证各专业良好配合避免互相破坏或影响施工，造成工序时间延长。

（3）严格控制各工序施工质量，确保一次验收合格，杜绝返工，以一次成优的良好施工质量获取工期的缩短。

（4）制订详细合理的施工计划。抓住关键工序，对影响总工期的工序和具体环节给予人、财、物的充分保证，确保整个工程进行顺畅和连贯。

（5）为了充分利用施工空间、时间，用流水段均衡施工工艺，合理安排工序，在绝对保证安全质量的前提下，充分利用施工空间，科学组织土方挖运施工与苗木移植、苗木栽植等工程的交叉作业。

5. 从安全生产上保证

（1）贯彻国家安全生产政策和各类安全法规，增强职工安全法制观念，并认真组织贯彻落实制定的各项管理制度。

（2）加强临时的防火措施和易燃、易爆物品的保管、领发制度，配备足够消防器材，发现事故隐患或苗头要及时排除，杜绝重大事故的发生。

（3）严禁无证上岗。在施工过程中，特别注意用电安全，严禁在施工场地、宿舍区内乱接电线，防止触电事故发生。各分队成立安全小组，设专职安全员负责日常安全生产的检查和监督，以便施工顺利进行，确保工期。

（4）安全质检人员应及时检查，隐患及时处理，做好检查记录，并有权对违章作业的下达停工整改指令。安全质检人员应在技术交底会上或每周检查会上对安全工作进行交底，并且要宣贯安全操作规程，使广大职工时刻保持警惕，严防事故的发生。

（5）项目经理部负责与当地派出所、治安防范组织保持经常联系，取得支持，确保施工顺利进行，抓好宣传工作，取得附近村民的谅解和支持。

6. 从后勤供应上保证

加强机械设备和车辆的养护、维修，搞好职工食堂，防病治病，保障职工身体健康，保证正常出勤率，保障施工正常运转，确保工期。并保持一定的后备施工力量，以备必要时投入使用，从而保证进度计划的实现。

7. 从工作机制上保证

（1）坚持领导干部跟班作业制度。发现问题及时处理，协调各工序间的施工矛盾，减少扯皮，保质、保量完成任务。

（2）健全奖罚制度，开展施工竞赛，比质量、比安全、比工效、比进度、比文明施工、对保质保量安全完成周、月计划的施工队，给予表扬和奖励，反之给予批评、处罚，以提高施工人员的积极性。

（3）抓住时机，掀起施工高潮，开展以比质量、比安全、比工期、比效益、比创新的社会主义劳动竞赛，掀起施工高潮。

（4）每天下班前项目经理召开碰头会，解决当天难点，每5天检查一次计划执行情况，每10天按班组评比一次，表扬先进，找出差距，迎头赶上，确保工期。劳动力注意机动调整，不至于出现劳动力闲置、窝工现象。

8. 从外部环境上保证

创造宽松的外部环境。加强与业主、监理的联系，正确处理好与当地政府，沿线群众及兄弟单位的关系，尊重当地风俗习惯，求得当地政府和群众的支持，争取得到各方面的全面支持和有力配合，为施工生产创造一个良好的外部环境，保证工程施工不受影响。积极主动与奥运08办和工程所在地建委、环保、城管、交通、派出所、街道、居委会等政府主管部门联系与沟通，得到他们的支持和帮助，为施工提供有力的支持。

9. 从资金上保证

落实资金管理，以工程合同为准则，搞好资金的管理，督促、检查工程施工合同的执行情况，使财力能够准时投入，专款专用，保证施工生产正常进行。对工程中需用资金的施工阶段，要合理调配好资金的使用，使资金链不断流，充分运用自筹资金、工程预付款、施工进度的款、验收款的拨付合理使用，保证工程进度。

10. 建立确保工期的应急预案

（1）根据情况随时准备加班、加点。并做好后勤保障，提高工人生活水平。

（2）贮备备用人员，高峰或抢工期时随时增加人员。

（3）根据情况安排夜间施工。

（4）积极协调各方关系，随时了解交通时政信息，以便及时做出调整决策。

七、其他施工

1. 安装反光道钉，安装陶瓷标

反光道钉反光效果良好，达到三级反光膜的反光效果，无破损无油污。要求粘贴牢固，粘贴位置及朝向准确。陶瓷标反光效果良好，颜色与原路面所用陶瓷标颜色一致，无破损无油污。要求粘贴牢固，粘贴位置准确。

2. 轮廓标安装

（1）柱式轮廓标应按设计文件的规定量距定位。

1）柱式轮廓标应按设计文件的规定量距定位。

2）混凝土基础可采用现浇或预制的方法施工，并应符合现行《公路桥涵施工技术规范》（JTJ 041）的规定，预制时应按设计文件的规定预埋连接件。

3）柱式轮廓标安装时，柱体应垂直水平面，三角形柱体的顶角平分线应垂直于公路中心线，柱体与混凝土基础之间可用螺栓连接。

（2）附着式轮廓标的施工

1）附着于梁柱式护栏上的轮廓标可按立柱间距定位，附着于混凝土护栏和隧道侧墙上的轮廓标应量距定位。

2）附着式轮廓标应按照放样确定的位置进行安装。反射器的安装角度应符合设计文件规定。安装高度宜尽量统一，并应连接牢固。

3. 验收

（1）轮廓标安装完成后应与公路线形协调一致。夜间应反光明亮、线条流畅。安装高度宜保持一致。

（2）轮廓标的外形尺寸应符合设计文件的规定。

（3）柱式轮廓标应安装，柱体表面不应有明显的刮痕、气泡、裂纹及颜色不均等缺陷。

（4）附着式轮廓标应安装牢固、角度准确、高度一致。

（5）钢构件表面防腐处理应满足设计文件的规定。

4. 波形梁护栏安装

（1）施工

1）立柱放样

①应根据设计文件进行立柱放样，并以桥梁、通道、涵洞、隧道、中央分隔带开口、紧急电话开口、路线交叉等控制立柱的位置，进行测距定位。

②立柱放样时利用调节板调节间距，并利用分配方法处理间距零头数。

③应调查立柱所在处是否存在地下管线、排水管等设施，或构造物顶部埋土深度不足的情况。

2）立柱安装

①立柱安装应与设计文件相符，并与公路线形相协调。

②位于土基中部的立柱，可采用打入法、挖埋法或钻孔法施工。立柱标高应符合设计要求，并不得损坏立柱端部。

a.采用打入法打入过深时，不得将立柱部分拔出加以矫正，必须将其全部拔出，将基础压实后再重新打入。立柱无法打入到要求深度时，严禁将立柱的地面以上部份焊割，钻孔，不得使用锯短立柱端部。

b.采用挖埋法施工时，回填土应采用良好的材料并分层夯实，回填土的压实度不应小于设计规定值。填石路基中的柱坑，应用粒料回填并夯实。

c.采用钻孔法施工时，立柱定位后应用与路基相同的材料回填，并分层夯填密实。

③在铺有路面的路段设置立柱，柱坑从路基至面层以下 5cm 处应采用与路基相同的材料回填并分层夯实，余下部分应采用与路面相同的材料回填并压实

④位于石方区的立柱，应根据设计文件的要求设置混凝土基础。

⑤位于小桥、通道、明涵等混凝土基础中的立柱，可设置在预埋的套筒内，通过灌注砂浆或混凝土固定，或通过地脚螺栓与桥梁护轮带基础相连。

⑥立柱安装就位后，其水平方向和竖直方向应形成平顺的线形。

⑦护栏渐变段及端部的立柱，应按设计规定的坐标进行安装。

3）防阻块、托架、横隔梁安装

①防阻块、托架应通过连接螺栓固定于护栏板和立柱之间，在拧紧连接螺栓前应调整防阻块、托架使其准确就位。防撞等级为 SA、Sam 和 SS 的波形梁护栏在安装防阻块时，应同时安装上层立柱，线形应与下层立柱相同。

②设有横隔梁的中央分隔带护栏，应在立柱准确定位后安装横隔梁。在护栏板安装前，横隔梁与立柱间的连接螺栓不应过早拧紧。

4）波形护栏安装

①护栏板应通过拼接螺栓相互连接纵向横梁，并由连接螺栓固定与防阻块、托架或横隔梁上。护栏板拼接方向应与行车方向一致。拼接螺栓必须采用高强螺栓。

②防撞等级为 SA、Sam 和 SS 的波形梁护栏通过螺栓将上层横梁与上层立柱加以连接。

③立柱间距不规则时，可利用调节板、梁进行调节，不得采用现场切割护栏板的方法。

④所有的连接螺栓及拼接螺栓应在护栏的线形达到规定要求时才能拧紧。

5）端头安装

各类护栏端头应通过拼接螺栓与护栏板牢固连接，拼接螺栓必须采用高强螺栓。防撞等级为 SA、Sam 和 SS 的波形梁护栏上横梁必须按设计文件的规定进行端部处理。

（2）验收

1）护栏立柱的埋深、基础规格、土基压实度、端部和过渡段处理应符合设计规范和设计文件的规定。

2）立柱位置、立柱中距、垂直度、横梁中心高度应符合设计要求。

3）所有构件不应因运输、施工造成防腐层的损伤。

4）直线段护栏不得有明显的凹凸、起伏现象；曲线段护栏应圆滑顺畅，与线形协调一致；中央分隔带开口端头护栏的线形应与设计文件相符。

5）波形梁板搭接方向应正确，搭接平顺，垫圈齐备，螺栓牢固。

6）防阻块、托架、横隔梁、端头的安装应与设计文件相符，安装到位，不得有明显变形、扭转、倾斜。

7）波形梁板和立柱不得现场焊割和钻孔。

8）立柱及柱帽安装牢固，其顶部应无明显塌边、变形、开裂等缺陷。

5. 标志牌安装

（1）施工

1）立柱必须在基础混凝土强度达到设计强度的 80% 以上时才能安装。

2）路侧柱式标志板可通过抱箍固定在立柱上。

3）悬臂、门架式标志吊装横梁时，应使预拱度达到设计文件的要求。

4）标志板安装到位后，应进行板面平整度和安装度的调整。

5）里程牌、百米桩的施工

①里程牌、百米桩应按实际里程准确定位和设置。

②里程牌、百米桩等的混凝土预制件的施工及强度应根据现行《公路桥涵施工技术规范》（JTJ041）和设计文件的规定。

③设计文件另有规定外，里程牌、百米桩应根据现行《道路交通标志和标线》（GB5768）的规定制作和刷漆。

（2）验收

1）标志的设置位置及安装角度用符合设计文件的要求。

2）标志面应平整完好，无起皱、开裂、缺损或凹凸变形。

3）标志面在夜间车灯照射下，底色和字符应清晰明亮、颜色均匀，不应出现明暗不均和影响认读的现象。

4）标志板外形尺寸、底板厚度、文字高度、标志面的逆反射性能等应符合设计文件的规定。

5）标志板下缘至路面的净空高度及标志板内缘距公路边缘线的距离应满足设计文件的要求。

6）所有钢构件防腐层应均匀、颜色一致、不得有流挂、滴流或多余结块，镀件表面应无漏镀等缺陷。

7）标志基础的地基承载力和规格、强度应符合设计要求。

6. 防眩板安装

（1）设置与波形梁护栏上的防眩板和防眩网的安装

1）防眩板或防眩网可通过连接件安装在波形梁护栏上。

2）防眩板或防眩网安装在波形梁护栏上时，不得削弱波形梁护栏的原有工程。

3）防眩板或防眩网下缘与波形梁护栏顶面的间距应符合设计文件的规定。

4）施工过程中不应损坏波形梁护栏的防腐层，否则应在24h之内予以修补。

（2）验收

1）防眩板或防眩网安装完成后，其设置路段、防眩高度、遮光角度应满足设计要求。

2）防眩板或防眩网整体应与公路线形协调一致，不得有明显的扭曲或凹凸不平。

3）防眩板或防眩网外观不应有刮痕、颜色不均等缺陷。防腐层不得有气泡、裂纹、疤痕、端面分层、毛刺等缺陷。

4）防眩板或防眩网应牢固安装。

7. 隔离栅的施工

（1）应根据设计文件中的规定的隔离栅设置的位置和实际地形，地物条件确定控制立柱的位置和立柱中心，在控制立柱之间按设计文件规定的柱距定出柱位。

（2）每个柱位均应按设计文件的要求确定高程，并应按实际地形进行调整。

（3）应根据设计文件的规定开挖基坑。

（4）立柱应根据设计文件的规定设置在现浇混凝土基础或预制混凝土基础内。立柱的埋设应分段进行。可先埋设两端的立柱，然后拉线埋设中间立柱，控制立柱与中间立柱的平面投影应在一条直线上，柱顶应平顺。预制混凝土立柱和基础在运输过程中及装卸时应避免折断或损坏边角。

（5）混凝土基础强度达到设计强度的 70% 以上时，可按下列规定安装隔离栅片。

1）安装无框架卷网时，应从端头立柱开始，沿纵向展开，边铺设边拉紧，挂钩时网片不得变形。

2）安装有框架的片网时，网面应平整，框架应整体平顺，美观，框架与立柱应连接牢固。

3）安装刺铁丝网时，应从端头立柱开始。刺网丝之间应平行，平直，绷紧后应与立柱上的铁钩牢固绑扎，横向与斜向刺钢丝相交处也应绑扎牢固。

4）隔离栅网片安装完毕后，应对基础周围进行夯实处理。

5）桥梁护网的施工

①应以上跨桥梁与公路、铁路等设施的交叉点为控制点，向两侧对称进行桥梁护网的施工。桥梁护网的设置长度应符合设计文件的规定。

②应根据桥梁护网立柱预埋基础的位置安装立柱。未设置预埋件时，应采取后固定的施工工艺固定立柱。

③桥梁防护网网片应牢固地安装在立柱上，网片应平整、绷紧。

④应根据设计文件的规定对桥梁护网做防雷接地处理。

⑤隔离栅和桥梁护网的封闭应严密、牢固、不应出现缺口。

⑥隔离栅应与公路线形走向一致，顺直、流畅、纵坡起伏自然、美观。

⑦混凝土基础尺寸和埋深、立柱的垂直度和柱间距、网面高度以及混凝土立柱和基础强度等级应符合设计文件的规定。

⑧安装完成的金属网片不得有明显的变形，电焊网不得脱落、虚焊。

⑨镀锌层表面应均匀完整、颜色一致，不得有气泡、裂纹。疤痕、折叠等缺陷。

⑩混凝土立柱应密实平整，不得有裂缝、翘曲、蜂窝、麻面等缺陷。

8. 构件涂漆

（1）施工程序

金属表面涂饰油漆的施工程序：涂防锈漆→涂磷化底漆→涂铅油→涂调和漆。

（2）涂饰工艺

1）涂防锈漆：涂饰时，金属表面必须干燥、洁净，如有水汽凝聚，必须擦干后再涂饰，要涂满涂匀。

2）涂磷化底漆：延长油漆的使用，避免生锈腐蚀，可在金被表面涂磷化底漆。磷化底漆由两部分组成，一部分是底漆，另一部分是磷化液。使用前将两部分混合均匀，质量比为 4：1（底漆：磷化液）。

3）涂铅油：薄钢制品、管道等，可在加工厂进行刷铅油，安装后再涂饰面层油漆。

4）涂调合漆：金属基层经过一定的工序处理后，即可涂调合漆。

（3）注意事项

1）涂油漆前，应将金属表面的灰尘、油渍、鳞皮、锈斑、爆渣、毛刺等清除干净。潮湿的表面不得涂饰油漆。

2）防锈漆和第 1 遍银粉漆，应在设备、管道安装就位前徐饰。最后 1 遍银粉漆应在刷浆工程完工后涂饰。

9. 更换水泥砼路面缩缝填缝料

（1）填缝料的施工材料使用 M950 聚氨酯道路嵌缝胶，要求：

1）与水泥混凝土板缝壁具有较好的粘结力。当混凝土板伸缩时，填缝料能与混凝土板缝壁粘接牢固，而不致从混凝土缝壁上接脱。

2）具有较高的拉伸率，填缝料必须能随砼板伸缩，而不致被拉断。

3）耐热及耐嵌入性好，在夏季高温时，填缝料不发生流淌。填缝料应耐砂石嵌入，保证砼板伸胀不受阻。

4）具有较好的低温塑性。在冬季低温时，填缝料不发生脆裂，仍具有一定的延伸性。

5）耐久性好。填缝料应能在较长时间保持良好的使用性能，即耐磨、耐久等，不过老化。填缝料寿命不得低于 3 年。

6）填缝料必须符合《公路水泥混凝土路面施工技术规范》（JTG F30-2003）规定（见下表），本工程要求使用高弹性型。使用前经过现场管理单位验收同意方能使用。

常温施工式填缝料技术要求

试验项目	高弹性型
失粘（固化）时间（h）	3～16
弹性复原率（%）	≥90
流动度（mm）	0
（-10度）拉伸量（mm）	≥25
与混凝土粘结强度（Mpa）	≥0.4
粘结延伸率（%）	≥400

7）背衬垫条的要求：背衬垫条应具有良好的弹性、柔韧性、不吸水性、耐酸碱腐蚀和高温不软化等性能。背衬垫条材料有聚氨酯、橡胶或微孔泡沫条，其形状应为圆柱形，直径应比接缝宽度大 2 ~ 5mm。

8）缩缝更换填缝料的施工步骤及要求如下：

①清缝：应先采用切缝机清除接缝中的旧填缝料及夹杂其中的砂石和泥浆等，要求切缝采用湿切法，再使用压力大于等于 0.5Mpa 的压力水和压缩空气彻底清除接缝中的尘土及其他污染物，确保缝壁及内部清洁。缝壁检验以擦不出灰尘为灌缝标准。清缝后，缝壁平直，缝宽比原缝宽不超过 2mm。

②填缝：清缝待缝壁、缝内干净干燥后方可填缝。使用常温聚氨酯填缝料时，应按规定比例将两组分材料混拌均匀后使用。填缝料的下部应预先压填背衬带，填缝料灌注深度应为 1.5 ~ 2.5cm，顶面低于砼路面板 1 ~ 2mm，多余的或溅到面板上的填缝料应立即予以清除。填缝必须饱满、均匀、厚度一致并连续贯通。

9）常温施工式填缝料的养生期，低温天宜 24h，高温天宜为 12h，在灌缝料养生期间应封闭交通。

满足本项目施工需求，填补法的施工材料要求为改性环氧砂浆类。

（2）所有材料进场时应提供出厂合格证明和出产检验单，不合格材料不得用于本工程。

10. 中央防撞墙刷漆翻新

施工工艺：

（1）首先使用打磨机具对旧防撞墙油漆面进行打磨。

（2）使用钢丝刷对打磨后的防撞墙面进行二次打磨、刷除。

（3）使用空压机对打磨后的防撞墙面进行喷吹，喷除防撞墙面的尘土、杂物。

（4）使用湿毛巾对打磨、喷吹后的防撞墙面进行抹除，充分清除墙面的尘土。

（5）湿毛巾抹除后，待墙面晾干燥后即可涂刷墙面油漆，油漆涂刷遍数不得少于 2 道，油漆要调和均匀，不能出现结团及过于稀释，涂刷油漆时要方向一致，油漆面要涂刷均匀、光亮，不得有气泡及漏刷现象。

第三节　养护管理系统

高速公路养护信息智能管理系统，是一套完整的应用计算机工具，辅助养护部门做好日常管理工作，实现静态数据与动态管理相结合的一套专门针对高速公路养护管理的综合性管理决策软件。系统适用于 Windows98/ME，windows2000/XF 各级操作系统，以 SQL Sever2000 搭建数据库网络平台，能实现高速公路与各管理所之间联网通信，共享数据，适时查询适时更新，为决策部门提供及时准确的道路信息及原始资料查询；并能按部级、省级等上级部门要求上报报表和提供数据资料，提高工作效率，节约开支，实现科学化、规范化管理高速公路养护工作，建立计算机管理的各项公路结构设施功能的评价与决策系统，采用较先进的计算机多媒体技术，定期采集数据，并输入数据库，使用专家系统，提供最佳能为高速公路管理部门实现以下目标：

1. 实现高速公路养护科学化，标准化，规范化管理，逐步向预防性养护过渡；

2. 实现高速公路养护信息快速反馈，快速决策，快速处理；

3. 完成高速公路原始技术档案资料的计算管理，如设计，竣工技术资料，养护维修工程技术资料等；

4. 完成高速公路养护外业数据采集工作，如各种病害检测，结构强度，行使质量，安全性能检测，图片像资料收集，桥梁定期检查（按照部颁和交通厅下发标准）等，并建立高速公路公路养护宣传多媒体资料，形成一套完整的高速公路数据库体系，面向社会提供各种服务。

5. 科学合理的评定道路目前状况（按照最新部颁标准）并预估今后道路状况发展趋势和使用性能，进行费用效果优化分析，科学安排养护计划，寻求最佳养护时机和养护方案，降低养护成本；

6. 规范化管理养工程，包括规范管理工程招投标，编制养护预算，科学合理组织施工，进行成本核算等；

7. 提供交通厅要求上报统计报表，交通部公路普查，路面评价，桥梁评价等全部资料，提高养护日常管理工作效率；

8. 简化部门之间，领导与部门之间的报批手续，实现无纸化办公，提高整体工作效率；

9. 逐步完成高速公路三大管理体系，即养护管理体系，收费管理体系，路政管理体系。

（一）数据库的功能实现

在创建数据库时，考虑到各个子系统所用的数据有一定的重叠性，故建立一个统一、公用的数据库。

1. 公用的数据，其容纳了水泥混凝土路面所有的数据。各子系统运行时，可从总库中拷贝相应的数据，形成自己的数据库，退出系统时再将其写回公用数据库。路面管理系统的源数据种类繁多，故根据数据的内在联系将其分别组成几个文件，分别如下：

（1）路面基本文件：之路段名、路段编号、设计单位、施工单位、施工时间、全段总长等。

（2）设计文件：包括设计轴载、交通量增长率、设计年限、道路等级、几何数据、结构的材料、厚度等。

（3）养护历史：指以往养护工作的历史。

（4）路面状况文件：包括损坏状况数据，弯沉、平整度、摩擦系数。

所有数据的输入均采用数据屏幕输入、编号输入、自动主成数据文件，并提供修改、删除、添加、搜索等功能，同时保证生成的数据文件与程序完全脱离，便确保了程序的独立性。

2. 动态库的实现

在实现评价、分析、预测、决策优化等应用模块时，考虑到系统的后续开发功能，将生成的评价、决策都生成规范文件，保证程序端口友好，同时也提供经其他应用模块作为初始数据。

考虑到路面管理系统的使用者可能对评价原理、决策方法不甚了解，因此，系统提供了两种应用模块：①专家级（Expert）提供给有关专业分析人员，可根据不同条件，选择不同的评价规则、预测模型、经济分析模型对数理据进行比较处理；②普通级（Common）提供给对数据分析不甚了解的人员，在选定当前最可靠的评价、预测、决策优化方法后，自动处理数据，生成报表。

在输出结果中含有路况图显示、评价结果、养护决策排序、投资分配等。

以上采用标准 C 语言编译器 Watcom 10.0（C、C++）编译，加上 foxpro 的 PAI 库连接，生成 windows 资源文件，最后产生动态连接库文件，FLL。

第二章　桥梁工程

桥梁工程指桥梁勘测、设计、施工、养护和检定等的工作过程，以及研究这一过程的科学和工程技术，它是土木工程的一个分支。桥梁工程学的发展主要取决于交通运输对它的需要。

桥梁工程学主要研究桥渡设计，决定桥梁孔径，考虑通航和线路要求以确定桥面高度，考虑基底不受冲刷或冻胀以确定基础埋置深度，设计导流建筑物等；桥式方案设计；桥梁结构设计；桥梁施工；桥梁检定；桥梁试验；桥梁养护等方面。

古代桥梁以通行人、畜为主，载重不大，桥面纵坡可以较陡，甚至可以铺设台阶。自从有了铁路以后，桥梁所承受的载重逐倍增加，线路的坡度和曲线标准要求又高，且需要建成铁路网以增大经济效益，因此，为要跨越更大更深的江河、峡谷，迫使桥梁向大跨度发展。

在建桥材料方面，以高强、轻质、低成本为选择的主要依据，仍以发展传统的钢材和混凝土为主，提高其强度和耐久性。

石材、木材、铸铁、锻铁等桥梁材料，显然不合要求，而钢材的大量生产正好满足这一要求。

在桥梁施工方面，对施工组织将充分利用电子计算机进行经济有效的管理。在施工技术中，将不断引用新技术和高效率、高功能的机具设备，借以提高质量、缩短工期、降低造价。

1. 桥梁下部结构施工

桥梁墩台施工：整体式墩台施工，有石砌墩台、混凝土墩台；装配式墩台施工；砌块式墩台施工；柱式墩台施工

墩台基础施工：明挖扩大基础施工；桩与管柱基础施工；沉井基础施工。

2. 桥梁上部结构施工

桥梁承载结构施工：支架现浇法；预制安装法；悬臂施工法；转体施工法；顶推施工法；移动模架主孔施工法；横移法；提升与浮运法。

3. 梁式桥施工

简支梁桥，等截面连续梁桥，预应力混凝土变截面连续梁桥，预应力混凝土连续钢构桥，钢梁桥。

在桥梁维修检查中，引用新型精密的测量仪表，如用声测法对结构材料的缺陷以及弹

性模量进行测定；用手携式金相摄影仪检查钢材的晶体结构性能及早进行加固防患于未然，以便延长桥梁的使用寿命。

桥梁工程始终是在生产发展与各类科学技术进步的综合影响下，遵循适用、安全、经济与美观的原则，不断的向前发展。

第一节 桥梁的构成与分类

一、桥梁的构成

（一）桥梁的五"大部件"与五"小部件"

1.五"大部件"包括：桥跨结构；支座系统；桥墩；桥台；墩台基础。

2.五"小部件"包括：桥面铺装（或称行车道铺装）；排水防水系统；栏杆（或防撞栏杆）；伸缩缝；灯光照明。

（二）相关尺寸术语名称

1.净跨径：梁式桥是设计洪水位上相邻两个桥墩（或桥台）之间的净距，用 10 表示。对于拱式桥，净跨径是每孔拱跨两个拱脚截面最低点之间的水平距离。

2.总跨径：是多孔桥梁中各孔净跨径的总和，也称桥梁孔径，它反映了桥下宣泄洪水的能力。

3.计算跨径：对于具有支座的桥梁，是指桥跨结构相邻两个支座中心之间的距离，用 l 表示。拱圈（或拱肋）各截面形心点的连线称为拱轴线，计算跨径为拱轴线两端点之间的水平距离。

4.桥梁全长简称桥长：是桥梁两端两个桥台的侧墙或八字墙后端点之间的距离，用 L 表示。对于无桥台的桥梁为桥面自行车道的全长。

5.桥梁高度简称桥高：是指桥面与低水位之间的高差，或为桥面与桥下线路面之间的距离。桥高在某种程度上反映了桥梁施工的难易性。

6.桥下净空高度：是设计洪水位或计算通航水位至桥跨结构最下缘之间的距离，以 H 表示。它应保证能安全排洪，并不得小于对该河流通航所规定的净空高度。

7.建筑高度：是桥上行车路面（或轨顶）标高至桥跨结构最下缘之间的距离，它不仅与桥梁结构的体系和跨径的大小有关，而且还随行车部分在桥上布置的高度位置而异。公路（或铁路）定线中所确定的桥面（或轨顶）标高，与通航净空顶部标高之差，又称为容许建筑高度。桥梁的建筑高度不得大于其容许建筑高度，否则就不能保证桥下的通航要求。

8.净矢高：是从拱顶截面下缘至相邻两拱脚截面下线最低点之间连线的垂直距离，f_0 表示；计算矢高：是从拱顶截面形心至相邻两拱脚截面形心之间连线的垂直距离，用 f

表示。

9. 矢跨比：是拱桥中拱圈（或拱肋）的计算矢高 f 与计算跨径 l 之比（f/l），也称拱矢度，它是反映拱桥受力特性的一个重要指标。

二、桥梁的分类

（一）桥梁的基本体系

按结构体系划分，有梁式桥、拱桥、刚架桥、悬索桥四种基本体系，其他还有几种由几种基本体系组合而成的组合体系等。

1. 梁式体系

梁式体系是古老的结构体系。梁作为承重结构是以它的抗弯能力来承受荷载的。梁分简支梁、悬臂梁、固端梁和连续梁等。悬臂梁、固端梁和连续梁都是利用支座上的卸载弯矩去减少跨中弯矩，使梁跨内的内力分配更合理，以同等抗弯能力的构件断面就可建成更大跨径的桥梁。

2. 拱式体系

拱式体系的主要承重结构是拱肋（或拱箱），以承压为主，可采用抗压能力强的圬工材料（石、混凝土与钢筋混凝土）来修建。拱分单铰拱、双铰拱、三铰拱和无铰拱。拱是有水平推力的结构，对地基要求较高，一般常建于地基良好的地区。

3. 刚架桥

刚架桥是介于梁与拱之间的一种结构体系，它是由受弯的上部梁（或板）与承压的下部柱（或墩）整体结合在一起的结构。由于梁与柱的刚性连接，梁因柱的抗弯刚度而得到卸载作用，整个体系是压弯结构，也是有推力的结构。刚架分直腿刚架与斜腿刚架。刚架桥施工较复杂，一般用于跨径不大的城市桥或公路高架桥和立交桥。

4. 悬索桥

就是指以悬索为主要承重结构的桥。其主要构造是：缆、塔、锚、吊索及桥面，一般还有加劲梁。其受力特征是：荷载由吊索传至缆，再传至锚墩。传力途径简捷、明确。悬索桥的特点是：构造简单，受力明确；在同等条件下，跨径愈大，单位跨度的材料耗费愈少、造价愈低。悬索桥是大跨桥梁的主要形式。

5. 组合体系

（1）连续钢构：连续钢构是由梁和钢架相结合的体系，它是顶应力混凝土结构采用悬臂施工法而发展起来的一种新体系。

（2）梁、拱组合体系：这类体系中有系杆拱、桁架拱、多跨拱梁结构等。它们利用梁的受弯与拱的承压特点组成联合结构。

（3）斜拉桥：它是由承压的塔、受拉的索与承弯的梁体组合起来的一种结构体系。

（二）桥梁的其他分类

1. 按用途划分，有公路桥、铁路桥、公路铁路两用桥、农桥、人行桥、运水桥（渡槽）及其他专用桥梁（如通过管路、电缆等）。

2. 按桥梁全长和跨径的不同，分为特大桥、大桥、中桥和小桥。

3. 按主要承重结构所用的材料划分，有圬工桥（包括砖、石、混凝土桥）、钢筋混凝土桥、预应力混凝土桥、钢桥和木桥等。

4. 按跨越障碍的性质，可分为跨河桥、跨线桥（立体交叉）、高架桥和栈桥。

5. 按上部结构的行车道位置，分为上承式桥、下承式桥和中承式桥。

第二节　桥梁承重体系结构

根据结构体系及其受力特点，桥梁可划分为梁式桥、拱式桥、刚架桥、悬索桥、斜拉桥、组合体系桥六种形式的结构体系。不同的结构体系对应于不同的力学形式，表现出不同的受力特点。

一、梁式桥

梁式桥是古老的结构体系之一。梁作为承重结构，主要是以其抗弯能力来承受荷载。在竖向荷载作用下，其支承反力也是竖直的，一般梁体结构只受弯、受剪，不承受轴向力。

常见的简支梁的跨越能力有限（一般在 50m 以下），因此，悬臂梁和连续梁。它们通过改变或增强中间支承来减少跨中弯矩，更合理地分配内力，加大跨越能力。悬臂梁采用铰接或简支跨（称为挂孔）来连接其两端，其为静定结构，受力明确，计算简便；但因结构变形在连接处不连续而对行车和桥面养护产生不利影响，近年来已很少采用。连续梁因桥跨结构连续，克服了悬臂梁的不足，是目前采用较多的梁式桥型。

梁式体系分实腹式和空腹式。前者梁的截面形式多为 T 形、工字形和箱形等，后者指主要由拉杆、压杆、拉压杆以及连接件组成的桁架式桥跨结构。梁的高度和截面尺寸可在桥长方向保持一致或随之变化。对中小跨径的实腹式梁，常采用等高度 T 形梁；跨径较大时，可采用变高度箱形截面预应力混凝土连续梁桥。

二、拱式桥

拱式桥的主要承重结构是具有曲线外形的拱（其拱圈的截面形式可以是实体矩形、肋形、箱形、桁架等）。在竖向荷载作用下，拱主要承受轴向压力，同时也承受弯矩、剪力。支承反力不仅有竖向反力，也承受较大的水平推力。

根据拱的受力特点，多采用抗压能力较强且经济合算的圬工材料和钢筋混凝土来修建拱桥，拱对墩台有较大的水平推力，对地基的要求较高，故一般宜建于地基良好之处。按照力学分析，拱又分成单铰拱、双铰拱、三铰拱和无铰拱。因铰的构造较为复杂，一般常采用无铰拱体系。值得一提的是，由国发明创造的桥型结构——双曲拱，其特点是使上部结构轻型化、装配化。南京长江大桥的南引桥即是双曲拱桥。

三、刚架桥

刚架桥（也称为刚构桥）是指梁与立柱（墩柱）或竖墙整体刚性连接的桥梁。其主要特点是：立柱具有相当大的抗弯刚度，故可分担梁部跨中正弯矩，达到降低梁高、增大桥下净空的目的。在竖向荷载作用下，主梁与立柱（或竖墙）的连接处会产生负弯矩；主梁、立柱承受弯矩、也承受轴力和剪力；柱底约束处既有竖直反力，也有水平反力。刚架桥的形式大多是立柱直立的单跨或多跨的门形框架，柱底约束可以是铰接或固接。钢筋混凝土和预应力混凝土刚架桥适用于中小跨径、建筑高度要求较严的城市或公路跨线桥。

随着预应力技术和对称悬臂施工方法的发展，具有刚架形式和特点的桥梁可用于跨径更大的情况，如T形刚构桥。预应力混凝土T形刚构桥是因悬臂施工方法的发展而衍生出来的一种桥型。它的桥墩刚度较大，与梁部固结，仍采用跨中设铰或简支挂孔来连接两T构。它融合了悬臂梁桥和刚架桥的部分特点：因是静定结构，能减少次内力、简化主梁配筋；T构有利于对称悬臂施工，但粗大的桥墩因承受弯矩较大而费料；桥面线形不连续而影响行车。目前，已很少采用这种桥式。

斜腿刚构桥的墩柱斜置并与梁部刚性连接，其受力特点介于梁和拱之间。在竖向荷载作用下，斜腿以承压为主，两斜腿之间的梁部也受到较大的轴向力。斜腿底部可采用铰接或固结形式，并受到较大的水平推力。对跨越深沟峡谷、两侧地形不宜建造直立式桥墩的情况，斜腿刚构桥表现出其独特之处。另外，墩柱在立面上呈V形并与梁部固结的桥梁，称为V形刚构桥，其在受力上具有连续梁和斜腿刚构的特点。V形支撑既可加大跨径，也可适当减小梁高，外形也较美观。

连续刚构桥就是把刚度较小的桥墩（柱）与梁体固结起来。其特点是桥墩（称为薄壁墩）较为轻巧。这种桥式除保持了连续梁的受力优点外，还节省了大型支座的费用，减少了墩及基础的工程量，改善了结构在水平荷载下的受力性能，有利于简化施工程序，适用于需要布置大跨、高墩的桥位。近年来，连续刚构体系在桥梁工程中的应用越来越普遍，跨径已接近300m。

四、悬索桥

悬索桥（也称为吊桥）主要由索（又称缆索）、塔、锚碇、加劲梁等组成。对跨径较小（如小于300m）、活载较大且加劲梁较刚劲的悬索桥，可以视其为缆与梁的组合体系。但大跨径（1000m左右）悬索桥的主要承重结构为缆索，组合体系的效应可以忽略。在竖向荷载作用下，其缆索受拉，锚碇处会产生较大的竖向（向上）和水平反力。缆索通常用高强度钢丝制成圆形大缆，加劲梁多采用钢桁架或扁平箱梁，桥塔可采用钢筋混凝土或钢结构。因缆索的抗拉性能得以充分发挥且大缆尺寸基本上不受限制，故悬索桥的跨越能力一直在各种桥型中名列前茅。不过，由于结构的刚度不足。悬索桥较难满足当代铁路桥梁的要求。

五、斜拉桥

斜拉桥是由梁、塔和斜索（拉索）组成，结构形式多样，造型优美壮观。在竖向荷载作用下，梁以受弯为主，塔以受压为主，斜索则承受拉力。梁体被斜索多点扣拉，表现出弹性支承连续梁的特点。因此，梁体荷载弯矩减小，梁体高度可以降低，从而减轻了结构自重并节省了材料。另外，塔和斜索的材料性能也能得到较充分地发挥。因此，斜拉桥的跨越能力仅次于悬索桥，是近几十年来发展很快的一种桥型。由于刚度问题，斜拉桥在铁路桥梁上的应用极为有限。

六、组合体系桥

将上述几种结构形式进行合理的组合应用，即形成组合体系桥梁。常见的组合方式是梁、拱结构的组合。梁、拱、吊组合体系同时具备梁的受弯和拱的承压特点，可以是刚性拱及柔性拉杆，也可以是柔性拱及刚性梁。这类结构的主要优点是：利用梁部受拉，来承受和抵消拱在竖直荷载下产生的水平推力。这样，桥跨结构既具有拱的外形和承压特点，又不存在很大的水平推力，可在一般地基条件下修建。相对而言，这种组合体系的施工较为复杂。此外，为获得更大跨越能力，可以由悬索和斜拉组合形成组合体系桥梁。

第三节　桥梁下部结构和支座构造

一、分类

可分为重力式桥墩、重力式桥台、轻型桥墩、轻型桥台。

（一）重力式墩、台

重力式桥墩与重力式桥台的主要特点是靠自身重量来平衡外力而保持其稳定，因此，墩、台身比较厚实，可以不用钢筋，而用天然石材或片石混凝土砌筑。它适用于地基良好的大、中型桥梁，或流冰、漂浮物较多的河流中。在砂石料方便的地区，小桥也往往采用。主要缺点是圬工体积较大，因而其自重和阻水面积也较大。

拱桥重力式桥墩分为普通墩与制动墩，制动墩要能承受单向较大的水平推力，防止出现一侧的拱桥坍塌，因而尺寸较厚实；与梁桥重力式桥墩相比较，具有拱座等构造设施。

梁桥和拱桥上常用的重力式桥台为 u 型桥台，它适用于填土高度在 8 ~ 10m 以下或跨度稍大的桥梁。缺点是桥台体积和自重较大，也增加了对地基的要求。此外，桥台的两个侧墙之间填土容易积水，结冰后冻胀，使侧墙产生裂缝，所以宜用渗水性较好的土夯填，并做好台后排水措施。

（二）轻型墩、台

1. 梁桥轻型桥墩、台

（1）梁桥轻型桥墩

钢筋混凝土薄壁桥墩：施工简便，外形美观，过水性良好，适用于低级土软弱的地区。需耗费用于立模的木料和一定数量的钢筋。

柱式桥墩：外形美观，圬工体积少，而且重量较轻。

钻孔桩柱式桥墩：适合于多种场合和各种地质条件。通过增大桩径、桩长或用多排桩加建承台等措施，也能适用于更复杂的软弱地质条件以及较大的跨径和较高的桥墩。

柔性排架桩墩：优点是用料省、修建简便、施工速度快。主要缺点是用钢量大，使用高度和承载能力受到一定限制。因此它只适合于在低浅宽滩河流、通航要求低和流速不大的水网地区河流上修建小跨径桥梁时采用。

（2）梁桥轻型桥台

设有支撑梁的轻型桥台：适用于单跨桥梁，桥孔跨径 6 ～ 10m，台高不超过 6m。

埋置式桥台：桥台所受的土压力小，桥台的体积相应的减少。但是由于台前护坡是用片石做表面防护的一种永久性设施，存在有被洪水冲毁而使台身裸露的可能，故设计时必须慎重地进行强度和稳定的验算。分为后倾式、肋形埋置式、双柱式、框架式等类型。其中桩柱式桥台对于各种土壤地基都适宜。其适用范围是：桥孔跨径 8 ～ 20m，填土高度 3 ～ 5m。当填土高度大于 5m 时宜采用框架式埋置式桥台。

钢筋混凝土薄壁桥台：适用于软弱地基的条件，但其构造和施工比较复杂，并且钢筋用量也较多。

加筋土桥台：在台后路基填土不被冲刷的中、小跨径桥梁，台高 3 ～ 5m 时，可采用加筋土桥台。

2. 拱桥轻型桥墩、台

（1）拱桥轻型桥墩

带三角杆件的单向推力墩：只在桥不太高的旱地上采用。

悬臂式单向推力墩：适用于两铰双曲拱桥。

（2）拱桥轻型桥台

适用于 13m 以内的小跨径拱桥和桥台水平位移量很小的情况。其工作原理是，当桥台受到拱的推力后，便发生绕基底形心轴而向路堤方向的转动，此时台后的土便产生抗力来平衡拱的推力，从而使桥台的尺寸较小。

八字形桥台：适合于桥下需要通车或过水的情况；

u 字形桥台：适合于较小跨径的桥梁；

背撑式桥台：适用于较大跨径的高桥和宽桥；

靠背式框架桥台：适合于在非岩石地基上修建拱桥桥台。

组合式桥台：适用于各种地质条件；

空腹式桥台：一般是在软土地基、河床无冲刷或冲刷轻微、水位变化小的河道上采用；

齿槛式桥台：适用于软土地基和路堤较低的中小跨径拱桥。

二、构造特点与受力特点

（一）桥梁下部结构的构造特点

1. 重力式桥墩

梁桥重力式桥墩由墩帽、墩身、基础等组成，墩帽要满足支座布置和局部承压的需要；与梁桥重力式桥墩相比较，拱桥重力式桥墩具有拱座等构造设施，且制动墩要比普通墩尺寸更厚实，能承受单向较大的水平推力，防止坍塌。

2. 重力式桥台（u型桥台）

由台帽、背墙、台身（前墙、侧墙）、基础、锥坡等几部分组成。背墙、前墙与侧墙结合成一体，兼有挡土墙和支撑墙的作用。

3. 梁桥轻型桥墩

（1）钢筋混凝土薄壁桥墩：圬工体积小、结构轻巧，比重力式桥墩可节约圬工量70%左右。

（2）柱式桥墩：由分离的2根或多根立柱（或桩柱）组成，是公路桥梁中采用较多的桥墩形式之一。

（3）柔性排架桩墩：由单排或双排的钢筋混凝土桩与钢筋混凝土盖梁连接而成。

4. 梁桥轻型桥台

（1）设有支撑梁的轻型桥台

（2）埋置式桥台

（3）钢筋混凝土薄壁桥台

（4）加筋土桥台

5. 拱桥轻型桥墩

（1）带三角杆件的单向推力墩

（2）悬臂式单向推力墩

6. 拱桥轻型桥台

（1）八字形桥台

（2）u字形桥台

（3）背撑式桥台

（4）靠背式框架桥台

（二）桥梁下部结构的受力特点

桥墩为多跨桥梁中的中间支承结构物，除承受上部结构产生竖向力、水平力和弯矩外，还承受风力、流水压力及可能发生的地震力、冰压力、船只和漂流物的撞击力。

桥台设置在桥梁两端，除了支承桥跨结构外，又是衔接两岸接线路堤的构筑物；它既要能挡土护岸，又能承受台背填土及填土上车辆荷载所产生的附加土侧压力。

桥梁墩台受力计算时的荷载及其组合应根据可能出现的各种荷载情况进行最不利的荷载组合。

三、了解桥梁计算荷载

（一）桥梁设计作用的分类

公路桥涵设计采用的作用分为永久作用、可变作用和偶然作用三类。

（二）桥梁工程作用取值方法

1. 公路桥涵设计时，对不同作用应采用不同的代表值

（1）永久作用应采用标准值作为代表值。

（2）可变作用应根据不同的极限状态分别采用标准值、频遇值或准永久值作为其代表值。承载能力极限状态设计及按弹性阶段计算结构强度时应采用标准值作为可变作用的代表值。正常使用极限状态按短期效应（频遇）组合设计时，应采用频遇值作为可变作用的代表值；按长期效应（准永久）组合设计时，应采用准永久值作为可变作用的代表值。

（3）偶然作用取其标准值作为代表值。

2. 作用的代表值按下列规定取用

（1）永久作用的标准值，对结构自重（包括结构附加重力），可按结构构件的设计尺寸与材料的重力密度计算确定。

（2）可变作用的标准值应符合下列规定：

汽车荷载分为公路—i级和公路—ii级；汽车荷载由车道荷载和车辆荷载组成。车道荷载由均布荷载和集中荷载组成。桥梁结构的整体计算采用车道荷载；桥梁结构的局部加载、涵洞、桥台和挡土墙土压力等的计算采用车辆荷载。车辆荷载与车道荷载的作用不重叠。

公路 -i 级车道荷载的均布荷载标准值为 $q_k=10.5kn/m$；集中荷载标准值按以下规定选取：桥梁计算跨径小于或等于 5m 时，$p_k=180kn$；桥梁计算跨径等于或大于 50m 时，$p_k=360kn$；桥梁计算跨径在 5～50m 之间时，p_k 值采用直线内插求得。计算剪力效应时，上述集中荷载标准值 p_k 应乘以 1.2 的系数。

公路 -ii 级车道荷载的均布荷载标准值 q_k 和集中荷载标准值 p_k 按公路 -i 级车道荷载的 0.75 倍采用。

车道荷载的均布荷载标准值应满布于使结构产生最不利效应的同号影响线上；集中荷载标准值只作用于相应影响中一个最大影响线峰值处。

（三）人群荷载标准值按下列规定采用：

当桥梁计算跨径小于或等于 50m 时，人群荷载标准值为 3.0kn/m²；当桥梁计算跨径等于或大于 150m 时，人群荷载标准值为 2.5kn/m²；当桥梁计算跨径在 50 ~ 150m 之间时，可由线性内插得人群荷载标准值。对跨径不等的连续结构，以最大计算跨径为准。

城镇郊区行人密集地区的公路桥梁，人群荷载标准值取上述规定值的 1.15 倍。专用人行桥梁，人群荷载标准值为 3.5kn/m²。

可变作用频遇值为可变作用标准值乘以频遇值系数 Φ1。可变作用准永久值为可变作用标准值乘以准永久值系数 Φ2。

偶然作用应根据调查、试验资料，结合工程经验确定其标准值。

作用的设计值规定为作用的标准值乘以相应的作用分项系数。

（四）作用组合效应

1. 公路桥涵结构设计应考虑结构上可能同时出现的作用，按承载能力极限状态和正常使用极限状态进行作用效应组合，取最不利组合进行设计

（1）在结构上可能同时出现的作用，才进行其效应的组合。当结构或结构构件需作不同受力方向的验算时，则应以不同方向的最不利的作用效应进行组合。

（2）可变作用的出现对结构或结构构件产生有利影响时，该作用不应参与组合。实际不可能同时出现的作用或同时参与组合概率很小的作用，不考虑其作用效应的组合。

（3）施工阶段作用效应的组合，应按计算需要及结构所处条件而定，结构上的施工人员和施工机具设备均应作为临时荷载加以考虑。组合式桥梁，当把底梁作为施工支撑时，作用效应宜分两个阶段组合，底梁受荷为第一个阶段，组合梁受荷为第二个阶段。

（4）几个偶然作用不同时参与组合。

2. 公路桥涵结构按承载能力极限状态设计时，应采用以下两种效应组合

（1）基本组合。永久作用的设计值效应与可变作用设计值效应相结合。

（2）偶然组合。永久作用标准值效应与可变作用某种代表值效应、一种偶然作用标准值效应相组合。偶然作用的效应分项系数取 1.0；与偶然作用同时出现的可变作用，可根据观测资料和工程经验取用适当的代表值。地震作用标准值及其表达式按现行《公路工程抗震设计规范》规定采用。

3. 公路桥涵结构按正常使用极限状态设计时，应根据不同的设计要求，采用以下两种效应组合

（1）作用短期效应组合。永久作用标准值效应与可变作用频遇值效应相组合。

（2）作用长期效应组合。永久作用标准值效应与可变作用准永久值效应相组合。

四、支座

支座的类型很多，可根据桥梁跨径、支点反力和对支座建筑高度的要求等选用常用的支座有以下几种：

（一）垫层支座

由油毡、石棉泥或水泥砂浆垫层做成的简单的支座，10m 以下的跨径简支板、梁桥，可不设专门的支座，而将板或梁直接放在上述垫层上。变形性能较差，固定支座除了设垫层外，还应用锚栓将上下部结构相连。

（二）铸钢支座

1.弧形钢板支座

又称切线式支座或线支座。上支座为平板，下支座为弧形钢板，二者彼此相切而成线接触的支座。钢板采用约 40 ~ 50mm 的铸钢板或热扎钢板，缺点是移动时要克服较大的摩阻力，用钢量大，加工麻烦，一般用于中小桥梁中。

2.铸钢支座

采用碳素钢或优质钢，经过制模、翻砂、铸造、机械加工和热处理等工艺制成的支座。有尺寸大、耗钢量大，容易锈蚀和养护费用高等缺点。

（三）新型钢支座

1.不锈钢或合金钢支座

2.滑板钢支座

3.球面支座

又称点支座，为适应桥梁多方面转动的要求，将支座上、下两部分的接触面分别做成曲率半径相同的凸、凹的球面支座。

（四）钢筋混凝土支座

1.摆柱式支座

活动部分由钢筋混凝土摆柱构成的活动支座。外形和活动机理与割边的单辊轴钢支座相同，但在构造上则用矩形截面的钢筋混凝土短柱来代替辊轴的中间部分，辊轴的顶部和底部为弧形钢板，常用于跨径大于 20m 的钢筋混凝土或预应力混凝土梁桥。

2.混凝土铰

通过缩小混凝土截面来降低截面刚度，因此能产生少量转动而能承受足够的轴力的一种简化支座。

（五）板式橡胶支座

由几层橡胶片和嵌在其间的各类加劲物构成或仅由一块橡胶板构成的支座。外形有长方形、梯形、圆形等。

（六）盆式橡胶支座

橡胶块紧密地放置在钢盆里的大吨位橡胶支座。由于橡胶块受到三向压力作用，因此使支座的极限承载能力有所加强。

（七）拉力支座

又称负反力支座，可以同时承受正负反力的支座。分为拉力铰支座和拉力连杆支座两类，前者又分为固定式和活动式。固定式铰支的上摇座锚于梁端，下摇座锚于墩顶或桥台，之间用钢销连接而成；活动式的下摇座锚于墩顶或台顶的防拔块间，并在座下加辊轴，使其即能受拉，又能沿纵向移动。

（八）减震支座

附设有减震器而具有减震和抗震功能的支座。减震器分为油压减振器和橡胶减振器，减震器的机理主要是利用液体介质的粘滞性或橡胶的弹性所产生的阻尼力来减小地震力的影响。

五、支座构造

（一）垫层支座

由油毡、石棉泥或水泥砂浆垫层做成的简单的支座，10m 以下的跨径简支板、梁桥，可不设专门的支座，而将板或梁直接放在上述垫层上。变形性能较差，固定支座除了设垫层外，还应用锚栓将上下部结构相连。

（二）铸钢支座

1.弧形钢板支座

又称切线式支座或线支座。上支座为平板，下支座为弧形钢板，二者彼此相切而成线接触的支座。钢板采用约 40 ~ 50mm 的铸钢板或热扎钢板，缺点是移动时要克服较大的摩阻力，用钢量大，加工麻烦，一般用于中小桥梁中。

2.铸钢支座

采用碳素钢或优质钢，经过制模、翻砂、铸造、机械加工和热处理等工艺制成的支座。有尺寸大、耗钢量大，容易锈蚀和养护费用高等缺点。

（三）新型钢支座

1.不锈钢或合金钢支座

2.滑板钢支座

3.球面支座

又称点支座，为适应桥梁多方面转动的要求，将支座上、下两部分的接触面分别做成曲率半径相同的凸、凹的球面支座。

（四）钢筋混凝土支座

1.摆柱式支座

活动部分由钢筋混凝土摆柱构成的活动支座。外形和活动机理与割边的单辊轴钢支座相同，但在构造上则用矩形截面的钢筋混凝土短柱来代替辊轴的中间部分，辊轴的顶部和底部为弧形钢板，常用于跨径大于20m的钢筋混凝土或预应力混凝土梁桥。

2.混凝土铰

通过缩小混凝土截面来降低截面刚度，因此能产生少量转动而能承受足够的轴力的一种简化支座。

（五）板式橡胶支座

由几层橡胶片和嵌在其间的各类加劲物构成或仅由一块橡胶板构成的支座。外形有长方形、梯形、圆形等。

（六）盆式橡胶支座

橡胶块紧密地放置在钢盆里的大吨位橡胶支座。由于橡胶块受到三向压力作用，因此使支座的极限承载能力有所加强。

（七）拉力支座

又称负反力支座，可以同时承受正负反力的支座。分为拉力铰支座和拉力连杆支座两类，前者又分为固定式和活动式。固定式铰支的上摇座锚于梁端，下摇座锚于墩顶或桥台，之间用钢销连接而成；活动式的下摇座锚于墩顶或台顶的防拔块间，并在座下加辊轴，使其即能受拉，又能沿纵向移动。

（八）减震支座

附设有减震器而具有减震和抗震功能的支座。减震器分为油压减振器和橡胶减振器，减震器的机理主要是利用液体介质的粘滞性或橡胶的弹性所产生的阻尼力来减小地震力的影响。

第四节　桥梁工程施工方法及施工工艺

一、基础施工

1. 扩大基础施工

（1）施工放线：用经纬仪、水准仪复测桥位控制点位置及水准点高程，在桥位控制点位置及水准点高程检查无误后并均已放设出护桩的情况下，用经纬仪准确定出桥位，测出桥墩、台基础中心位置，并根据土质情况确定开挖坡度，本标段大中桥基坑根据设计要求，进入 W2 岩石时，垂直开挖，并满灌第一层砼。

（2）基坑周围排水及支挡

基坑开挖前，在四周开挖排水沟，向适当位置引流，陡坡地段基坑开挖，上侧设置挡土板，并清除危石，确保作业安全。

（3）基坑开挖

岸上基坑开挖：人工配合挖掘机作业，遇岩石时，人工打眼，放小炮处理，开挖时，根据不同土层，采取预留刷坡，确保基坑边坡稳定及基坑周边岩石不受破坏，多线桥墩台各线基础标高不同，同时错台开挖，相邻悬空部分利用 M5 号浆砌片石回填，台阶式基础开挖时，留有足够预留量，人工凿出台阶。

水中基坑开挖：采用草袋装土码砌围堰，中间填筑粘土并夯实。围堰施工时，先自河流的上游进行码砌，最后在下游封口。围堰完成后，用潜水泵抽出围堰内的水。抽水时，若有漏水地方，及时用草袋封堵。基坑采用人工开挖，在基坑一侧设汇水沟及集水坑，潜水泵抽水至坑外。基坑开挖时，根据地层情况设置板桩挡土，同时基坑四周 2 米范围内不设置机械，不堆放材料及弃土，防止边坡失稳。

（4）基底清理及灌筑砼

基底预留 30 厘米采用风镐及钢钎开挖，清理基底前，先行检测基底几何尺寸、标高，基底土质满足设计及规范要求后，报请监理工程师检查签证，合格后，立即组织灌筑基础砼。

基础砼灌筑按设计要求，嵌入 W2 基础第一层不支立模板，满灌砼，进行封存闭。砼浇筑设置滑槽，分层浇筑，并按规范要求设置接茬钢筋及片石，砼面凿毛清洗。

（5）养护及回填

基础砼采取覆盖晒水养护，达到拆模强度后，拆除模板，最后清除、基坑内积水，按设计要求回填。

2. 挖孔桩施工

（1）施工准备

在墩位处平整场地，测量出方桩基础中心线，并测定护桩，再在基础四周挖排水沟，截水引流至适当位置，并设置安全电压照明系统。

（2）孔口开挖及处理

支立护壁模板，浇筑护壁 C20 砼。孔口护壁在地面上设置外沿，30 厘米，外伸 50 厘米，防止挖井过程中井壁下沉及孔口落物伤人。

（3）开挖

土质地段采用人工开挖，进入硬岩时，利用 Y25 型风动凿岩机在井内进行凿岩作业，浅眼弱爆破施工。

（4）护壁

设计护壁采用 C20 砼，厚度 20 厘米，为便于砼浇注及振捣，施工时护壁采用倒梯形，上口厚 20 厘米，下口厚 15 厘米。每开挖 1 米后，支立护壁模板，浇注护壁砼，采用振捣棒振捣。

（5）灌注桩基础

当开挖接近基底时，预留 20 厘米，采用人工用钢钎凿除，清除浮碴。对截面尺寸、平整度，基岩性质检查合格后，绑扎桩身钢筋，尽快灌筑砼。砼在集中拌合站拌合，运输至现场，利用串筒入孔，插入式振捣器捣固。灌注至锁口标高时，安装锁口钢筋，浇筑锁口钢筋砼。

3. 挖孔桩施工

挖孔桩施工采用 C20 砼护壁，人工开挖，孔口设辘轳取土，并根据井内积水情况设置水泵抽水。

（1）施工准备

测量定位后，桩孔四周做好排水沟，布置出碴道路，设置安全照明线路及通风管路。孔口设固定木制护框，高出地面 30 厘米，四周夯实，防止土石掉入孔内伤人。

（2）挖孔

土质部分人工开挖，进入岩石地段后，风枪打眼，进行浅孔弱爆破施工，每次凿竖向炮眼 4～6 个，孔深 30～60 厘米，爆破采用 4 号硝铵防水炸药，每个炮眼装药量视地质情况为 0.2～0.4 公斤，安装毫秒雷管，导爆索起爆。采用手摇辘轳提开吊斗出碴，并弃至指定地点。开挖过程中，若孔内有水，在孔中心设积水坑，潜水泵排水。经常探测孔内空气情况，及时换气通风。

（3）砼护壁

根据设计要求采用 C20 砼进行护壁，护壁厚度 20 厘米，加工分块梯形模板，便于灌及拆模。

（4）钢筋笼制作安装同钻孔桩施工。

（5）桩身砼灌注

砼拌合站拌合，运输车运至场，人工串筒入孔，插入式振捣棒振捣，桩头比设计稍高，并覆盖浇水养护。达到设计强度后，凿除桩头浮浆至设计桩顶标高。当孔内有积水时，采用导管法灌注水下砼，施工工艺与钻孔桩施工相同。

（6）安放钢筋笼

钢筋笼采取分段制作，在四周焊接吊耳，确保钢筋保护层厚度满足设计要求。安装时利用职权吊车分节吊装，孔口焊接，焊接采用双面绑条焊，焊缝及同一断面接头数满足规范要求。钢筋就位后，上部与护筒用粗钢筋连接，防止砼灌注过程中浮笼。

（7）灌注水下砼

水下砼采用导管法灌注，导管直径 25 厘米，采用无缝钢管分节加工而成，设底节、中间节、调整短节三种。

二、承台施工

1. 承台基坑开挖前，测量工程师将承台大样放出，按 1∶0.5 坡度洒灰线，并留出工作面和排水沟位置，用人工配合挖掘机开挖到设计标高。

2. 桩头处理

基坑开挖完进行桩头处理，用风镐和铁钎将桩头截掉，露出坚硬桩身，并将伸入承台的主筋一并处理。

三、实心墩施工

实心墩采用工厂加工制作的定型组合钢模型，每节模板高度 2.0m，为两块半圆形拼装，螺栓连接，定型模板一次拼装到顶，外用碗扣式脚手架和风缆绳加固，以确保模板位置正确。模板接缝处用橡胶条密封，接缝不平整处用油灰加 909 胶抹平，以确保墩柱成型后，接缝不明显、美观。龙门架提升砼。

四、空心墩施工方法及模板组装设计

空心墩模板支立：全桥空心墩共计 5 个，高度分 31m、35m、44m、48m、35m，墩身坡度为 46∶1（65∶1）。模板设计如图，模板第一次支立高度为 1.5m，其墩身砼浇注完时，留工作缝，当砼达到强度后，接着向上绑扎钢筋和支立 1.5m 高模板，灌注砼，并留和模板一样平的工作缝。当砼强度达到拆模要求时，拆除底部 1.5m 高的模板，向上接着支立，如此循环向上支立。

模板拼装缝隙处采用橡胶条及油灰掺胶嵌缝，使模板接缝处平整。墩身模板用对拉螺杆控制墩壁尺寸和模板稳定。严格控制模板表面平整度，并符合桥涵施工便道技术规范，模板拼装支立前涂刷脱

（一）设计依据和设计原则

根据龙桥河大桥空心墩施工方案和桥墩构造图进行设计。要求翻模结构简单，装拆方便。

（二）、主要技术参数

1. 翻模组装尺寸

（1）外模：　　　　最大直径 D=5887mm

　　　　　　　　　最小直径 D=3800mm

（2）内模：　　　　最大直径 d=4020mm

　　　　　　　　　最小直径 d=2630mm

2. 模板高度与节数

模板高度为 1500mm，采用 3 节。

3. 内外模板间距（壁厚）尺寸：585 ～ 912mm。

（三）模板构造与使用原理

翻模由龙门提升架，工作平台，内外模板，内外吊架及附属设备等部件组成。

（1）门提升架

由立柱、横梁、吊盘、卷扬机组成。每组由两台龙门提升架构成。主要负责混凝土等施工材料的垂直运输和起升固定工作平台用。龙门架高 54m。

（2）工作平台

由工字钢横梁、槽钢辐射梁、步板、围栏等构件组成。是安装内外吊架，提升机具及堆放材料，工人作业的主要工作场地。平台采用龙门提升架或倒链提升。

（3）模板

模板分外模板、内模板两种。内外模板又由固定和抽条两种模板组成。

模板的构造是：面板采用 δ=4mm 钢板，连接盘采用 ∠ 63×63×6 角钢，筋板为 δ=6mm 钢板组焊成。周边用 M16×50 螺栓连接，内外模之间用 Φ16 拉杆和木支撑固定。模板翻升用 2t 倒链滑车吊运。

（4）内外吊架

由竖杆、横杆与步板组成。吊架为活动式，人力作用下沿辐射梁向里移动。内外吊架是拆装模板与混凝土养生浇水的作用架。

（5）附属设备

包括配电盘，养生浇水橡胶管，起重指挥信号。通信联络设备及翻模组装拆卸工具。

（四）施工准备工作

（1）劳动力组织

按翻模施工作业要求组织好作业工班，并指派专业技术干部负责实施。

（2）机具设备及材料

①按图清查翻模各零部件规格数量是否齐全。

②各种螺栓、螺母及垫圈应有备用量。

③机械机具设备性能良好，易损件应有备件。

④用电设备如配电盘、灯具、电线、电缆等应提前准备，规格数量要求齐全。

（4）予埋件

各种予埋件应按桥墩设计与施工要求提前制备和安装。

（5）施工场地与其他准备工作

①清理平整施工场地运输便道。

②测量放样并用砂浆找平模板基面。

③根据翻模施工要求，建立健全各项规章制度。

（五）施工工艺及技术要求

1. 工艺流程

龙门提升架组装→工作平台安装→翻模组装→绑扎钢筋→灌注混凝土→提升工作平台→模板翻升→模板拆除。

施工作业时，模板翻升，绑扎钢筋，灌注混凝土和工作平台提升等项工作循环进行，直至墩帽施工完为止。

2. 龙门提升架组装

1）组装顺序见图 2-1。

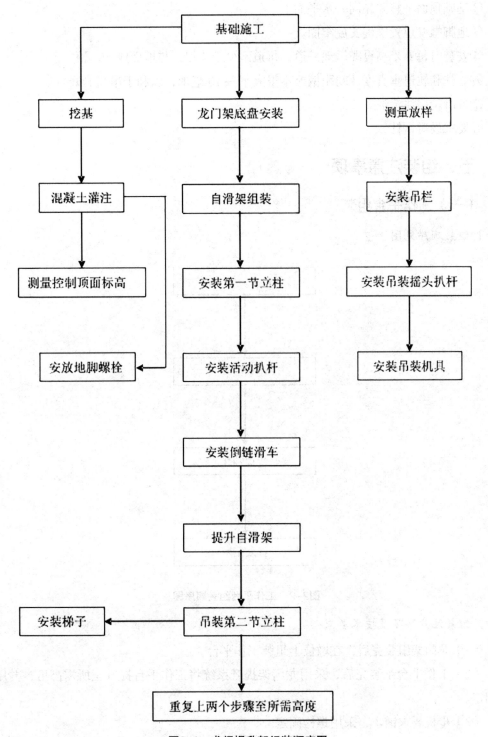

图2-1 龙门提升架组装顺序图

2）组装注意事项及技术要求

①基础混凝土强度达到要求后才允许安装。

②安装位置要求避开高压输电线，一般要保持 6 米距离。

③基础顶面平整并在同一水平面上。

④地脚螺栓位置准确安放牢固。

⑤安装时每 6 米高设缆风绳一道，每道不少于 4 根，与地面成 45° 角。

⑥立柱和轨道垂直度及间距偏差不得大于 ±10 毫米，以利于吊盘升降自如。

⑦各滑轮需注黄油。

⑧要求设避雷针。

五、组装注意事项

（一）工作平台组装

1. 组装顺序见图 2-2

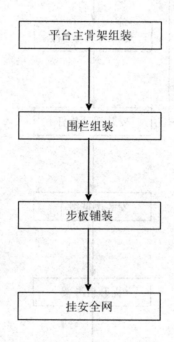

图2-2　工作平台组装顺序图

2. **组装注意事项及技术要求**

（1）龙门架组装完后，在墩位上组装工作平台。

（2）工作平台组装完后，采用龙门架提升系统将工作平台提升至所需高度，并用支腿固定。

（3）步板要求铺牢，采用螺栓固定。

（二）翻模组装

1. 组装顺序见图 2-3

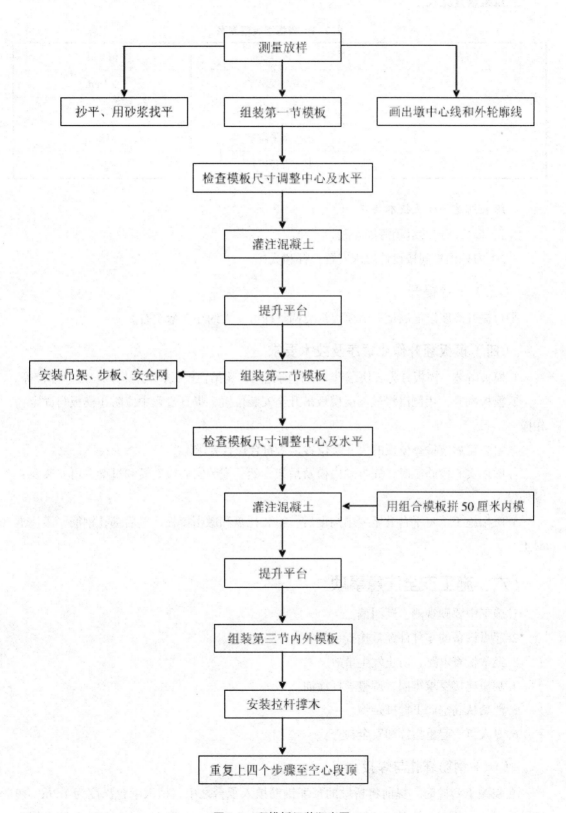

图2-3 翻模板组装顺序图

2.组装精度见表 2-1

表 2-1　模板组装精度表

序号	内容	精度值
1	每节高度误差	±1mm
2	模板结构中心线误差	≤5mm
3	模板水平高差	1‰
4	截面直径误差	±5mm

3.组装注意事项及技术要求

（1）模板间连接缝用海绵止漏。

（2）内外模板间按设计要求安置拉杆和支撑。

（三）平台提升

平台提升高度以能满足一节模板组装调整即可（大约在 2 米左右）。

（四）模板翻升作业顺序及技术要求

1.模板解体：模板分为 8 块翻升。解体前先用挂钩吊住模板，然后拆除拉筋、围带等。

2.模板翻升：用倒链将最下层模板吊升至安装位置，提升过程中应防止模板与固定物相撞。

3.组装完后应检查模板的尺寸及位置是否符合设计要求。

4.墩顶实心段施工时，先拆除内模及吊架，然后安装实心段底模和过梁，再安装实心段外模。

5.墩帽施工，将平台升至要求高度后，组装托盘和墩帽模板，然后绑扎钢筋，灌注混凝土。

六、施工安全注意事项

1.施工中要勤观测、勤纠偏。

2.起重设备的零部件经常检查、保养。

3.经常检查电路，防止发生事故。

4.翻模连接要求牢固，调整丝杆涂油。

5.严禁从高空向下抛掷杂物。

6.专人负责起重指挥和安全检查。

（一）钢筋绑扎与焊接

在浇注承台砼时，提前将桥墩的预埋钢筋植入承台之中，植入承台深度为 1.2m，使钢筋高于承台顶面，并保证钢筋向上接长时，接头不在同一截面上，上下接头间距及接头数量要满足《铁路桥涵施工技术规范》的规定，钢筋每次绑扎高度随每次模板支立高度相应调整，钢筋（主筋）接头采用电渣压力焊和挤压套筒连接两种形式，接头技术参数应符合相应的工艺要求。绑扎后的主筋、箍筋间距要符合设计要求，偏差不得大于 2cm，对于主钢筋要经常校正其位置，以保证钢筋轴线顺直，与设计图纸相符。钢筋应保证外观无锈蚀，无污物和油渍，绑扎牢固，钢筋保护采用预制砼垫块绑扎在主筋上，使钢筋骨架在模板内坚固不晃动。

（二）砼灌注

当对模板支架和钢筋检查合格后，方可浇筑砼。砼水平运输采用机动翻斗车，运输时间控制在 45 分钟以内，超过这个时间，进行二次拌合。垂直运输采用龙门架提升，第一次连续灌注砼 3 米，以后每次灌注 1.5 米，砼采用人工翻锹挂串筒入模，工人进入模板内振捣（注壁厚 0.83 米），砼分层振捣，每层厚度不超过 30cm，插入式振捣棒要保证密实和控制好插入点问题，防止漏振，振捣上一层砼时要保证插入下层砼 5 ~ 10cm，对每一层振捣部位，必须振动到该部位砼密实为止，标志是砼停止下沉，下再冒出气泡，表面平坦，并开始泛浆。每次砼浇筑要保证连续进行，如因物殊原因必须间断时，要保证其间断时间小于前层砼的初凝时间，控制在 1.5 个小时以内，超过这个时间，按施工缝处理，施工缝位置必须设在模板接缝处。

施工缝处理：

龙桥河大桥空必墩施工缝位置均设在模板接缝处，每墩第一次设在距底面 3m 处，以后每浇筑 1.5m 设一次施工缝。

当砼强度达到 2.5Mpa 时，用人工凿除，靠近钢模板处用手动砂轮机将砼面磨平，使之与模板上顶面齐平，以便浇筑后砼施工缝保证一条线。

经凿毛处理的砼面，应用水冲洗干净，在浇筑次层砼前，施工缝处应铺一层厚度为 1 ~ 2cm 的 1：2 水泥砂浆，以便上下层砼连接紧密。

砼养护采用塑料薄膜围护，增加湿度，减少水分蒸发。

七、桥台施工

桥台采用支立组合钢模施工，分节浇筑，施工中按规范要求作好砼接茬。

八、托盘及顶帽

采用组合钢模施工，龙门架提升砼。

九、桥梁附属工程

该桥附属包括台后填土、桥台两侧 M5 浆砌片石防护、锥体护坡、桥面系工程，施工中严格按规范进行浆砌片石工程，做好排水及垫层，桥面板系用钢模预制，栏杆集中加工安装。

龙桥河大桥考虑到与汪家溪隧道和龙桥隧道施工干扰较大，将该桥工期定为 2001 年 4 月 20 日 ~ 2002 年 3 月 20 日，总工期为 11 个月。

十、安全质量保证体系

1. 施工质量保证措施

1）加强技术质量培训工作，针对工工程的技术要求，每位职工上岗前进行全面技术培训并考核，考核合格后才能上岗。

2）建立健全质量保证体系，我队设置专职质量检查员：建立施工队长负责制的质量管理体系。

3）积极配合项目部实验人员认真做好实验工作，以确保满足施工进度和质量的要求。

4）严格按照规范要求施工，执行签证制度。通过控制工序质量，确保工程质量。

5）加强质检教育，增强全体人员的创优意识。

6）强化原材料、半成品、成品的质量检验，认真及时的做好隐蔽工程的检查工作。

7）开展群众性质检活动，并针对工程质量通病及关键工序开展 QC 小组活动，对有成果的 QC 小组及时表彰和奖励。

2. 安全保证措施

安全为了生产，生产必须安全、优质、高速完成工程施工任务。

1）坚持"安全第一，预防为主"的方针，对全体职工进行不间断的安全教育和操作规范指导，使每位施工人员和管理者都清楚地意识到安全的重要性。

2）设立安全检查机构，由安全工程师进行安全指导和检查，做到有备无患。

3）坚持科学施工，严格执行操作规程，杜绝冒险蛮干，违章作业发生。

4）高空作业时，必须系好安全带或安全绳。

5）在危险地方设立醒目标志，严禁人员靠近、跨越。

6）为防止高空附物，在墩壁处适当位置搭设安全网及防护棚，操作平台上的护栏，全部挂安全网，强调进现场一律戴安全帽。

7）设置安全标志，非施工人员不得进入施工现场，进入现场必须戴安全帽。

3. 季节性施工措施

雨季施工措施：雨季期间，会给工程的砼施工增加很大的难度，因此采取了有效措施：

1）及时掌握天气预报，调整好砼施工的时间，下雨天尽量不浇注砼。

2）遇雨天时，对拌合站、小型机动翻斗车及浇注地点采取用塑料薄膜或雨棚布遮雨等措施，防止雨水直接淋浇砼。

3）基坑四周开挖排水沟截地表水，并备有抽水泵排水。

4）加强现场调度指挥，周密计划，搞好工序衔接。

第三章　隧道工程

道路隧道的建设过程主要为隧道规划、勘测、设计、贯通控制测量和施工等工作。为缩短距离和避免大坡道而从山岭或丘陵下穿越的称为山岭隧道；为穿越河流或海峡而从河下或海底通过的称为水下隧道；为适应铁路通过大城市的需要而在城市地下穿越的称为城市隧道。这三类隧道中修建最多的是山岭隧道。

一、历史沿革

自英国于 1826 年起在蒸汽机车牵引的铁路上开始修建长 770 米的泰勒山单线隧道和长 2474 米的维多利亚双线隧道以来，英、美、法等国相继修建了大量铁路隧道。19 世纪共建成长度超过 5 公里的铁路隧道 11 座，有 3 座超过 10 公里，其中最长的为瑞士的圣哥达铁路隧道，长 14998 米。1892 年通车的秘鲁加莱拉铁路隧道，海拔 4782 米，是现今世界最高的标准轨距铁路隧道，目前国内青藏铁路风火山隧道为世界海拔最高的单线铁路隧道。在 19 世纪 60 年代以前，修建的隧道都用人工凿孔和黑火药爆破方法施工。1861 年修建穿越阿尔卑斯山脉的仙尼斯峰铁路隧道时，首次应用风动凿岩机代替人工凿孔。1867 年修建美国胡萨克铁路隧道时，开始采用硝化甘油炸药代替黑火药，使隧道施工技术及速度得到进一步发展。

在 20 世纪初期，欧洲和北美洲一些国家铁路形成铁路网，建成的 5 公里以上长隧道有 20 座，其中最长的瑞士和意大利间的辛普朗铁路隧道长 19.8 公里。美国长约 12.5 公里的新喀斯喀特铁路隧道和加拿大长约 8.1 公里的康诺特铁路隧道都采用中央导坑法施工。其施工平均年进度分别为 4.1 和 4.5 公里，是当时最高的施工进度。至 1950 年，世界铁路隧道最多的国家有意大利、日本、法国和美国。日本至 20 世纪 70 年代末共建成铁路隧道约 3800 座，总延长约 1850 公里，其中 5 公里以上的长隧道达 60 座，为世界上铁路长隧道最多的国家。1974 年建成的新关门双线隧道，长 18675 米，为当时世界最长的海底铁路隧道。1981 年建成的大清水双线隧道，长 22228 米，为世界最长的山岭铁路隧道。连接本州和北海道的青函海底隧道，长达 53850 米，为当今世界最长的海底铁路隧道。

20 世纪 60 年代以来，隧道机械化施工水平有很大提高。全断面液压凿岩台车和其他大型施工机具相继用于隧道施工。喷锚技术的发展和新奥法的应用为隧道工程开辟了新的途径。掘进机的采用彻底改变了隧道开挖的钻爆方式。盾构构造不断完善，已成为松软、含水地层修建隧道最有效的工具。

中国于 1887 ~ 1889 年在台湾省台北至基隆窄轨铁路上修建的狮球岭隧道，是中国的第一座铁路隧道，长 261 米。此后，又在京汉、中东、正太等铁路修建了一些隧道。京张铁路关沟段修建的 4 座隧道，是用中国自己技术力量修建的第一批铁路隧道。其中最长的八达岭铁路隧道长为 1091 米，于 1908 年建成。中国在 1950 年以前，仅建成标准轨距铁路隧道 238 座，总延长 89 公里。自 20 世纪 50 年代以来，隧道修建数量大幅度增加，1950 ~ 1984 年期间共建成标准轨距铁路隧道 4247 座，总延长 2014.5 公里，成为世界上铁路隧道最多的国家之一。此外，中国还建有窄轨距铁路隧道 191 座，总延长 23 公里。截至 1984 年，中国共建成 5 公里以上长隧道 10 座，最长者为京原铁路的驿马岭铁路隧道，长 7032 米。现正在施工的京广铁路衡韶段大瑶山双线隧道，长 14.3 公里。中国最高的铁路隧道是青藏铁路关角铁路隧道，长 4010 米，海拔 3690 米。中国铁路隧道约有半数以上分布在川、陕、云、贵 4 省。成昆、襄渝两条铁路干线隧道总延长分别为 342 及 282 公里，占线路总长的比率分别为 31.6% 和 34.3%。

二、隧道勘测

为确定隧道位置、施工方法和支护、衬砌类型等技术方案，对隧道地处范围内的地形、地质状况，以及对地下水的分布和水量等水文情况要进行勘测。

在隧道勘测和开挖过程中，须了解围岩的类别。围岩是隧道开挖后对隧道稳定性有影响的周边岩体。围岩分类是依次表明周围岩石的综合强度。中国在 1975 年制定的铁路隧道工程技术规范中将围岩分为 6 类。关于岩石分类 20 世纪 70 年代以前常用泰沙基及普氏等岩石分类方法。70 年代以后在国际上应用较广并为国际岩石力学学会推荐的为巴顿等各种分级系统。此外，还有日本以弹性波速为主的分类法。围岩的类别的确定，为隧道工程设计合理和施工顺利提供了依据。

三、隧道设计

包括隧道选线、纵断面设计、横断面设计、辅助坑道设计等。

1. 选线

根据线路标准、地形、地质等条件选定隧道位置和长度。选线应作多种方案的比较。长隧道要考虑辅助坑道和运营通风的设置。洞口位置的选择要依据地质情况。考虑边坡和仰坡的稳定，避免塌方。

2. 纵断面设计

沿隧道中线的纵向坡度要服从线路设计的限制坡度。因隧道内湿度大，轮轨间粘着系数减小，列车空气阻力增大，因此在较长隧道内纵向坡度应加以折减。纵坡形状以单坡和人字坡居多，单坡有利于争取高程，人字坡便于施工排水和出碴。为利于排水，最小纵坡一般为 2‰ ~ 3‰。

3. 横断面设计

隧道横断面即衬砌内轮廓，是根据不侵入隧道建筑限界而制定的。中国隧道建筑限界分为蒸汽及内燃机车牵引区段、电力机车牵引区段两种，这两种又各分为单线断面和双线断面。衬砌内轮廓一般由单心圆或三心圆形成的拱部和直边墙或曲边墙所组成。在地质松软地带另加仰拱。单线隧道轨面以上内轮廓面积约为 27 ~ 32 平方米，双线约为 58 ~ 67 平方米。在曲线地段由于外轨超高车辆倾斜等因素，断面须适当加大。电气化铁路隧道因悬挂接触网等应提高内轮廓高度。中、美、苏三国所用轮廓尺寸为：单线隧道高度约为 6.6 ~ 7.0 米、宽度约为 4.9 ~ 5.6 米；双线隧道高度约为 7.2 ~ 8.0 米，宽度约为 8.8 ~ 10.6 米。在双线铁路修建两座单线隧道时，其中线间距离须考虑地层压力分布的影响，石质隧道约为 20 ~ 25 米，土质隧道应适当加宽。

4. 辅助坑道设计

辅助坑道有斜井、竖井、平行导坑及横洞四种。斜井是在中线附近的山上有利地点开凿的斜向正洞的坑道。斜井倾角一般在 18° ~ 27° 之间，采用卷扬机提升。斜井断面一般为长方形，面积约为 8 ~ 14 平方米。竖井是由山顶中线附近垂直开挖的坑道，通向正洞。其平面位置可在铁路中线上或在中线的一侧（距中线约 20 米）。竖井断面多为圆形，内径约为 4.5 ~ 6.0 米。平行导坑是距隧道中线 17 ~ 25 米开挖的平行小坑道，以斜向通道与隧道连接，亦可作将来扩建为第二线的导洞。中国自 1957 年修建川黔铁路凉风垭铁路隧道采用平行导坑以来，在 58 座长 3 公里以上的隧道中约有 80% 修建了平行导坑。横洞是在傍山隧道靠河谷一侧地形有利之处开辟的小断面坑道。

此外，隧道设计还包括洞门设计、开挖方法和衬砌类型的选择等。

四、控制测量

隧道测量是为了保证测量的中线和高程在隧道贯通面处的偏差不超出规定的限值。

中线平面控制。长隧道以往多用三角网，短隧道多用导线法，借以控制中线的偏差。自 20 世纪 50 年代以来，中国在 1 公里以上长度的隧道测量中采用导线法也能控制隧道的贯通误差。光电测距仪的出现和发展，解决了量距的困难。山岭隧道洞外及洞内都采用主副闭合导线法，即在主导线上测角并用光电测距仪量距，在副导线上只测角不量距。由主副导线所组成的多边形，只平差其角度，不平差其长度。这样主副导线法比三角网法简单实用，比单一导线法可靠。中国大瑶山双线隧道即采用主副闭合导线法作为中线平面控制。

在隧道进行中线测量以前，就要考虑将来隧道打通后的偏差数值。根据隧道的长度和平面形状，在地形图上先行布置测点的位置和预计的贯通点，并在平面图上量出必要的尺寸，再根据规范规定的极限误差试算出测角和量距的必要精度，然后进行测量。这个过程叫作测量设计或叫作隧道贯通误差的预计 4 公里以下的隧道中线贯通极限误差为 ±100 毫米；4 ~ 8 公里的隧道中线贯通极限误差为 ±150 毫米。

高程控制短隧道应用普通水平仪，长隧道应用精密水平仪即能保证需要达到的精度。高程贯通极限误差为 ±50 毫米。

五、隧道开挖

开挖方法分为明挖法和暗挖法。明挖法多用于浅埋隧道或城市铁路隧道，而山岭铁路隧道多用暗挖法。按开挖断面大小、位置分，有分部开挖法和全断面开挖法。在石质岩层中采用钻爆法最为广泛，采用掘进机直接开挖也逐渐推广。在松软地质中采用盾构法开挖较多。

1. 钻爆法

在隧道岩面上钻眼，并装填炸药爆破，用全断面开挖或分部开挖等将隧道开挖成型的施工方法。

钻爆法开挖作业程序包括测量、钻孔、装药、爆破、通风、出碴、锚杆、立架、挂网、喷锚等工序。

①钻孔：要先设计炮孔方案，然后按设计的炮孔位置、方向和深度严格钻孔。单线隧道全断面开挖，采用钻孔台车配备中型凿岩机，钻孔深度约为 2.5 ~ 4.0 米。双线隧道全断面开挖采用大型凿岩台车配备重型凿岩机，钻孔深度可达 5.0 米。炮孔直径约为 4 ~ 5 厘米。炮孔分为掏槽孔（开辟临空面）、掘进孔（保证进度）和周边孔（控制轮廓）。

②装药：在掘进孔、掏槽孔和周边孔内装填炸药。一般装填硝胺炸药，有时也用胶质炸药。装填炸药率约为炮眼长度的 60% ~ 80%，周边孔的装药量要少些。为缩短装药时间，可把硝胺炸药制成长的管状药卷，以便填入炮眼；也可利用特制的装药机械把细粒状药粉射入炮孔中。

③爆破：19 世纪上半期以前用明火起爆。1867 年美国胡萨克铁路隧道开始采用电力起爆。此后，电力起爆逐渐推广。在全断面掘进中，为了减低爆破对围岩的震动和破坏，并保证爆破的效果，多采用分时间阶段爆破的电雷管或毫秒雷管起爆。一般拱部采用光面爆破，边墙采用预裂爆破。近期发展的非电引爆的导爆索应用日益广泛。

④施工通风：排出或稀释爆破后产生的有害气体和由内燃机产生的氮氧化物及一氧化碳，同时排除烟尘，供给新鲜空气，借以保证隧道施工人员的安全和改善工作环境。通风可分主要系统和局部系统。主要系统可利用管道（直径一般为 1 ~ 1.5 米，也有更大的）或巷道（平行导坑等），配以大型或中型通风机；局部系统多用小型管道及小型通风机。巷道通风多采用吸出式，将污浊空气吸出洞外，新鲜空气由正洞流入。新鲜空气不易达到的工作面，须采用局部通风机补充压入。

⑤施工支护：隧道开挖必须及时支护，以减少围岩松动，防止塌方。施工支护分为构件支撑和喷锚支护。构件支撑一般有木料、金属、钢木混合构件等，现在使用钢支撑者逐渐加多。喷锚支护是 20 世纪 50 年代发展起来的一种支护方法，其特点是支护及时、稳固

可靠，具有一定柔性，与围岩密贴，能给施工场地提供较大活动空间。中国在一些老黄土隧道中应用喷锚支护也获得成功。喷射混凝土工艺分为干喷和湿喷。现多采用干喷法，即将干拌混凝土内掺入一定数量的速凝剂，用压缩空气将混凝土由管内喷出。在喷口加水射到岩石面上，一次可喷 3 ~ 5 厘米厚度。在喷射混凝土中掺入一些钢纤维，或在岩面挂钢丝网可提高喷锚支护的强度。钢锚杆安设在岩层面上的钻孔内，其长度和间距视围岩性质而定，一般长度为 2 ~ 5 米，通常用树胶和水泥浆沿杆体全长锚固。在岩层较好地段仅喷混凝土即可得到足够的支护强度。在围岩坚硬稳定的地段也可不加支撑。在软弱围岩地段喷锚可以联合使用，锚杆应加长，以加强支护力。

　　⑥装碴与运输：在开挖作业中，装碴机可采用多种类型，如后翻式、装载式、扒斗式、蟹爪式和大铲斗内燃装载机等。运输机车有内燃牵引车、电瓶车等，运输车辆有大斗车、槽式列车、梭式矿车及大型自卸汽车等。运输线分有轨和无轨两种。

　　由钻孔直到出碴完毕称为一个开挖循环。根据中国的经验，在单线全断面开挖中 24 小时能做两个循环，每个循环能进 3.5 米深度，每日单口进度可达 7 米。然而在开挖中难免遇到断层或松软石质以及涌水等，不易保持每日的预计循环，所以每月单口实际进度多低于 200 米。中国成昆线蜜蜂箐单线隧道单口最高月进度曾达到 200 米。日本大清水双线隧道单口最高月进度曾达到 160 米。开挖循环作业的特点是一个工序接一个工序必须逐项按时完成，否则前一工序推迟就会影响下一工序，因而拖长全部时间。其中最主要的工序为钻孔及出碴，所用时间占全部作业时间比例较大。

　　钻爆法开挖采用的方法有全断面开挖法和分部开挖法。

　　①全断面开挖法：一次开挖成型的方法。一般采用带有凿岩机的台车钻孔，用毫秒爆破，喷锚支护。还要有大型装碴运输机械和通风设备。全断面开挖法又演变为半断面法。半断面法是弧形上半部领先，下半部隔一段距离施工。

　　②分部开挖法：先用小断面超前开挖导坑，然后，将导坑扩大到半断面或全断面的开挖方法。这种方法主要优点是可采用轻型机械施工，多开工作面，各工序间拉开一定的安全距离。缺点是工序多，有干扰，用人多。根据导坑在隧道断面的位置分为：上导坑法、中央导坑法、下导坑法以及由上下导坑互相配合的各种方法，另有把全断面纵向分为台阶进行开挖，而各层台阶距离较短的台阶法。

　　上导坑法适用于软弱岩层、衬砌顺序是先拱后墙，曾于 1872 ~ 1881 年为圣哥达隧道采用。中国短隧道一般用这种方法。中央导坑法是导坑开挖后向四周打辐射炮眼爆破出全断面或先扩大上半部。20 世纪初美洲曾用这种方法，20 年代美国新喀斯喀特隧道也用这种方法。下导坑法即下导坑领先的方法。其中包括：a.上下导坑法，利用领先的下导坑向上预打漏斗孔，便于开展上导坑等多工序平行作业。衬砌顺序多用先拱后墙，遇围岩较好时亦可改为先墙后拱。b.漏斗棚架法，适用于坚硬地层，以下导坑掘进领先，由下而上分层开挖，设棚架，先衬砌边墙后砌拱。1961 ~ 1966 年在中国成昆线关村坝铁路隧道应用，1964 年复工后取得平均单口月成洞 152 米的进度。c.蘑菇形法，同漏斗棚架法类似，也设棚架，但先衬砌拱部后砌边墙。1971～1973 年在枝柳线彭莫山单线隧道应用，取得平均单口月成洞 132 米的进度。d. 侧壁导坑法，两个下导坑领先，环形开挖，最后挖掉中心土体，衬砌顺序为先墙后拱，多用于围岩很差的双线隧道。也有采用上导坑领先及两个下导坑成品字形的。更多相关题目：

全断面开挖法和分部开挖法是钻爆法开挖常用的方法，但隧道施工很复杂，时常遇到各种困难情况，如大断层、流沙、膨胀地层、溶洞、大量涌水等，尚需采取相应措施。

2. 盾构法

采用盾构作为施工机具的隧道施工方法。1825 年在伦敦泰晤士河水下隧道首先试用盾构，并获得成功。此后，松软地质多采用盾构法开挖。盾构是一种圆形钢结构开挖机械，其前端为切口环，中间为支撑环，后端为盾尾。开挖时，切口环首先切入地层并能掩护工人安全地工作；支撑环是承受荷载的主要部分，其中安设多台推进盾构的千斤顶及其他机械；盾尾随着上述两部分前进，保护工人安装铸铁管片或钢筋混凝土管片。盾构法适用于松软地层，施工安全，对地层扰动少，控制围岩周边准确，极少超挖。日本丹那铁路隧道曾采用盾构法施工。

3. 掘进机法

在整个隧道断面上，用连续掘进的联动机施工的方法。早在 19 世纪 50 年代初，美国胡萨克隧道就试用过掘进机，但未成功。直到 20 世纪 50 年代以后才逐渐发展起来。掘进机是一种用强力切割地层的圆形钢结构机械，有多种类型。普通型的掘进机的前端是一个金属圆盘，以强大的旋转和推进力驱动旋转，圆盘上装有数十把特制刀具，切割地层，圆盘周边装有若干铲斗将切割的碎石倾入皮带运输机，自后部运出。机身中部有数对可伸缩的支撑机构，当刀具切割地层时，它先外伸撑紧在周围岩壁上，以平衡强大的扭矩和推力。掘进机法的优点是对围岩扰动少，控制断面准确，无超挖，速度快，操作人员少。

4. 隧道衬砌

隧道开挖后，为使围岩稳定，确保运营安全，需按一定轮廓尺寸建造一层具有足够强度的支护结构，这种隧道支护结构称为隧道衬砌。常用的衬砌种类有就地灌注混凝土类、预制块拼装、喷锚或单喷混凝土、复合式衬砌。复合式衬砌是在喷锚或单喷支护之后，再就地灌注一层混凝土，形成喷锚支护同混凝土衬砌结合的复合式衬砌结构。如遇有水地段可在两层支护间加挂一层塑料板或做其他防水层。

六、发展现状

随着社会经济水平的持续发展和人们对生活质量要求的不断提高，中国的交通运输及工程建设规模与数量在总体上呈现出不断增长的趋势。由于我国经济的迅速发展、城市人口的急剧增长以及复杂的国际局势和我国周边态势，为解决人口流动与就业点相对集中给交通、环境等带来的压力，满足国家环境和局势变化需求，修建各种各样的隧道及地下工程（如城市地铁、公路隧道、铁路隧道、水下隧道、市政管道、地下能源洞库等）成为必然趋势，这给隧道及地下工程的发展建设带来了机遇。隧道作为地下通道的工程建筑物，具有某些其他工程无法比拟的优势，因此也呈现出了非常明显的增长趋势，具体表现为里程数不断增加，特长和长大隧道以及大规模隧道群不断涌现，以隧道方式跨越水域的工程日益增加。隧道作为交通运输线路上的工程结构物，具有重大的社会、经济效益。特别是在山岭地区可克服地形或高程障碍，改善线形，缩短里程，节省时间，减少对植被的破坏；在城市可减少地面用地，对疏导交通起到积极的作用；在江河、海峡和港湾等地区，可不影响水路通航，提高舒适性，增加隐蔽性且不受气候影响。由此可见，隧道建设对于交通的发展起着积极的促进作用。

国外隧道工程技术发展较早，而且技术成熟，机械化程度相对较高。目前世界上隧道工程正向着机械自动化、大跨度、大里程的方向发展，日本及欧美等国家正在修建新的高速公路网，已开始规模性的修建大跨度三车道公路隧道，开挖跨度已达21m，1998年通车的德国最大的高速公路隧道恩格贝山隧道，开挖断面积已达265m²，而挪威正在修建的Aurland-Laerdal公路隧道，长度达24km。日本、德国、意大利等一些发达国家对大跨度隧道理论体系较为完善，施工技术经验非常丰富。中国前后引进了新奥法、新意法、盾构法等一系列先进技术，使我国隧道工程技术得到快速发展。

我国隧道及地下工程事业至20世纪80年代以来，得到了快速发展。进入21世纪以来，中国公路隧道年均增长率高达20%，且有逐年加快的趋势，仅前十年公路建设年均隧道里程就高达555km，隧道建设与营运技术得到了长足发展。先后建成了沪蓉高速华蓥山隧道（4.067km）、二广高速雁门关隧道（5.235km）、福银高速美菰林隧道（5.580km）、沪渝高速方斗山隧道（7.605km）和秦岭终南山公路隧道（18.02km）等一批标志性特长隧道工程。其中，秦岭终南山公路隧道已成为中国目前运营最长的公路隧道。在铁路方面，随着高速铁路快速发展，隧道工程在铁路建设中的比重越来越大。在已投入运营的客运专线中，隧道占有很大的比例，比如：甬温线隧道占全线总长32.48%；石太线隧道占全线总长39.4%；温福线隧道占全线总长54.8%。而且铁路隧道也向着大里程、特大断面方向发展，目前铁路运营最长的山岭隧道是太行山隧道，长27.848km；运营最长的水下隧道是狮子洋隧道，长度10.80km。在建铁路最长的隧道为关角隧道，长32.645km；规划待建最长的铁路隧道为高黎贡山隧道，长34.538km。由此可以看出在高速铁路迅速发展的同时，隧道尤其是铁路隧道的发展也是非常迅速的。

此外，还有地铁隧道工程的发展也不容小觑。当今世界，地下铁道发展迅速，各发达国家拥有百万以上人口的大都市，大都修建地铁来缓解和改善交通紧张状况。就我国人口众多而言，更应该发展地铁工程，我国的地铁也有着良好的前景。截至2013年年末，中国大陆已有19个城市开通了地铁，拥有83条运营线路，总里程达2746km；至2014年年底，运营里程会超过3000km。另有15个城市的首条地铁线正在建设中。目前全部在建的地铁线路达106条，总里程超过2400km。据不完全统计，北京、上海、广州地铁的客运量已超过公共交通客流量的 40% 以上，部分时点接近 70%。所以地铁隧道将是未来城市交通的主要发展方向。

七、发展趋势

近年来，随着我国隧道及地下工程建设事业的较快发展，隧道修建技术水平有了明显的提高，表现在项目规划、勘测设计、施工建造和运营管理等各个方面。

在勘测与地质预报方面，随着复杂地质条件下大埋深和长洞线隧道工程的不断增多，各种新技术的使用，不仅提高了勘测效率，也大幅度提高了控制精度的等级。如遥测遥感、多点高频物探和高速地质钻机的综合使用，使得地质及水文资料的信息量和准确度大为增强；地球卫星定位系统（GPS）的应用，不仅使野外勘测工作效率翻倍、费用减少，而且使控制精度等级提高；地质预报方面：地质素描、物探与钻探相结合，长短距离预报相结合，预报资料与地质分析相结合，使得预报的准确度大为提高。主要物探技术有 TSP、HSP、陆地声纳、直流电法、地质雷达等，钻探技术有中长距离钻探、超长炮孔等。岩层中应力应变的量测技术、电子计算机技术等的广泛应用，使隧道勘测设计技术水平也有很大提高。

在设计技术方面，引入了 BIM 技术，建立了地下立体互通理念，在隧道扁平度、隧道埋深方面都有很大突破。涌现出一批新型隧道结构形式，诸如分岔隧道等，并形成了地下立体互通的设计理念，立体交叉广泛应用于公路、铁路隧道和地铁中，如长沙营盘路湘江隧道。

在隧道施工方面，目前，我国隧道浅埋暗挖法施工技术处于世界领先水平。钻爆法是目前隧道施工的主要方法，近年来中国自主研制的施工机械也大量涌现，先后自主研制了液压凿岩台车、挖装机、自动机械化喷射混凝土设备、拱架安装机、移动栈桥、模板台车等一系列装备。尤其是盾构和 TBM 技术的发展，在城市地铁及隧道的施工过程中，极大提高了工作效率。

在隧道工程防灾减灾方面，随着复杂地质条件下大埋深和长洞线隧道工程的不断增多，地质灾害频率也呈上升趋势。目前我国隧道地质灾害主要包括突水突泥、岩爆、岩溶、大变形和高瓦斯等。对于这些灾害，在隧道整个的勘察、设计、施工、运营管理都进行了预测预警与控制技术，尽量减少灾害，减少损失。

第四章　高速公路日常养护与维修

高速公路作为我国的重要交通纽带来说，正发挥着越来越重要的作用，然而在经理的大规模的高速公路建设之后，随之而来的是任务繁重的养护和维修，而且病害呈逐渐发展趋势。公路维修养护是高速公路运营管理的重要组成部分，是保证高速公路优良服务水平的主要手段之一。及时发现高速公路不同程度的损坏并有效修复这些损坏，有利于保持高速公路良好的使用状态和服务水平，有利于向使用者提供安全、快捷、舒适、经济、优美的行车环境，有利于树立高速公路的对外形象，最终提高高速公路的经济效益和社会效益。

第一节　路基的维修保养

路基路面是公路最重要的组成部分，是公路养护的重点内容和部位。由于其病害的发生，直接影响公路的使用功能，倍受公路界的重视。公路路基路面病害的处置约占养护费用的80%以上，处置效果除施工质量等因素外，往往因垂直方案失当而效果甚微，得不偿失。随着道路路基研究的成果的增加，公路养护的水平不断提高。

一、常见的路基病害

1.路基沉陷

路基沉陷是指路基在垂直方向产生较大不均匀下陷的现象，造成局部路段破坏，影响正常交通。常见的路基沉陷有两种情况：（1）路基的沉落：由于填料选择不当，填筑方法不合理，压实不足，在重载和水温作用下，造成堤身向下沉陷；（2）地基的沉陷：原地面若为软弱土层，例如泥沼、流沙或垃圾堆积等，填筑前未经换土或压实，造成承载力不足，发生侧面剪裂凸起，地基发生下沉，引起路堤堤身下陷。

2.路基边坡的坍方

路基边坡的坍方是最常见的路基病害，按其破坏规模与原因的不同，路基边坡坍方可分为剥落、碎落、滑坍、崩坍等。

3.路基沿山坡滑动

在较陡的山坡填筑路基，如果原地面较光滑，未经凿毛或人工挖筑台阶，或丛草未清除，坡脚又未进行必要的支撑，特别是在受到水的浸润后，填方路基与原地面之间摩阻力减小，在荷载及自重作用下，有可能使路基整体或局部沿地面向下移动，使路基失去整体稳定性。

4. 不良地质水文条件造成的路基破坏

（1）不良的工程地质与水文条件，如地质构造复杂，岩层走向及倾角不利，岩性松散，风化严重，土质较差，地下水位较高以及其他特殊不良地质灾害等。

（2）不利的水文与气候因素，如降雨量大、洪水、干旱、冰冻、积雪或温差过大等。

（3）设计不合理，如断面尺寸不合要求，其中包括边坡值不当，边坡过高，挖填布置不符合要求，路基处于满湿或过湿状态，排水不良，防护与加固不妥等。

（4）施工不符合有关规定，如填筑顺序不当，土基压实不足，盲目采用大型爆破，以及不按设计要求和操作规程进行施工，工程质量没有达到应有的标准。

5. 路基翻浆

路基翻浆是指路基经过秋季雨水的冲击，冬季降雪造成路面冻结，春融时路基或路面基层含水率过大，强度急剧降低，在行车作用下造成路基湿软弹簧、路面破裂、冒出泥浆的现象。造成翻浆的因素为：地面排水困难，路基填土高度不足，路基水分积聚较多，加速了路基的水损坏；若是粉性土质路基，毛细上升速度快，作用强，为水分向上积聚创造了条件；春融期降雨加剧湿度积聚和翻浆；设计不当、施工质量问题、养护管理不到位、交通量过大等人为因素。

二、日常维护内容

维修、加固路肩、边坡；疏通、改善排水设施；维护、修理各种防护构造物；清除坍方、积雪，处理塌陷，检查险情，防治水毁；观察和预防、处理翻浆、滑坡、泥石流等病害；有计划、有针对性地对局部路基进行加宽、加高，改善急弯、陡坡和视距不良路段，使之逐步达到所要求的技术标准。

三、路基的维护要求

（1）路基各部分经常保持完整，各部尺寸保持规定的标准要求，不损坏变形，经常处于完好状态。

（2）路肩无车辙、坑洼、隆起、沉陷、缺口，横坡适度，边缘顺适，表面平整坚实、整洁，与路面接茬平顺。

（3）边坡稳定、坚固，平顺无冲沟、松散，坡度符合规定。

（4）边沟、排水沟、截水沟等排水设施无淤塞、无高草，纵坡符合要求，排水畅通，进出口维护完好，保证路基、路面及边沟内不积水。

（5）挡土墙、护坡及防雪、防沙等设施保持完好无损坏，泄水孔无堵塞。

（6）做好翻浆、坍方、山体滑坡、泥石流等病害的预防、治理和抢修，尽力缩短阻车时间。

四、路基养护、维修方案

1. 路肩的养护

路肩的作用是保护路基稳定和路面完整，对边坡进行防护和加固，保护路肩的稳定，可以有效防止水侵蚀路基。养护要求为碾压密实，横坡适度，边缘顺直平整，不允许出现积水、沉陷和堆积物等问题，重点是减少或消除水对路肩的危害。具体养护时，不同类型的路肩养护措施不同：

（1）对于土路肩易出现车辙、坑洼、积水或与路面产生错台的现象，必须及时整修，并用与原路基相同的土填平夯实，土路肩过高则妨碍路面排水，应及时整平；土路肩横坡度过大，宜用良好的砂土以及其他合适的材料填补压实，不得用清沟挖出的淤泥或含有草根的土壤填补；土路肩横坡过小时，应削高补低整修至规定坡度。

（2）对于陡坡路段（纵坡大于5%）的路肩，易被暴雨冲成纵横沟槽，甚至冲坏路堤边坡，根据路基排水系统的情况与需要，综合改善，在每条截水明槽处，留一淌水口，其下面的边坡用草皮或砌石加固，使水集中由槽内流出。

2. 边坡的养护

对不设防护的边坡，经常保持边坡适宜的坡度，边坡上除个别高出的部分应予铲平维修外，不准随便挖动，更不能在坡脚处垂直挖坑取土，确保边坡的坡度稳定一致。当发现路堤边坡有坍塌时，应自上而下先挖成台阶，再分层填土夯实，夯实后宽度要稍超出原来坡面，以便最后整修切平，不能在边坡上贴土修补。

对于已设防护的边坡养护，如植被护坡、砌石护坡、抛石加固边坡、石笼加固边坡，需要经常检查边坡的防护情况，结合护坡的类型和特点，如植被护坡主要是对植被的种植、定期浇灌等。

3. 路基排水设施的养护

路基排水系统具有拦截、汇集、排除地面和地下水，降低地下水位的功能，使路基免受水的侵害，保证路基的强度和稳定性的功能。地面排水设施一般应包括边沟、截水沟、排水沟、跌水、急流槽、倒虹吸管、渡槽等，地下排水设施有暗沟、渗沟和渗井。

（1）地面排水设施的养护与维修

为了保证沟渠迅速排水，应经常疏通，使沟底保持不小于0.5%的纵坡；除坚持日常检查外，应加强汛前、雨中、暴雨后的检查，及时发现问题加以清除，保证路基各排水设施的正常工作；维修时排水沟的断面形状和尺寸应满足排水需求，还应保持沟外边坡度，防止坍堤，阻塞边道。

（2）地下排水设施的养护和维修

应经常注意地下排水设施的排水能力，防止排水口堵塞，若地下排水设施的破坏，则应维修或重修地下排水设施。路基两侧边沟下均设盲沟，用以降低地下水位，防止毛细水上升至路基，形成水分积聚而造成冻胀翻浆，或土基过湿而降低路基强度。

4. 挡土墙的养护

挡土墙是用来支撑天然边坡或人工填土边坡，以保持土体稳定的建筑物，发现挡土墙有裂缝或断裂时，先将缝隙凿毛，清除碎碴和杂物，然后用水泥砂浆填塞。挡土墙发生倾斜、鼓肚、滑动或下沉时，采用锚固法、套墙加固法或增建支撑墙加固法对其进行加固。挡土墙的日常养护除经常检查其有否损坏外，每年应在春秋两季进行定期检查。

5. 透水路堤的养护

透水层一般设有泄水管，应经常清除泄水管的淤泥和杂物，确保良好的泄水性能。此外经常检查透水路堤顶面与路基之间的隔离层，是否存在毛细水通过隔离层上升而软化上部路基，如上部路基发软变形，说明隔离层失去隔水作用，应及时进行修理。

6. 翻浆路段的养护

由于翻浆受气候影响较大，不同的季节采取不同的养护措施，秋季防水，冬季防冻，春节抢防，夏季修复翻浆破坏的路基、路面，采取根治翻浆的措施。具体防护措施为：设置盲沟和渗沟，做好排水工作；铺设隔离层；铺设隔温层防止水的冻结和土的膨胀，除此之外加大对春季的防翻浆措施。

第二节　路面的维修保养

一、概述

1. 水泥路面

水泥混凝土路面，是指以水泥混凝土为主要材料做面层的路面，简称混凝土路面。亦称刚性路面，俗称白色路面，它是一种高级路面。水泥混凝土路面有素混凝土、钢筋混凝土、连续配筋混凝土、预应力混凝土、钢纤维混凝土和装配式混凝土等各种路面。我国的水泥路面很多，城市道路、机场道路、低等级道路等，有大量的水泥路面。我国水泥路面大量发展的原因主要是材料的供应、经济效益、能源消耗、科技进步、使用特性、社会效益等。我国的水泥十分丰富，各个地方都有水泥厂，取材方便，而且水泥很便宜，我国对水泥特性的研究也很成熟。

但是，近些年来，发现了许多水泥路面的病害，病害种类十分多，形成原因也各不相同，这些病害给人们带来危险和损失，为此人们付出了很多物力和人力对其病害做了许多调查和研究。

2. 沥青路面

在矿质材料中掺入路用沥青材料铺筑的各种类型的路面。沥青结合料提高了铺路用粒料抵抗行车和自然因素对路面损害的能力，使路面平整少尘、不透水、经久耐用。因此，沥青路面是道路建设中一种被最广泛采用的高级路面。随着我国经济的迅速发展，高速公路的里程不断增加。沥青混凝土路面由于它平整性好，行车平稳舒适，噪音低，许多国家在建设高速公路时都优先采用。而半刚性基层具有强度大，稳定性好及刚度大等特点，被广泛用于修建高等级公路沥青路面的基层或底基层。在我国已建成的高速公路路面，90%以上是半刚性基层沥青路面，在今后的国道主干线建设中，半刚性基层沥青路面仍将是主要的路面结构形式。

虽然高速公路大量的在用沥青路面，但是沥青路面在使用过程中逐渐呈现出许多问题，越来越多的路面病害相继出现，对行车的舒适、人身安全、经济等造很大影响，所以对沥青的特性研究、路面病害机理研究和养护维修研究十分的重要。

二、病害机理

（一）水泥路面病害机理

1.裂缝

（1）横向裂缝。由于水泥混凝土失水干缩、冷缩、切缝不及时等原因导致水泥混凝土路面产生垂直于路线方向的有规则的裂缝。

（2）纵向裂缝。由于路基体填料、施工方法不当等，导致路基不均匀沉降，使路面板在自重和行车压力作用下产生跟路线走向平行或基本平行的裂缝。

（3）交叉裂缝。由于水泥混凝土路面自身强度不足、路基和路面基层的强度和水稳定性差或是使用性能不稳定的水泥导致水泥混凝土路面板产生两条或两条以上相互交叉的裂缝。

（4）板角断裂。由于板角处受连续荷载作用、基础支撑强度不足及翘曲应力等因素综合作用而产生与板角两边接缝相等的贯穿水泥混凝土路面板全厚度的裂缝。

2.表面损坏

（1）纹裂、网裂、板面起皮和剥落。由于施工时过度抹面、养护不及时等原因导致路面板表层出现的浅而细或发丝状的表面裂纹和网状裂纹。

（2）麻面、露骨。由于混凝土离析导致路面板表面结合料磨失，成片或成段路面板呈现过度的粗糙表面或者骨料裸露。

（3）磨光。由于集料耐磨性差导致水泥混凝土路面板在车轮荷载作用的重复辗磨后，表明磨光，抗滑性能下降。

（4）坑槽、孔洞。由于集料含泥量过大等原因导致面层骨料局部脱落孔洞、坑槽。

3.接缝损坏

（1）填缝料损坏、接缝碎裂。使用中，气温上升时填缝料被挤出，气温下降时填缝料不能恢复使缝中形成空隙，泥、砂、石屑等杂物侵入，成为再次胀伸时的障碍，造成路面板接缝处的变形和破损。

（2）唧泥。填缝料破坏，雨水下渗导致唧泥。

4. 变形损坏

（1）错台。由于基层或路基体压实不均匀，致使相邻水泥混凝土路面板在车辆的重复荷载作用下，产生不均匀沉降，导致相邻水泥混凝土路面板在接缝处产生的垂直高差。

（2）拱起和沉陷。胀缝被硬物阻塞，或胀缝设置过少，使得面板受热时不能自由伸张导致横缝两侧的混凝土路面板板体发生明显抬高；填缝料损坏导致雨水从接缝处下渗，软化基层，甚至软化路基体，使路面板接缝下方的基层和路基体承载力下降，路面板跟着下沉，两侧的混凝土路面板板体发生明显下沉。

（二）水泥混凝土路面病害防治方法

（1）严格基层和路基施工质量，确保达到规范要求。

（2）优选公路水泥混凝土路面原材料。

（3）严格施工过程控制，保证施工质量。

（4）发现公路水泥混凝土出现损坏，及时进行修补。

（三）沥青路面常见的病害及机理

1. 变形类

车辙属变形类，是指路面上沿行车轮迹产生的纵向带状凹槽，深度 1.5cm 以上。车辙是在行车荷载重复作用下，路面产生永久性变形积累形成的带状凹槽。车辙降低了路面平整度，当车辙达到一定深度时，由于辙槽内积水，极易发生汽车飘滑而导致交通事故。产生车辙的原因主要是由于设计不合理以及车辆严重超载导致的。影响沥青路面车辙深度的主要因素是沥青路面结构和沥青混凝土本身的内在因素，以及气候和交通量及交通组成等的外界因素。

车辙产生的主要原因有：（1）沥青混合料油石比过大；（2）表面磨损过度；（3）雨水侵入沥青混凝土内部；（4）由于基层含不稳定夹层而导致路面横向推挤形成波形车辙。

2. 裂缝类

裂缝主要有三种形式：纵向裂缝，横向裂缝和网裂。沥青路面建成后，都会产生各种形式的裂缝。初期产生的裂缝对沥青路面的使用性能基本上没有影响，但随着表面雨水的侵入，导致路面强度下降，在大量行车荷载作用下，使沥青路面产生结构性破坏。沥青路面裂缝的形式是多种多样的，裂缝从表现形式可分为横向裂缝、纵向裂缝和网状裂缝三种。影响裂缝的主要因素有：沥青的品种和等级、沥青混合料的组成、面层的厚度、基层材料的收缩性、土基和气候条件等。

坑槽（裂缝类）是常见的沥青路面早期病害，指路面破坏成坑洼深度大于 2cm，面积在 0.04 ㎡以上。形成坑槽主要是车辆修理或机动车用油渗入路面，污染使沥青混合料松散，经行车碾压逐步形成坑槽。

3. 松散类

沥青路面的松散是指路面结合料失去粘结力、集料松动，面积 0.1 ㎡以上。松散是直接影响行车安全的路面病害，松散可能出现在整个路面表面。也可能在局部区域出现，但由于行车作用，一般在轮迹带比较严重。

其产生的主要原因有：（1）局部路基和基层不均匀沉降引起路面破坏；（2）碎石中含有风化颗粒，水侵入后引起沥青剥离；（3）随着使用时间的增多，沥青结合料本身的粘结性能降低，促使面层与轮胎接触部分的沥青磨耗，造成沥青含量减少，细集料散失；（4）机械损害或油污染。

脱皮（松散类）沥青路面脱皮是指路面面层层状脱落，面积 0.1 ㎡以上。导致沥青路面脱皮主要是因为水损害。

4. 其他类

修补损坏面积：因破损或病害而采取修复措施进行治理，路表外观上已修补的部分与未修补的部分明显不同

三、整治措施

1. 沥青路面车撤的治理措施

（1）如果车道表面因车辆行驶推移面产生的车辙。应将出现车辙的面层切削或铣刨清除，然后重铺沥青面层。然后采用沥青玛蹄脂碎石混合料（SMA）或 SBS 改性沥青单混合料，或聚乙烯改性沥青混合料来修补车辙。（2）如果路面受横向推挤形成的横向波形车辙，如果已经稳定，可将凸出的部分削除，在波谷部分喷洒或涂刷粘结沥青并填补沥青混合料并找平、压实。（3）如果由于基层强度不足、水稳性能不好，使基层局部下沉而造成的车辙，应先处治基层。将面层和基层完全挖除。

2. 沥青路面裂缝及坑槽的治理措施

（1）沥青路面裂缝产生后，如果在高温季节全部或大部分可愈合的轻微裂缝，可不加处理。如果在高温季节肯定是不能愈合的轻微裂缝，要及时进行维修，控制裂缝的进一步扩大，防止导致路面早期破坏，提高公路使用效率。同样在沥青路面裂缝的维修时，要严格工艺操作和规范要求。

（2）灌油修补法。在冬季节，将纵横裂缝处清扫干净，用液化气将缝壁加热至粘性状态后，再把沥青或沥青砂浆（在低温潮湿季节宜喷洒乳化沥青），喷抹到缝中，再匀撒一层 2～5mm 的干燥洁净石屑或粗砂加以保护，最后用轻型压路机将矿料碾压。如果是细小的裂缝，则要预先用盘式铣刀进行扩宽，再按上述方法做处理，沿裂缝涂刷少量稠度较低的沥青。

（3）对开裂的沥青路面进行修补。施工时，先把裂缝的旧迹凿掉，形成V形槽；再用空压机吹除V形槽中及其周围的松动部分和尘土等杂物，然后通过挤压枪把已经搅拌和均匀的修补材料灌入裂缝中，使之饱满。待修补材料凝固后，约一天左右即可开放交通。此外，如果由于土基、基层强度不足或路基翻浆等引起严重龟裂，应先处治好基层再重作面层。

（4）路面的基层完好，仅面层有坑槽时的护理方法。按"圆洞方补"的原则，画出与路中心线平行或垂直的坑槽修补轮廓线，按长方形或正方形来进行，凿开坑槽到稳定部分，用空压机将槽底、槽壁的尘土和松动部分清除干净，然后在干净的槽底；槽壁喷洒薄层粘结沥青，随即填铺备好的沥青混合料。然后手压路机碾压，压时要确保压实力直接作用在摊铺后的沥青混合料上。采用这种方法，不会发生裂缝、裂纹等现象。

（5）热补法修补。采用热修补养护车，将加热板加热坑槽处路面，翻松被加热软化铺装层，喷洒乳化沥青，加入新的沥青混合料，然后搅拌摊铺，压路机压实成型。

（6）若因基层局部强度不足等使基层破坏而形成坑槽，应将面层和基层完全挖除。

3. 沥青路面松散的治理措施

（1）因嵌缝料散失出现轻微麻面，在沥青面层不贫油时，可在高温季节撒适当的嵌缝料，并用扫帚扫匀，使嵌缝料填充到石料的空隙中。

（2）大面积麻面就喷洒稠度较高的沥青，并撒适当粒径的嵌缝料，应使麻面部分中部的嵌缝料稍厚，周围与原路面接口要稍薄定型要整齐，并碾压成型。

（3）因沥青与酸性石料间的粘附性不良而造成路面松散。应将松散部分全部挖除后，重作面层的矿料不应再使用酸性石料。

4. 砼路面坑洞修补

（1）适用范围：适用于在0.01～0.5㎡以上路面、桥面坑洞或坑槽。

（2）材料要求：采用改性环氧树脂类材料、沥青砂、坑洞灵等材料，所有原材料的各项技术指标应满足规范指标的要求。

（3）施工工艺

1）按坑洞破损面的大小切割成规则的方形或矩形形状，切割深度不少于2cm。凿除坑洞破损、松散部分，坑槽壁需凿成粗糙的垂直面。

2）清除混凝土碎屑，用吹风机吹净坑槽内灰尘；如坑槽壁有粘附性强的污染物，先用钢丝刷清理干净，再用吹风机吹净沟槽内灰尘。

3）清理后，将坑洞修补材料直接填入坑槽内（沥青砂需先涂刷沥青粘结层）。环氧树脂类材料需保持与路面板齐平，待材料固化后，达到通车强度，即可开放交通。沥青砂、坑洞灵类材料需分层填入、分层夯实，每层铺填厚度不能超过3cm，每0.01㎡范围需用铁锤人工捶击不少于10锤，直至夯实为止。对于修补面积大于0.5㎡的坑槽，需用小型打夯机进行夯实。沥青砂、坑洞灵类材料修补坑洞需平整、密实，顶面高于砼路面板

2 ~ 3mm。修补完毕后，沥青砂材料面上需洒一层细沙，防止车轮碾压时沾染沥青，污染路面，也防止沥青损失，影响沥青砂材料的粘结性。修补后的坑洞表面平整、密实，无脱落、开裂，不得污染路面。

5.路面保洁的范围和要求

（1）路面（含主线车道、中央分隔带内、匝道等）

1）不得有影响行车安全和影响路容、路貌的杂物、泥沙、碎石、纸屑及其他可见垃圾。

2）中央分隔带不得有泥沙、木屑堆积。

路面保洁人员每天必须巡视辖区路段 2 ~ 3 次，发现路面障碍物要及时清理，不能清理的要及时汇报现场管理人员。

3）路面上不得有粒径大于 5cm 的可见垃圾物或一处有 1 ㎡ 以上的可见垃圾物。

4）不得有严重污染（主要指车辆流至路面的汽、柴、机油等）路面。

5）路肩、边坡和平台在整个保洁作业面（指路肩 1.5m 范围及整个平台）内不得有对直径 15cm 以上的杂物须。

6）护栏上不得挂有任何废弃物，不得有明显油污及其他污迹。

7）全线标线、标志要随时保持良好的反光效果，对因受污染而反光效果差的标线应立即进行清洗。

（2）路基构造物（含砼路肩、沥青路肩、路肩、边沟、平台）

1）硬路肩、拦水带：清理清除硬路肩与拦水带的木屑、细沙、泥石及接缝处的杂草，拦水带外 1.5 米范围内无超过 15cm 高的杂草及可见垃圾。

2）路肩、边坡、平台：清理清除路肩、边坡坡面、平台上的明显杂物（如垃圾袋、一次性饭盒等），保证无任何直径 15cm 以上的杂物。

3）排水系统：及时清理边沟、截水沟、急流槽等排水系统内的杂物、浮土及淤泥，保证排水系统通畅。沟（槽）内无超过 10cm 高的杂草，积泥不超过 10cm 厚或沟深的 1/3。有石块、土块等严重阻水的固体须立即清除外弃，不得随意处理。定期割除急流槽两侧杂草，保证无杂草覆盖。

4）中央分隔带：中央分隔带内无超过 15cm 高杂草，左侧路缘带与中央分隔带接缝处无杂草。

5）其他：如发现有崩（塌）方和水毁要及时报告。

（3）沿线设施

砍除遮挡标志牌（公里牌、限速牌及车距确认牌）及伸出波形护栏外的路树、刺篱，保证标志牌清晰。

（4）绿化

1）清除上、下边坡第一排花灌木树盘 40 ~ 50cm 内的杂草。

2）清除上边坡平台砂浆抹面范围杂草。

3）清除波形护栏至第一排花树范围内的杂草。

4）清除中分带及路面接缝缘杂草。

（5）其他

1）按时、按质、按量的完成业主安排布置的工作任务。

2）如遇交通事故，须在事故处理完毕后及时清理事故现场（如任务量较大的则要在现场配合其他人员进行清理）。

3）雨后路面保洁人员必须上路巡视，清扫和清捡影响行车安全的杂物，发现水毁和险情要及时报告。

第三节　桥涵的维修保养

一、经常检查

1. 准备工作

桥梁养护工程师及其他检查人员上路前要做好准备工作，确定检查重点，带齐检查工具、器材（照相机、卷尺、粉笔、绳子、碳素笔、手电筒、观测仪器等）及所需表格；检查车司机检查车辆，保证安全。

2. 桥梁的经常检查周期根据桥梁技术状况而定，每月不得少于一次，涵洞经常检查每月对重要构件至少进行2次全面检查，并填写经常性检查记录表；在洪水、冰雪前后及行洪期间应加强检查；对于三类以上的病害桥梁，增加检查次数，每月不少于2次；重点桥、特殊结构桥梁视病害严重程度增加检查频次。

3. 检查人员上路应着安全标志服，禁止随意穿行高速公路，检查车一般以60km/小时的速度靠慢车道行驶。车上人员禁止与司机打闹、嬉笑，以确保行车安全。检查停车时，司机需在车后50米摆放锥形交通标志，并开启警示灯。

4. 桥梁经常检查的内容

（1）外观是否整洁，有无杂物堆积，杂草蔓生。构件表面的涂装层是否完好，有无损坏、老化变色、开裂、起皮、剥落、锈迹；

（2）桥面铺装是否平整，有无裂缝、局部坑槽、积水、沉陷、波浪、碎边；混凝土桥面是否有剥离、渗漏，钢筋是否露筋、锈蚀、缝料是否老化、损坏、桥头有无跳车；

（3）排水设施是否良好，桥面泄水管是否堵塞和破损；

（4）伸缩缝是否堵塞卡死，连接部件有无松动、脱落、局部破损；

（5）扶手、防撞护栏和引道护栏（柱）有无撞坏、断裂、松动、错位、缺件、剥落、锈蚀等；

（6）观察桥梁结构有无异常变形，异常的竖向振动、横向摆动等情况、然后检查各部件的技术状况，查找异常原因；

（7）支座是否有明显缺陷，活动支座是否灵活，位移量是否正常。支座的经常检查一般可以每季度一次；

（8）桥位区段河床冲淤变化情况；

（9）基础是否受到冲刷损坏、外露、悬空、下沉，墩台及基础是否受到生物腐蚀；

（10）墩台是否受到船只或漂浮物撞击而受损；

（11）翼墙（侧墙、耳墙）有无开裂、倾斜、滑移、沉降、风化剥落和异常变形；

（12）锥坡、护坡、调治构造物有无塌陷、铺砌面有无缺损、勾缝脱落、灌木杂草丛生；

（13）交通信号、标志、标线、照明设施以及桥梁其他附属设施是否完好；

（14）其他显而易见的损坏或病害。

5. 涵洞经常检查内容

包括进水口是否堵塞、沉砂井有无淤泥、洞内有无淤塞及排水不畅；洞口周围是否有杂物堆积、涵洞是否清洁、漏水；周围路基填土是否稳定和完整；涵洞结构是否有损坏。

6. 检查人员若发现病害，视病害严重情况，采取相应处理措施，同时向上级领导汇报，核实责任人后即刻下发《养护任务通知单》通知责任单位进行修复整改。

7. 检查过程中要做到"观察细致，不留死角，判断准确，记录翔实，措施到位，报告及时。"检查中发现的病害及施工现场发现的问题要认真记录到《高速公路桥梁检查日志》上。

8. 检查过程中，发现重要部件存在明显缺损或严重病害时，应对其进行拍照并妥善保存。

9. 发现四类及以上的桥梁，检查人员要及时向上级领导汇报；在加固维修前要设专人值守，看护人保持 24 小时通行畅通，密切观察病害的发展变化情况。

10. 检查时若发现桥梁出现结构性破坏等突发事件，对安全行车造成严重影响的，检查人员应停止检查，按照相关流程，立即报告上级领导，同时使用安全标志进行封闭，保证通行安全。

11. 检查结束后，桥梁养护工程师负责汇总填写《高速公路桥梁检查日志》。填写记录内容应注明检查的起始时间，检查路段应以大桥、互通立交桥为控制观察点，以各控制观察点为分界点，注明到达控制点的时间，且内容填写齐全完整，记录真实准确、清楚、及时，签字齐全。每月月末，把填写完整的《高速公路桥梁检查日志》进行归档。

二、定期检查

1. 定期检查周期根据技术状况确定，最长不得超过三年。新建桥梁交付使用一年后，进行第一次全面检查。

2. 在经常检查中发现重要部（构）件的缺损明显达到三、四、五类技术状况时，应立即安排一次定期检查。

3. 按照《公路桥梁养护规程》（JTGH11-2004）的要求，定期检查以目测观察结合仪器观测进行，要求检查主要工作内容：

（1）现场校核该桥基本数据；

（2）当场填写"桥梁定期检查记录表"，记录各部件缺损状况并做出技术状况评分；

（3）实地判断缺损原因，确定维修范围及方式；

（4）对难以判断损坏原因和程度的部件，提出特殊检查要求；

（5）对损坏严重、危及安全运行的危桥，提出限制交通或改建的建议；

（6）根据桥梁的技术状况，确定下次检查的时间。

4. 桥梁检查内容

（1）特大、大型桥梁的控制检测

应在墩台、桥面设立永久性观测点，定期进行控制检测。观测点的相关资料应归档到竣工档案内。

（2）桥面系构造的检查

1）桥面铺装层纵、横坡是否顺适，有无严重裂缝、坑槽、波浪、桥头跳车、防水层漏水。

2）伸缩缝是否有异常变形、破损、脱落、漏水，是否造成明显跳车。

3）人行道构件、栏杆护栏有无撞坏、断裂、错位、缺件、剥落、锈蚀等。

4）桥面排水是否顺畅，泄水管是否完好、畅通，桥头排水沟功能是否完好，锥坡有无冲蚀、塌陷。

5）桥上交通信号、标志、标线、照明设施是否损坏、老化、失效，是否需要更换。

6）桥上避雷装置是否完善，避雷系统性能是否良好。

7）桥上的路用通信、供电线路及设备是否完好。

（3）钢筋混凝土和预应力混凝土桥梁的检查

1）梁端头、底面是否损坏、箱型梁内是否有积水，通风是否良好。

2）混凝土有无裂缝、渗水、表面风化、剥落、露筋和钢筋锈蚀，有无碱集料反应引起的整体龟裂现象。混凝土表面有无严重碳化。

3）预应力钢束锚固区段混凝土有无开裂，沿预应力筋的混凝土表面有无纵向裂缝。

4）梁（板）式结构的跨中、支点及变截面处，悬臂端牛腿或中间铰部位，刚构的固结处和桁架节点部位，混凝土是否开裂、缺损和出现钢筋锈蚀。

（4）支座的检查

1）支座组件是否完好、清洁，有无断裂、错位、脱空。

2）活动支座是否灵活，实际位移量是否正常，固定支座的锚销是否完好。

3）支承垫石是否有裂缝。

4）简易支座的油毡是否老化、破裂或失效。

5）橡胶支座是否老化、开裂，有无过大的剪切变形或压缩变形，各夹层钢板之间的橡胶层外凸是否均匀。

6）盆式橡胶支座的固定螺栓是否剪断，螺母是否松动，钢盆外露部分是否锈蚀，防尘罩是否完好。

7）四氟滑板支座是否脏污，老化，四氟乙烯板是否完好，橡胶块是否滑出钢板。

（5）墩台与基础的检查

1）墩台及基础有无滑动、倾斜、下沉。

2）台背填土有无沉降或挤压隆起。

3）混凝土墩台及帽梁有无风化、开裂、剥落、露筋等。

4）基础下是否发生不许可的冲刷或掏空现象，扩大基础的地基有无侵蚀。桩基顶段在水位涨落、干湿交替变化处有无冲刷磨损、紧缩、露筋，是否受到污水、咸水或生物的腐蚀。

5. 桥梁定期检查应提交的资料

（1）桥梁定期检查数据表；

（2）典型缺损和病害的照片及说明；

（3）两张总体照片（一张桥面正面，一张桥梁上游侧立面）；

（4）桥梁清单；

（5）桥梁基本状况卡片；

（6）定期检查报告。

6. 涵洞检查内容

（1）涵洞定期检查每年至少进行一次，在接到较大损坏情况的报告后应增加检查。

（2）涵洞定期检查内容包括：

1）检查涵洞过水能力，包括位置是否适当，孔径是否足够，涵底纵坡是否合适。若过水能力明显不足，经常造成内涝及路基损毁的，应考虑改造。

2）进出水口铺砌、翼墙、护坡、挡水墙、沉砂井、护坡等是否完整，洞口连接是否平整顺适，排水是否顺畅。

3）涵体侧墙是否渗漏水、开裂、变形或倾斜，墙身砌体砂浆是否脱落、石块是否松动，基础是否冲刷淘空。

4）涵身顶部盖板或拱顶是否开裂、漏水、变形下挠，拱顶砌块是否松动脱落。

5）涵底是否淤塞阻水，涵底铺砌是否完整。

6）洞口附近填土是否有渗水、冲刷、空洞，填土是否稳定。

7）涵洞顶路面是否开裂、下沉。行车是否安全。

三、特殊检查

1. 根据桥梁定期检查结果，桥梁定期检查单位提出桥梁特殊检查意见，桥梁出现以下情况需进行特殊检查：

（1）定期检查中难以判明损坏原因及程度的桥梁；

（2）桥梁技术状况为四、五类者；

（3）拟通过加固手段提高荷载等级的桥梁；

（4）条件许可时，特殊重要的桥梁在正常使用期间可周期性进行荷载试验；

（5）桥梁遭受洪水、流水、滑坡、地震、风灾、漂流物或船舶撞击，因超重车辆通过或其他异常情况影响造成损害的，应进行应急检查。

2.桥梁特殊检查应根据需要对以下三个方面问题作出鉴定：

（1）桥梁结构材料缺损状况。包括对材料物理、化学性能退化程度及原因的测试鉴定；结构或构件开裂状态的检测及评定。

（2）桥梁结构承载能力。包括对结构强度、稳定性和刚度的检算、试验和鉴定。

（3）桥梁防灾能力。包括对桥梁抵抗洪水、流水、风、地震及其他地质灾害等能力的检测鉴定。

3.桥梁特殊检查报告应包括下列主要内容：

（1）概述检查的一般情况。包括桥梁的基本情况、检查组织、时间、背景和工作过程等。

（2）描述目前的桥梁技术状况。包括现场调查、试验与检测的目的及方法、检测数据与分析结果和桥梁技术状况评价等。

（3）详细叙述检查部位的损坏程度及原因，并提出结构部件和总体的维修、加固或改建的建议方案。

四、应急处置

1.桥梁突发事件的定义

（1）桥梁突发结构性破坏，发生突然坍塌的；

（2）人为对桥梁造成破坏、影响桥梁安全、车辆通行安全的；

（3）在桥梁范围内发生交通事故，影响桥梁安全的；

（4）发生自然灾害，影响桥梁安全的；

（5）大件运输、超限、超载车辆通过桥梁、对桥梁造成损害、影响车辆通行安全的；

（6）在桥梁养护、施工时，发生安全生产事故，影响车辆通行安全的；

（7）由于其他不可预见因素造成桥梁破坏、影响桥梁安全、车辆通行安全的。

2.现场应急处理

（1）现场巡查发现人员

1）在保证自身安全的前提下，立即采取一切可能手段提示过往车辆绕行或停止通行，避免事件影响和损失进一步扩大；

2）对现场受伤人员进行现场救助，并通知120等医疗机构进行紧急救护；

3）通知辖段养护负责人（或当日值班领导）和监控中心；

4）向交警、路政等相关部门通报情况（如可能），以便及早采取相应措施。

（2）辖段养护负责人（或当日值班领导）接报后，应立即做好以下安排，并尽快赶赴现场

1）安排事件地点就近养护人员赶赴现场，同现场发现人员一同处理未完事宜，并做到向交警、路政等相关部门的情况通报；

2）进一步判别现场情况，判断事态发展，根据本预案的现场处理程序组织现场的交通控制，如有必要，可向相邻收费站请求支援；

3）将现场初步情况和事态发展情况向领导口头报告。

（3）监控中心接报后；

1）立即向领导汇报掌握的情况；

2）通知相邻收费站做好应急支援准备；

3）接收领导指令，随时准备好利用可变情报板发布信息；

4）搜集文件处理和发展情况的有关信息，按照"重大信息上报制度"做好信息上报工作。

（4）领导接到求援后：

组织力量参加事故发生后的应急检修、抢险、排险、快速修复和恢复重建工作，竭尽全力提供必要的人员、物力、财力和技术支撑。

3. 桥梁突发事件应急交通组织预案

（1）在桥梁出现突发事件或接到桥梁突发事件通知后，养护人员到达桥梁突发事件现场后，应首先对桥梁安全状况进行判别，根据现场实际情况，采取应急措施。

（2）桥面系出现局部突然沉陷、塌陷、宽度小于1车道，桥梁底板、下部结构未发生变形的，应：

1）立即隔离病害位置车道，实行1车道断交施工，另外2车道维持通行；

2）按照《公路养护安全作业规程》规定摆放施工安全交通标志，辖段养护负责人（或当日值班领导）协助相关部门组织交通疏导；

3）养护部门主管领导通知监控中心，在相应可变情报板发布桥梁维修信息。

（3）单幅桥梁下部结构发生倾斜、明显沉陷，结构受力状态明显异常；上部结构桥面系破损宽度大于1（含等于）车道，发生严重变形的；单幅桥梁发生全部或部分坍塌的，应：

1）立即采取一切可能手段封闭单幅公路，禁止车辆通行，实行单幅断交；

2）按照《公路养护安全作业规程》规定摆放施工交通安全标志，辖段养护负责人（或当日值班领导）协助相关部门组织交通疏导；

3）养护部门主管领导立即口头请示领导同意后，由监控中心在相应可变情报板发布绕行信息，通知各相关站口发布绕行信息（绕行信息应标明可选择的绕行线路），必要情况下，应封闭有关站口，协调交警部门，禁止全部或部分车型通行；

（4）双幅桥梁同时发生下部结构倾斜、明显沉陷，结构受力状态明显异常；上部结构桥面系破损宽度大于1（含等于）车道，发生严重变形的；桥梁发生全部或部分坍塌的，应：

1）立即采取一切可能手段封闭双幅公路，禁止车辆通行，实行双幅断交；

2）按照《公路养护安全作业规程》规定摆放施工交通安全标志，辖段养护负责人（或当日值班领导）协助相关部门组织交通疏导；

3）养护部门主管领导立即口头请示领导同意后，由监控中心在全线可变情报板发布绕行信息，通知所有站口发布绕行信息（绕行信息应标明可选择的绕行线路）；

4）由监控中心通知封闭发生突发事件区段两端收费站上口，两端站口应将入口全部改成出口，保证车辆快速通过。期间，发生车辆长期滞留主线，无法下路情况的，启动延伸服务实施方案。

（5）在桥梁维修施工期间，如发生施工点半幅交通堵塞达5km以上，由辖段养护负责人（或当日值班领导）落实情况，在请示领导同意后，可以采取分流方案：

1）首先通知监控中心，在沿线可变情报板上发布信息，及时告知沿线司乘人员，以便提前选择绕行路线或减速慢行为分流做好准备；同时通知所要分流的收费站，做好配合工作，如增加收费车道、疏导人员等。

2）通知沿线辖段高速交警、路政部门，在发生交通堵塞路段的前方路口进行分流，在站口进行车辆的疏导工作；

3）如车流量较大，采用一个路口分流，时间长、压力大时，可及时与监控中心、收费站、交警、路政部门及时沟通，采取多个站口同时分流的方案；

4）在分流的同时，收费站口遇有疑问的司机要耐心进行解答，并向其提供可行的绕行路线。

（7）各收费站、养护工程部应对二绕高速周边路网变化及时进行了解，及时对绕行路线进行优化、调整。

（8）在桥梁检查过程中发现四类桥梁的，应按照重大事件上报制度进行上报，对病害位置进行隔离，立即组织专业设计单位对桥梁技术状况进行评价，按照评价结果采用隔离车道、单幅断交、全幅断交的交通组织形式。

4. 壁可注修补桥涵构筑物裂缝

（1）施工方法

1）表面处理

用砂轮机、钢丝刷打磨混凝土表面沿裂缝走向宽约5厘米范围，清除水泥翻沫、灰尘及疏松的混凝土块和砂粒，油污要用布蘸稀料擦净，如果潮湿要用喷灯吹干。

2）注入座的粘结

将101#封口胶的两种成分混合搅拌均匀，抹少许在注入座底面四边，将注入孔对正裂缝中心稍加力按压，使其从底面的四个小孔中挤出，注意不要堵塞注入孔，粘好后避免错动注入座。混凝土基底状况不好时可适当扩展座周围的粘结面积并对座进行包覆。根据裂缝的宽度和深度，沿缝的走向按 30 ~ 40cm 间距布置，裂缝分岔处应有注入座。

3）裂缝密封

用 101# 封口胶沿裂缝走向密封 5 厘米宽的范围，厚度应为 1.5 毫米以上，尽量一次完成，避免反复涂抹。

4）密封材料的固化

让其自行硬化（在不同温度下约需 4 至十余小时）。

5）注入

①对 BL 注入器

将注入器的连接端（蓝色）牢固地安装在注入座上，安装时用力不要过猛，以免损坏座的颈部。将 BL-GROUT 的主剂和硬化剂混合搅拌均匀，用黄油枪或其他小型泵类工具通过过滤头连接注入器的注入端（白色），开始注入，当橡胶管膨胀充满限制套时停止注入。如注入器膨胀后收缩较快，说明该处裂缝深，缝内空间大，要补灌。

②对 DD 注入器

先将注入器注满后，将其安装到注入座上。

6）用稀料清洗注入工具。

7）注入材料的固化

让注入材料自行固化（一般需 10 ~ 24 小时），可用手捏注入管随时了解固化情况。固化后敲掉注入器和注入座，如有必要，用砂轮机把密封胶打磨平整。

8）后期处理

固化后敲掉注入器和注入座，如有必要，用砂轮机把封口胶打磨平整。

（2）各工序检验标准

1）表面处理

沿裂缝走向宽 5 厘米的范围内无水泥翻沫、灰尘、油污、疏松的混凝土块、不牢固的砂粒，混凝土表面和缝内干燥。

2）注入座的粘结

注入座布置正确。封口胶呈均匀一致的灰色。底板的四个小孔中均有胶挤出，底板下无空洞、蜂窝等缺陷。注入孔畅通，注入座颈部的小突起和橡胶圈上没有附着的胶。

3）裂缝密封

密封的宽度、厚度大致均匀，无空洞、蜂窝。

4）注入

各注入座不残不断，黄油枪及管路密封良好。注入过程中封口胶密封的部分不渗漏，各注入器均能保持膨胀状态。

5）清洗工具

清洗后的黄油枪活塞、阀门运转灵活，螺纹配合良好，管路通畅。

（3）注意事项

1）当施工温度在 5 ～ 15℃时，密封胶 101# 及注入胶 BL-GROUT 应选用 W 型（冬季用）。原则上应在 5℃以上施工。如遇特殊情况需在 0 ～ 5℃施工时，应采取保温措施，比如：在工点搭设施工棚，取暖保温。

2）在 0℃以下，不能施工。

3）本细则按照修补干燥裂缝的情况编写，对潮湿、渗水或处于静止水中的裂缝，只需将下述的 101# 封口胶和 BL-GROUT 注入胶分别替换为 WB-SEAL 封口胶和 WB-GROUT 注入胶即可，如果裂缝是在发展中或可能发展，灌注胶要使用 BL-GROUT100。

第四节　隧道的维修保养

一、目的

1.隧道是公路的重要组成部分，直接影响着行车安全和畅通。为了加强高速公路在运营中的隧道养护管理工作，保持隧道完好的工作状态、并延长其使用寿命，依据交通部《公路隧道养护管理工作制度》、四川省交通厅《公路（隧道）养护管理办法》、四川省《高速公路养护管理规范》等法律、法规和规章制度。结合成都第二绕城高速公路（东段）隧道养护管理工作实际，特制定本办法。

2.高速公路隧道养护管理贯彻"预防为主，安全至上"的工作方针，实行"统一领导，分级管理，责任清晰"的原则，努力提高隧道的耐久性和安全性。

3.隧道养护部门应高度重视隧道养护管理工作，严格执行隧道养护管理的各项规章制度，采取科学有效的管理手段和技术措施，对所辖公路隧道及时组织检查、检测和养护维修，确保公路畅通和隧道安全。

4.高速公路隧道养护维修应贯彻国家的技术经济政策，积极而慎重地采用新技术、新材料、新设备、新工艺，使养护维修达到安全实用、质量可靠、经济合理、技术先进、满足养护新需求。

二、隧道养护分级管理

1.公路隧道的养护管理工作实行监管、养护单位责任制。

2.监管单位是指依照有关法律、法规的规定，由主管全省的隧道养护管理工作的省高速公路管理局，负责对全线高速隧道养护管理工作进行监督检查，负行业监管责任。

3.养护单位是指具体承担公路隧道养护管理任务的高速公路运营管理单位，负责组织实施所管辖高速公路的隧道养护管理工作，负主要责任。

4.隧道养护、监管单位必须明确建立公路隧道养护管理工作由主要领导、分管领导、专职工程师和相关技术人员层层抓落实的工作机制，保证隧道养护管理的各项职责落到实处。

5.隧道养护管理机构应参与隧道有关工程设施的交工和竣工验收，接受、整理和了解隧道竣工资料和工程技术档案，为养护工作提供技术依据。

隧道日常常养护目标：

①保持和恢复隧道良好的技术状况，保持隧道外观整洁；

②保证隧道内路面平整，衬砌无损坏等；

③标志、标线及轮廓标等安全设施清晰醒目；洞口、衬砌结构无开裂、错台等；

④人行和车行横洞清洁畅通等；

⑤隧道内外排水设施保持良好，排水畅通等。

三、隧道检查与评定

1.隧道检查分为日常巡查、经常检查、定期检查和专项检查。

2.经常检查、定期检查、专项检查的结果分为三类判定：

①情况正常（无异常情况，或虽有异常情况但很轻微）；

②一般异常情况：但不明确，应作进一步检查或观测以确定对策；

③严重异常情况：危及行人、行车安全，应采取处治措施或特别对策。

3.日常巡查是指对隧道内、洞口外观及附属设施进行巡视和检查，周期为每日不少于一次。目的是发现病害和隐患及异常现象应及时处治。

4.经常性检查是指对隧道及其附属设施的外观进行的一般性检查。经常性检查要求技术人员步行，采用目测的方法并配以简单的检查工具进行，检查以定性判断为主。

5.当经常性检查中发现隧道存在异常情况但结论不明确时，应进行定期检查；当定期检查中发现隧道存在异常情况且较严重，但无法判定时，应安排专项检查。

6.隧道经常性检查频率：依据《公路隧道养护技术规范》（JTG H12-2015），应为1次/月，且在雨季、冰冻季节或极端天气情况下，或发现严重异常情况时，应提高经常检查频率。

隧道的经常性检查项目和内容：

①洞口仰坡有无危石、积水、积雪；

②洞门结构是否开裂、倾斜、沉陷、错台、起层、剥落；

③衬砌结构有无裂缝、错台、起层、剥落，有无渗漏水；

④洞内路面是否有落物、油污；滞水或结冰；路面是否有拱起、坑槽、开裂、错台等；

⑤检修道是否有破损，盖板有无缺损；

⑥排水设施是否缺损、堵塞、积水；

⑦吊顶及预埋件有无变形、缺损、漏水；

⑧内装饰有无脏污、变形、缺损；

⑨标志、标线、轮廓标是否完好。

7.将隧道经常性检查的结果填入《经常性检查记录表》。翔实记述和判定检查项目的异常情况。

8.根据隧道检查及记录情况，及时发现早期缺损、显著病害或其他异常情况，确定相应的对策措施。

9.定期检查是按规定周期对隧道的基本技术进行全面检查。定期检查频率应不少于三年/1次。检查宜安排在春季或秋季进行。新建隧道应在交付使用1年时进行首次定期检查。定期检查应配备必要的检查工具或设备，进行目测或量测检查，及时填写定期检查记录表，对发现的病害要付照片资料，对有异常情况的结构，要在其适当位置做出标记并绘制隧道病害展示图。定期检查由高速公路运营管理单位或隧道管理机构组织实施。

10.专项检查应根据经常检查、定期检查和应急检查的结果，或者当隧道内发生重大交通事故、起火爆炸、遭受自然灾害，或发生其他非常事件后，对隧道结构进行详细检查和检测。通过专项检查，应完整掌握受损情况或病害的详细资料，为采取对策措施提供依据。专项检查应由具有相应检查资质的专业机构实施。

四、隧道清洁维护

1.隧道的清洁维护是指扫除隧道内垃圾、清除结构物脏污、清理（疏通）排水设施，保持结构物外观的干净整洁，内装要干净、无污泥、油渍、灰尘等；安全设施要清晰、醒目。保洁工作要求经常性、周期性的进行。

2.隧道为：左、右洞分离式隧道、单向三车道，共7座（上、下行分离共14条主洞），其中特长隧道1座，长隧道3座，短隧道3座，在实际养护工作中一并视为长隧道进行管理。目前按照3座长隧道，3座短，其中1座特长隧道进行养护管理。

3.根据养护等级划分：特长隧道为一级、长隧道为二级，短隧道为三级。

4.隧道路面清扫频率：1次/天（一级）、2次/周（二级），1次/旬（三级）。

5.隧道路面清扫方法：以机械作业为主，人工作业为辅。

6.隧道内排水设施的清理疏通频率：1次/季度（一级）、1次/半年（二、三级），且雨季应加强。

7.对纵坡较小的隧道的洞口区段应加强清理疏通。

8.隧道内标志、标线的清洗频率：1次/月（一级）、1次/2月（二级）、1次/季度（三级）。

五、隧道保养维修

1.当日常检查的判定结果为A时，应及时对土建结构进行保养和维修。

2. 保养维修工作包括

①经常性或预防性的保养；

②轻微破损部分的维修等；

③以恢复和保持结构的良好使用状态。

3. 洞口的保养维修

①清除洞口边仰坡上的危石、浮土；

②冬季应清除积雪和挂冰；

③边沟和边仰坡上截（排）水沟的完好、畅通；

④修复洞口边、仰坡、排水设施和减光设施等。

4. 洞身的保养维修

①围岩的渗漏水，应开设泄水孔接引水管，将水导入边沟排出；

②冬季应及时清除洞顶挂冰；

③有衬砌隧道出现的衬砌起层或剥离，应及时加以清除或加固；

④对衬砌的渗漏水，可将水流引入边沟排出。

5. 路面的保养维修

①及时清除隧道内外路面上的塌（散）落物，及时修复、更换损坏的排水及检修道盖板；

②当路面出现渗漏水时，应及时处理，将水引入边沟排出，防止路面积水或结冰；

③冬季应及时清除洞口路面积雪。

6. 排水设施保养维修

①维护隧道内外排水设施的完好，发现破损及时修复；

②排水管堵塞时，可用高压水或压缩空气疏通。

7. 检修道的维修

①维护检修道的完好和畅通，盖板如有破损或缺失，应及时进行修复和补充；

②交通标志应保持外观完整、清晰、醒目，保持位置、高度和角度适当，确保交通信息传递无误。

③清洗标志牌面的脏污，清除遮挡标志的障碍。

④修补变形、破损的标牌，修复弯曲、倾斜的支柱，紧固松动的连接构件。

⑤对锈蚀损坏、老化失效的标志，应及时更换，缺失的应及时补充。

8. 交通标线应保持完整、清洁和醒目

①及时清洗脏污的标线，对破损严重和脱落的标线应及时补画。

②清除突起路标的脏污和杂物，及时紧固松动的路标，发现损坏或丢失的，应及时修复或补换。

六、应急处置管理

1. 高速公路隧道突发事件的处置工作应在省高管局的统一领导下，由高速公路运营管理单位具体负责。

2. 接到、获得高速公路隧道突发事件信息后，高速公路管理机构应立即逐级上报，并启动应急预案，及时、有效地开展应急处置工作。应急处置过程中，要按相关规定向省部门续报有关情况。

3. 发生下列突发事件，监控中心须立即向高管局上报有关信息。

①隧道损坏中断交通的；

②隧道出现严重病害危及安全的；

③车辆与隧道设施相撞，造成严重后果的。

4. 上报信息的同时，应立即采取限载、限速或封闭交通等交通管理措施，并安排专人实施昼夜不间断监视观测，落实安全责任人。

5. 先行设置禁止通行的标志，专人值守，并确定安全责任人。

6. 积极组织，及时处理，确保车辆、行人安全。因抢修须中断交通时，应向社会发布公告，并安排车辆绕行，同时组织抢修便道，尽快恢复交通。

七、隧道档案管理

1. 高速公路运营管理单位应做好高速公路隧道技术档案管理工作，建立和完善高速公路隧道技术档案资料，保证高速公路隧道技术档案真实完整，并实现电子化管理。

2. 高速公路隧道技术档案应包括隧道基础资料、管理资料、检查资料、养护维修资料、特殊情况资料等。

3. 隧道基础资料包括以下内容

①隧道设计施工图及竣工图，结构计算分析报告。

②隧道施工过程中的试验检测、科研资料，结构位移或变形测试资料，事故处理资料等。

③隧道基本状况卡片。

④隧道按长度分类的统计表。

⑤隧道管理资料包括隧道管养单位、监管单位及分管领导、隧道养护工程师等的基本资料。

⑥隧道检查资料包括隧道经常检查、定期检查、特殊检查结果及其养护对策建议，以及检查的时间、实施人员等基本资料。

⑦专项检查还应包括检测（试验）方案、检测（试验）报告、照片及多媒体材料，检测（试验）方的资质证书（复印件）、业绩证明（复印件）以及主要检测人员的资格证书（复印件）等。

4.隧道养护维修资料包括以下内容

①小修保养工程的实施技术资料和养护质量评定结果，以及工程实施的时间、组织实施人员等。

②高速公路运营管理单位应按照要求及时向省高管局提供隧道技术档案。

③高速公路运营管理单位应建立和完善高速公路隧道情况分类，隧道技术状况评定分类统计表。

第五章 高速公路项目建设

第一节 总 则

1. 为加强高速公路工程的质量管理，确保本项目工程的质量，实现把江珠高速公路建设成优良工程的目标，根据国务院《建设工程质量管理条例》和交通部《公路工程质量管理办法》，结合高速公路的特点，制定本办法。

2. 工程质量管理目标

（1）交工验收分项工程合格率100%、主要分项工程评分在92分以上；竣工验收质量评定为优良，综合评分92分以上；

（2）杜绝发生特大、重大质量事故和一级一般质量事故，有效防止发生二、三级一般事故，尽可能少出现质量问题；

（3）消除质量通病。

3. 本项目建立"政府监督，社会监理，承包人自检"的三级质量保证体系。

4. 工程质量实行业主全面负责，监理单位控制，设计、承包人保证和政府监督相结合的质量管理体制。

第二节 业主工程质量的管理措施

1. 加强工程质量管理。建立界限清楚、责任明晰、控制严谨的质量保证体系和质量岗位责任制。

2. 主动接受交通工程质量监督站对高速公路质量保证体系的监督检查。工程开工前，向交通工程质量监督站办理工程质量监督手续；工程施工过程中，接受交通工程质量监督站对工程质量的监督检查，对检查中发现的质量问题认真对待，采取措施及时处理。

3. 开工前组织设计审查和设计交底，施工过程中应要求设计单位及时派驻设计代表。

4. 为承包人及时提供能满足工程进展需要和施工计划的工程永久用地，确保良好的施工环境。

5. 在建设过程中贯彻执行国务院《建设项目环境保护管理条例》，加强工程的环保监督管理工作，检查有关水土保持的措施，确保工程环保的质量，审查公路的排水系统及对区域水利的影响，并对不合理部分予以调整。

6. 积极主动地参与施工质量管理工作。一方面要支持监理工程师严把工程质量关，同时督促监理工程师对所有施工环节进行有效的控制。

7. 加强合同管理，严格控制工程分包和选择劳务队伍。督促监理工程师不定期对承包人进行全面的检查，防止以提供劳务的名义非法分包工程。

8. 建立定期的质量检查、不定期的质量抽查或巡查制度，督促承包人建立完善的自检和质量保证体系，督促检查监理工程师、承包人按规定频率进行抽检和自检试验；发现质量问题和质量事故隐患要承包人和监理工程师及时处理，较大问题要进行通报。

9. 会同设计代表经常深入施工现场，积极协助承包人解决和处理工程中出现的有关的技术难题和质量问题。

10. 建立质量评比和奖罚制度，定期召开工程质量会议，选择工程质量好和质量差的典型工点召开现场会议，每一分项工程树立一个样榜工程在全线推广，在全线建立工程质量竞争机制，充分调动参建者的积极性，确保江珠高速公路江门段质量目标的实现。

11. 建立质量终身责任卡片，每一分项工程开工前应将该分项工程的业主、施工、监理责任人的个人基本信息填入责任卡片作为质量资料存档。项目经理为本分项工程的第一质量责任人。

第三节　设计单位的质量管理

1. 按设计合同规定及时提供设计文件及施工图纸，开工前做好设计文件的技术交底工作，对施工图审查提出的图纸错误和疏漏及时更改和补充。

2. 在施工过程中派驻设计代表，随时掌握施工现场情况，配合施工并解决施工过程设计中的问题。

3. 对重大变更设计要进行经济技术论证，以保证江珠高速公路江门段建设工程的先进性、经济性和安全性，并及时补充设计图纸。

第四节　监理工程师的质量管理

1. 切实履行监理合同，按合同要求配足合格的监理人员和监理设施，并按业主的要求及时组织进场；要加强对监理人员的技术业务素质和职业道德的教育和培养，使监理人员具有独立、公正、有效开展监理业务的能力和责任感。

2. 制定详细的监理工作规划和检查制度，明确岗位职责，以现场控制为重点，以治理和消灭质量通病为突破口，努力做好施工监理工作。

3.组建与监工程相适应的中心试验室，并通过省交通工程质监站的验收颁发相应资质。通过进行抽检和平行检验承包人试验结果。见证承包人的现场取样及各项试验，按不低于承包人试验检测频率的30%独立进行抽样试验；监理工程师应遵循实事求是的原则，增强试验数据的可靠性，以数据定结论，用数据说话。

4.配置与工程相适应的测量仪器和测量监理工程师验证承包人对控制桩点的复测资料，开工前组织全线联测。要求承包人对控制桩点进行有效保护并进行每季度复查一项，抽查并确认承包人的施工定线和放样测量，每季度检查承包人使用的测量仪器精度。每季度组织一次全线联测，对规范允许误差进行平差。

5.图纸会审和设计交底。建立设计交底和图纸会审制度，工程正式开工前由总监主持，召集设计、业主及承包人有关人员参加，工程技术人员必须对施工图进行认真审阅，并写出书面的审图意见，设计方进行设计交底，明确施工图中的重点和注意事项，交流、答疑，形成会审纪要，与会各方签字盖章，作为施工图的重要补充部分。牵涉到重大变更的问题，须交业主方审查，另行处理。

6.认真审查承包人的施工组织设计和各项开工报告，依据合同文件及技术规范严格审查工地试验室、材料、设备、劳动力及现场技术管理人员等的准备情况，在工程开工前，对影响工程质量的各种因素进行分析，了解工程的重点和难点，做好工程质量的主动控制和事前控制，对可以预见的问题事前提醒承包人采取措施，避免不必要的返工。

7.施工工艺和技术交底制度

为了确保施工质量和施工安全，对于重要的和重大的分项工程（如：软基处理、桥梁基础工程、悬浇砼施工、预应力砼工程、现浇砼梁施工、隧道施工等），承包人必须编写详细的施工工艺，并报监理工程师审查。

施工工艺必须具有可操作性，必须针对现场实际情况进行编制，施工工艺的重点应包括：质量控制点、安全控制点、操作工序、操作方法、检验方法、注意事项等内容。

现场监理工程师应督促和参加承包人对现场操作工人在分项工程开工前进行技术交底和岗位技能培训，保证操作工人掌握施工的要点和操作程序，交底会应有会议记录。

特殊工种操作工人应具有上岗证，并持证上岗，监理工程师应进行不定期的检查，发现未持证上岗的，应按规定给予处罚。

监理工程师在现场巡视时，对未按施工工艺组织施工的应及时指正，对因违反操作工艺导致工程质量下降的，通知承包人整改，造成质量缺陷的，应责令承包人返工，并对承包人按规定给予处罚。

8.坚持工序验收制度，对质量符合要求的部分予以签认，对不符合质量要求的工程要求承包人返工或采用其他补救措施进行处理，对重要工序和隐蔽工程应进行有效的全过程旁站，前一道工序未经检验合格不得进行下一道工序。

9.按照有关规定，做好监理资料的整理及归档工作；从合同签订到工程竣工验收各环节的资料，都要严格按照规定收集、整理和归档，确保内业资料的完整、系统、准确，在工程开工前编制内业资料编制、整理办法指导并督促检查承包人完善各种内业资料的填写和归档。

10. 加强工程变更管理，审批手续应严格按江珠高速公路江门段有限《工程变更设计管理办法》规定的变更程序执行。

第五节　承包人工程质量管理

1. 承包人应根据施工承包合同要求选配技术水平高、质量意识强、整体素质好、遵章守纪的项目经理部班子，项目经理、技术负责人、质量管理负责人应有相应的施工经历；对合同允许的分包和劳务合作应加强管理，劳务合作方式必须坚决纠正由包工头包揽生产、生活管理的做法。

2. 承包人必须重视质量通病的研究和治理，对高填土下沉、软土地基超限沉陷、桥梁伸缩缝和桥头跳车、防护工程和小型结构物表面粗糙、预应力结构管道压浆不实等质量通病必须制定预控措施；努力推广使用有利于提高工程质量的先进技术和施工手段，对工程的重要结构部位和隐蔽工程要有质量预控和复检制度。

3. 做好导线控制桩、结构物定位桩、水准基点等复测工作，确保施工放线的准确性；同时应加强测量仪器维修养护及标定工作。

4. 承包人开工前应组建与承包范围相适应的工地试验室，建立和完善工地试验室设施，配齐各种试验仪器（设备）及合格的试验人员，建立试验室各项规章制度，按技术规范要求完成各项标准试验和现场质量检测试验，确保各种试验数据真实可靠。工地试验室要得到省交通质监站的验收认可，在省交通质监站验收认可之前工地试验室的试验数据不得作为工程的试验依据。

5. 对所有外购材料如钢材、钢绞线、水泥、沥青、桥梁支座、伸缩缝等，在签订订货合同前应向监理工程师提供拟采购材料样品，并提供有关试验报告、出厂合格证和产品质量检验单（业主供材的由业主提供），并向监理工程师提供外购计划；要妥善保管所有进场材料、成品或半成品构件，使之在安装施工时满足技术规范要求。

6. 项目质量管理实行经理负责制，成立以经理为组长，副经理、总工程师为副组长的质量管理领导小组，下设质检室，专人负责工程质量检验，推进创全优工程活动。单位工程实行主管工程师负责制，由主管工程师全面负责该工程的质量、安全和进度。各作业队和作业班组分别由队长、工班长兼职担任质量检查员，负责各个施工工序的质量检查和控制。

承包人应认真执行质量管理制度，把施工图审签制，技术交底制，质量三检制（自检、互检、工序交接检验），隐蔽工程检查制，工程计量质量签证制，分项工程质量评定制，质量事故（隐患）报告处理制等行之有效的质量管理制度，具体落实到施工活动中。

承包人应坚持"预防为主，检验把关相结合"的方针，将工程质量、工作质量与分配挂钩，奖罚分明，并开展技术培训，成立 QC 小组，组织技术攻关，解决质量管理中的难题，解决施工技术难关，确保工程质量。

7. 坚持按监理程序组织施工

（1）开工申请。在总体工程和分项工程开工前，承包人必须首先提交工程开工申请报告，除按表格内容填写外，还应提供测量资料、试验资料、施工组织设计等基础资料以及质量终身责任卡片，交监理工程师审查。

（2）试验工程施工。承包人在分项工程正式大面积施工之前，应通过试验性工程施工，检查原材料、混合料及其施工工艺能否满足技术规范的要求；承包人应整理试验工程的各项质量控制数据，并总结试验报告，交监理工程师批准以指导规模生产。

（3）技术交底。每一分项工程开工前承包人须制定详细的作业指导书，并在开工前一天组织作业班组进行技术交底，同时有现场监理工程师参加，并形成会议纪要。

（4）加强施工人员的管理，明确岗位职责，建立健全"横向到边、纵向到底、控制有效"的质量自检及质量保证体系和各项工程技术管理制度，认真执行自检、互检、交接检制度，加强对员工的培训，树立质量高于一切的意识；加强技术交底制度，在每一道工序施工前进行书面交底，使质量责任落到实处，落到每个施工人员身上；严格执行施工员登记制度，做到每个正在进行施工的工点的施工均有持证的施工员进行现场施工管理。

8. 工程发生质量事故，承包人必须按规定向监理工程师、业主及有关部门报告，暂停该项工程的施工，并采取有效的安全措施，尽量保护现场原貌接受调查，认真进行事故处理。

9. 严格按照国家、省有关档案管理的规定及总监办制订的内业资料编制整理办法，及时收集、整理工程各环节的文件资料。现场质量检查、质量验收资料按划分的分项、分部和单位工程归档；现场质检原始资料必须真实、准确、可靠，不得追记，不得复印，接受业主和政府工程质量监督部门检查时必须出示原始资料原件。

第六节　质量控制检查程序

1. 开工前准备工作的监理

总体开工和分项工程开工之前，承包人须将准备工作情况（即开工申请报告）报总监办，并报业主备案，待总监批准后方可施工，否则总监有权令其纠正或根据合同条款条令其暂停施工。在质量控检方面其主要审查内容为：

（1）工地试验室的仪器与试验人员配备情况及其相关标准试验结果；

（2）承包人的测量仪器与测量人员配备情况及导线点、水准点复测结果，施工放样数据。

（3）承包人的质量自检系统及质量保证措施；

（4）进场材料的质量、规格、数量情况；

（5）施工组织机构及主要人员的配备情况；

（6）施工方案、方法、工艺流程；

（7）施工设备的配备（数量、规格、性能）等情况。

2. 施工放样与施工测量工作的监理

（1）监理工程师会同设计部门及业主工程部向承包人移交工程测量资料，承包人应进行工程测量复核工作，在测量复核过程中，应补设和固定永久性标志，并将复测结果报监理工程师审查，然后承包人进行工程定线和放样。

（2）承包人应根据监理工程师批准的格式，于当日或次日向监理工程师提交工程放样和施工测量记录，当监理工程师发现测量和放样有问题时，承包人应返工复测。

（3）开工前监理工程师应组织全线联测，以保证全线测量结果一致。其后每三个月组织一次全线联测，并及时将测量成果报业主和设计代表，对测量成果误差超过规范允许误差时，由总监办会同设计代表研究误差消除方案并报业主备案，当误差消除方案将涉及工程变更时须报业主批准后方能实施。

3. 中间检查

（1）中间检查的安排

承包人应在每道工序施工结束前 24 小时将检验计划报送驻地监理组，以便驻地监理组安排每道工序施工质量检查工作计划。

（2）检查程序

1）每道工序完成后，承包人自检，若自检不合格，自行返工或补救；若合格，则填写"工序质量检验单"报送监理工程师；

2）监理工程师独立检验，若不合格，则通过"工作指示单"指示承包人返工或补救；若合格，则签认"工序质量检验单"，并指示承包人进行下一道工序的施工；

3）承包人在每一个分项工程完工后，应进行自检，若自检不合格，则自行返工；若合格，则填写"分项工程质量检验报表"，并按规定的格式和内容，编制"分项工程中间交工证书"，报送监理工程师；

4）监理工程师对分项工程进行检查验收，若不合格，则发工作指示单，指示承包人返工或补救；若合格，则签认工程质量检验报表及分项工程中间交工证书，并发出工作指示单，指示承包人进行其他分项工程施工。

4. 中间质量检查的方法和手段

（1）现场旁站监理人员应在各施工点监督施工，原则上采取旁站监督，尤其是对关键部位、工程隐蔽部位、易产生缺陷的工程、不易补救的部位，每一分项工程的首项工程施工更要加强监督，必须全过程旁站；如出现质量问题，要及时报告上一级监理工程师及业主代表，以便得到及时处理，在旁站过程中作好监理日志，工地各级监理人员应将施工中的情况和主要问题及时记录于监理日志中，并存档备查。

（2）工程用材料和设备的检验。所有用于工程的材料需经过试验合格，并经试验监理工程师批准后方可使用，其质量必须符合技术规范要求。原则上，工地材料试验应进行委托试验，且须有被授予"见证员证书"的监理试验人员在场见证，试验记录有现场监理试验人员签字认可方能有效。若检验结果不合格，监理工程师应指令停止使用该批次材料。

（3）现场测量。包括几何尺寸、高程、位移等项目测量。一般性的现场测量工作由承包人进行，监理人员旁站监督，其测量记录必须有监理人员签字认可方有效。关键性的测量工作监理测量人员应自行测量复检。

（4）施工质量的抽样检验。由监理工程师中心试验室和工地试验室对每一工序完成的质量进行抽样试验，现场监理人员应及时通知监理工程师中心试验室和要求工地试验室人员抽取试验用的样品。

5. 分项工程中间交工证书

承包人在完成各分项工程后需进行完工验收及评定。对验收合格的产品，颁发"分项工程中间交工证书"，"分项工程中间交工证书"是申请紧后分项工程施工的前提，也是办理分项工程完工计量的基础，是竣工验收文件的重要组成部分。分项工程完工资料的整理上报是颁发"分项工程中间交工证书"的前提。分项工程中间交工文件编制要求如下：

（1）分项工程中间交工资料的编制是以全面真实反映该分项工程及监理过程为目的，因此，其内容应包括该分项工程的开工申请到检验评定及竣工图纸的所有有关施工及监理过程的一切有关文件，内容应真实完整，手续齐全，资料的编排应符合施工、监理程序及时间顺序，相互配套的表格应放置在一起。

（2）上报的分项工程中间交工资料采用复印件，原件仍保留在施工单位，以备竣工资料之用。

（3）分项工程共用资料较多，不必在每个分项工程中都放置，但最初上报的应齐全，其后上报的可只列出目录及资料编号，指出在哪个分项工程中可查到此资料即可。

（4）分项工程完工文件按广东省交通厅工程质量监督站编制的《广东省公路工程施工表格》的内容执行。

6. 分部和单位工程的完工

当组成一分部工程的各分项工程全部完工后，监理工程师应再次进行检查、复查，如未发现质量问题，即可对所有分项工程完工证书进行整理，汇编形成分部工程竣工文件。

同样，当组成一单位工程的各分部工程完工后，监理工程师应对各分部工程完工文件进行整理，汇编形成单位工程竣工文件。

第七节 工程质量事故及缺陷工程处理

1. 工程质量事故的定义

工程质量事故：以修复方法不能达到质量合格标准，或修复费用超过该分项工程（或施工单体）合同金额 1/4 的工程施工事件，定为工程质量事故。

工程质量事故的级别，以造成的工程直接损失费、间接损失费和所发生在工程实体中的部位，划分为一般事故、重大事故和特大事故等三级。

（1）工程直接损失费：按《工程量清单》单价计算出的合同金额；

（2）工程间接损失费：按相应单价计算出的事故处理所需工程费用；

（3）附注：损失费的"以上"二字为下限，包含本下限值；"以下"二字为上限，不含本上限值。

（4）一般事故：直接损失费在 1 万元以上，或不小于该分项工程（或施工单体）合同金额的 1/10，但不大于 10 万元，或间接损失费在 5000 元以上、10 万元以下的质量事故。

（5）重大事故：直接损失费在 10 万元以上、30 万元以下，或间接损失费在 10 万元以上、20 万元以下的质量事故。

（6）特大事故：直接损失费在 30 万元以上，或间接损失费达 20 万元以上的质量事故。

2. 工程质量事故的处理

（1）事故处理程序

无论何时，一旦发生工程质量事故，需按下列程序抓紧处理。

（2）事故发生后，承包人应立即采取紧急措施（包括暂停工程），同时立即填写"质量事故报告单"报告总监办及通知业主；

（3）总监办接到质量事故报告后，立即组织有关人员到现场查看，同时根据事故现场情况，下达指示；

（4）承包人根据总监办的指示，立即采取相应措施，查清事故原因提出处理意见报总监办，并抄送有关方面；

（5）若为重大、特大质量事故，总监应立即报业主并以书面简要说明；

（6）业主可视情况，组织由有关各方人员参加的联合调查组，查明原因，提出事故处理意见，填写"质量事故处理报告单"，并抄送有关各方；

（7）若事故原因迟迟不能查明，总监认为事故隐患未消除，则不发复工命令，或根据合同条款条再次发出暂停施工命令，直到事故原因查明后方可发出恢复施工，进行处理的指令。

3. 一般事故的处理

（1）承包人立即采取紧急处理措施，并填写"质量事故报告单"报告监理办。

（2）总监办全权受理，并承担处理一般事故的全部监理责任。

（3）在事故发生后的 48 小时内，由总监办在承包人的事故报告基础上，向业主提交经核实事故原因、事故损失及责任分析的初步书面报告；并在初步报告后的 2 天内，向业主提交含事故现场照片、监理日志与日报，以及签有总监办意见"质量事故处理报告"的详细书面报告。

1）立即停止该分项工程的本期工程计量。

2）在事故级别难以判断时，宜按重大事故受理；或视事故发生在工程实体中的部位划分。

4. 重大事故的处理

（1）承包人立即采取紧急处理措施，或暂停施工；立即填写"质量事故报告单"报告总监办。

（2）总监办立即组织有关人员赶赴现场，批准或指示紧急处理措施，负责事故现场及有关情况的调查，并立即以书面简要说明报业主。

（3）在事故发生后的 24 小时内，由总监办在签收"质量事故报告单"后，向业主提交经分析事故原因的初步书面报告；并在初步报告后 2 天内，向业主提交含事故现场照片、监理日志与日报、事故原始记录、事故原因与损失的核实情况，以及事故责任分析和签有总监办意见"质量事故处理报告"的详细书面报告。

（4）立即停止该部分工程的本期工程计量。

（5）由总监办会同业主总工、工程部及设计部门，在取得试验、监测报告后，分析事故机理及其破坏程度，制定补救措施。

（6）在事故级别难以判断时，宜按特大事故受理；或视事故发生在工程实体中的部位划分。

5. 特大事故的处理

（1）承包人立即在总监批准或指示下，采取紧急处理措施，并暂停施工，在事故发生 6 小时内由总监办以电话或口头向业主报告。

（2）在事故发生后 24 小时内，由总监办会同业主总工、工程部、合约部及设计部门对事故原因、责任、事故损失及其有关情况进行现场调查、核实与验证，并签署"质量事故报告单"；在 36 小时内，将事故初步书面报告报送业主。

（3）在事故发生 2 天内，由总监办向业主提交含事故现场照片、监理日志与日报、施工原始记录、事故原因、事故责任、事故损失及其有关情况，以及签署意见的"质量事故处理报告"等组成的详细书面报告；并由总监、设计人员、业主总工及工程部经理向总经理当面汇报。

（4）立即停止该单位工程的本期工程计量。

（5）由业主组织设计部门、监理及承包人共同分析和判断事故机理、工程破损程度，研究补救措施或工程变更方案，在取得试验、检测报告后，提出其相应设计图纸。

（6）承包人接收经审批的补救措施或工程变更，并经整改落实后，提出复工申请，经总经理签发后，方可复工。

6. 缺陷工程的处理

对于质量缺陷的工程，承包人应根据质量缺陷的原因，提出处理意见，报监理工程师批准。监理工程师应对质量缺陷产生的原因作出判断，并确定补救方案，此方案要经业主同意，然后承包人按指令进行修补、加固或返工处理，最后经监理工程师验收。

第八节　试验工作程序

1. 工地试验室的工作程序

（1）原材料、砂浆、混凝土及混合料设计配合比的试验程序

承包人提交开工报告后，监理工程师检查材料出厂证明，并督促工地试验室抽样检查或取样送检。有关材料进行试验前，应出具材料试验报告单，无论是抽样检查还是取样送检，所出具的报告单必须符合政府质量监督部门关于资质规格的要求。若发现原材料不合格，工地试验室要及时向监理工程师反映，由监理工程师提出处理意见。

承包人必须根据施工进展情况，超前适时进行砂浆、混凝土及混合料设计配合比的试验，向监理工程师中心试验室提出推荐配合比。工地试验室呈送给监理工程师中心试验室的试验报告单（包括相关试件的力学试验报告单），必须有"见证"，有 CMA 印鉴。总体开工报告和分项开工报告均须附有试验资料，供监理工程师审查。原材料必须有 5% 比例外送到具有试验资质的单位进行检验，且须有监理试验工程师的见证。

（2）现场检测试验程序

施工前总监办与承包人试验人员按规范确定检测项目，施工中共同按规范要求的频率进行试验或在工地试验室旁站承包人的试验过程，检查原始记录并按规定抽查频率对现场进行独立抽查，并将抽查结果填入质量检验单，对无条件做的试验项目，在监理工程师中心试验室或在政府有关部门认定了资质的试验室进行。施工中试验员要重点检查工程的关键部位及隐蔽工程部位。

工地试验室应将抽查情况和旁站监督情况及时报送监理中心试验室。

（3）分项工程检验程序

分项工程完工后，试验监理工程师根据旁站监督的资料以及承包人原始试验记录，对

已完工程进行检查，并将检查结果反馈给承包人。

2. 中心试验室的工作程序

（1）分项工程验收程序

承包人对分项工程自检，检查合格后填写质量验收通知单并报经监理工程师签认，同时承包人还必须向中心试验室提出验收申请。中心试验室接到质量验收通知后，首先检查承包人的自检记录和试验监理工程师的抽查记录，然后对已完工的分项工程进行抽查，并由中心试验室通过总监办向承包人发出分项工程质量评定意见。

（2）设计配合比的复核试验程序

混合料、砂浆及混凝土等的配合比复核试验由中心试验室完成。

承包人必须根据施工进展状况，超前安排配合比设计试验。所提交的设计配合比试验报告，必须符合政府监督部门关于资质规格的要求。

中心试验室接到承包人推荐的配合比设计后，先检查原材料是否符合规范要求，推荐配合比的各项指标是否满足规范规定。然后检查原始资料的试验方法、条件、步骤是否符合试验规程。检查合格后，用承包人提供的相同地点的样品进行原材料复核试验，合格后再逐项进行配合比复核试验，当试验结果不符合要求时，通知承包人重新选取合格的材料再进行推荐配合比设计。

当试验完毕时，由中心试验室提出复核试验报告，作为监理工程师批准配合比的依据。推荐配合比被批准后，称为"批准的配合比"，施工中应以"批准的配合比"控制各项技术指标。

（3）工程质量抽验程序

项目业主工程部或政府质量监督部门在巡视现场检查工程质量的过程中，如怀疑质量上有问题，会下达抽样检验的指令。此时，中心试验室应根据检查内容、要求、做好准备工作。检查时，各驻地监理应予以配合，检查结果出来后应及时报告给项目业主，监理办同时留底存档。

第九节　试验工程、样板工程

1. 各合同段的每一分项工程全面开工前，应事先进行该分项工程的试施工（试验工程），只有当试验工程完成、满足合同规定的质量标准，编写了试验工程的施工总结，并得到了监理工程师和业主的批准后，方可全面开工。

施工总结包括：施工组织措施、施工方案、操作规程、机械设备配套、质量保证体系、质量控制措施、施工工艺参数、试验检验数据、安全保障措施等。

须进行试验工程的分项工程及试验工程规模：

（1）软基处理：每一种处理方案 200m 长全幅路基宽；

（2）路基填筑：分填土、填石 200m 长全幅路基宽；

（3）箱涵、圆管涵：各一道；

（4）桩基：每一桩径、水中、陆上桩各一根；

（5）立柱：一根；

（6）盖梁：一个；

（7）悬浇梁：0#、1# 块；

（8）预制空心板、小箱梁、T 梁：分跨径、边板、中板各一块；

（9）防撞护栏：一个单跨、单边长；

（10）伸缩缝：每一类型伸缩缝一道；

（11）隧道：单孔长 20m 左右洞身开挖、支护、衬砌（包括中导洞、左、右洞各 20m）；

（12）上边坡防护：每一种类型防护 100m² 边坡。

2. 样板工程：全线各分项工程开工前期由总监办和业主组织树立某一分项工程样榜工程作为全线的样榜，其他承包人的施工标准不得低于样榜工程，否则迫工。样榜工程入选条件：内在质量评分达到 90 分以上，外观工艺美观，施工管理水平较高，内业资料完整正确，安全措施齐全。

第十节 计量与支付管理

1. 总则

工程计量与支付不仅是对已完工程质量的确认及整体的综合评价，而且是整个监理工作，乃至整个项目建设管理的重要手段和平衡扛杆。

为了加强江珠高速公路工程项目建设管理，准确、及时做好工程计量支付工作，确保工程建设顺利开展，特制定本办法。

2. 管理办法包括的内容：

（1）工程计量；

（2）工程支付；

（3）其他相关规定。

3. 工程计量

（1）计量原则

1）工程按规范及相关要求施工完毕，并经监理工程师现场确认，符合《公路工程质量检验评定标准》及本办法相关规定。

2）按合同文件规定的方法、范围、内容、单位以及实际发生的工程量进行计量。

3）合同外发生的工程量，要严格按业主、监理工程师、承包人三方现场签认的工程量，并按批准的工程变更设计进行计量。

4）凡是超过工程量清单内数量或设计图纸中的工程数量，必须先按变更管理办法上报变更，待变更批复后，再按合同外发生的工程的计量办法进行计量。

5）所有计量的工程量按"净值"计量，净值的规定按招标文件或施工合同文件中的约定为准。

6）工程的计量并不免除承包人相对于计量工程的任何责任和义务。

7）本项目的计量与支付工作实行台账式管理办法，承包人、监理、业主均在工程开工后，共同建立工程施工图台账、工程计量台账、工程变更台账，每期计量补充完善计量台账，根据工程实际进度与变更进展情况补充完善变更台账，以实现分量逐期审核，总量总体控制。

（2）工程计量的依据

1）《施工监理合同》与《施工承包合同》；

2）其他合同文件或补充协议；

3）《江珠高速公路工程项目管理办法》；

4）按工程量清单及本项目《工程计量支付管理办法》的规定进行计量，计量的尺寸以实际发生为准，但不超过设计图（含变更设计）所示，设计图纸中不明确、不规格工程的数量计算方法须经监理工程师审核并签认；

5）工程变更的工程数量以纳入造价后的工程变更清单及审批的工程变更设计图纸为控制总量，计量以实际发生的工程量计量；

6）工程量清单中有单价的套用相应单价，若无，则由监理工程师与承包人按合同专用条款的原则协商并报业主或上级主管部门核定的为准；

7）已批复的《工程变更意向报告》《工程变更申请报告》与三方联测资料。

（3）计量工程须具备的条件

1）工程量和工程计量比例的确定

①工程量清单中的项目

工程量清单内的工程项目全部需要通过计量才能支付，工程量按实际发生并经承包人、监理工程师和业主三方现场确认进行计量。

②合同文件中规定的包干项目

合同文件中规定的包干项目按照合同文件或技术规范的规定，以总额或其他方式进行计量。

③工程变更项目

已完工变更工程在《工程变更意向报告》批复后，以实际发生的设计图纸所示或三方联测签认的工程量（但不得超过工程变更批复的估算数量）计量85%，在《工程变更申请报告》批复并签发变更工程的《中间交工证书》后，再予计量10%。

④承包人为完成上述项目而进行的一些辅助工程，因为这些辅助工程的费用已包括在上述项目的单价中，应按合同条款有关规定不予计量。

⑤为了缩短计量周期，加快工程的计量支付工作，缓和承包人因加快施工进度而出现的资金短缺情况，特对工程计量比例做出以下几项规定：

a. 对于软基处理的各相关细目工程，实际完成并经检验合格后以实际发生的工程量的85%计量，待全部完成并经检验合格签发《中间交工证书》后，再予计量10%；

b. 路基土石方开挖工程的计量，每期按实际完成工程量的100%计量，但当累计计量达到设计总工程量的85%时，暂停计量，待全部完成并经检验合格签发《中间交工证书》后，再予计量10%；

c. 路基土石方填筑工程的计量，在93区内，以各期实际完成工程（最低不少于3层填筑量）的85%中间计量，待93区顶面完成并经检验合格签发《中间交工证书》后再计量10%。94区和96区计量方法同93区，最低计量层数为2层填筑量。

d. 在钢筋混凝土、素混凝土的计量时，混凝土抗压试件7天强度达到90%，其钢筋、混凝土按实际完成数量的85%计量；

e. 桩基础施工完成后7天强度达到90%，给予延米计量85%；

f. 空心板预制完成，7天强度达到90%后，以合同清单内的计量单位按总量的60%予以计量，待安装完成并检验合格签发《中间交工证书》后，按实际完成数量的95%计量；

g. 对于箱涵、圆涵等以延米为计量单位的工程，在全部洞身完成7天砼强度达到90%，给予按总长度的85%计量；

h. 与上述各工程相类似的隧道内各细目工程的计量比例参照上述有关规定，对于其他细目工程，其清单细目合价金额占隧道工程章节总合价金额的8%以上的细目工程，在按规范要求完成并经检验合格后以实际完成工程量的85%中间计量，待签发相关《中间交工证书》后，再予计量10%。

以上各项计量工程，待剩余工程量全部完成并经检测验收合格签发《中间交工证书》后，再予计量10%，若验收不合格，则将已计量的该部分工程予以扣回。

2）工程质量的确认

所有计量工程须经监理工程师现场验收达到规范或合同文件的要求，并由监理工程师签发了《中间交工证书》或相关的质检报告，才能进行计量。对于工程质量未达到技术规范或合同文件要求的工程，以及对于监理工程师所签发的停工、返工等相关工作指令未闭合、现场未按指令整改完毕的工程均不予计量。

（4）计量工程所须附备的资料

1）工程数量方面的资料

①含有计量工程数量的设计图纸；或

②经设计代表、业主代表、监理工程师等现场签认的变更工程量；或

③业主、监理、承包人三方联测签认工程量；或

④业主、监理规定或签认的其他合法工程量资料。

⑤对于路基土石方、挖除非适用材料的计量，以横断面复测软件测量计算的工程数量为准，进行中间计量。

2）工程质量方面的资料

①试验检测资料

凡需监理抽检的各项工程，其试验检测资料以总监办中心试验室签认的监表《工程试验报验单》为准，即只有承包人自检合格，并经监理工程师现场抽检合格的工程，凭监表才能进行计量。

②质量检验资料

计量工程的质量检验资料为"工程质量的确认"中规定的《中间交工证书》、各质检报告或业主和监理工程师规定的其他用表或相关资料。

3）变更工程计量所需资料

①《工程变更意向报告》批复后的中间计量

a.已批复的工程变更意向报告及其附件。

b.业主、设计、监理、承包人现场签订的工程变更会议纪要。

c.已确定的变更工程量或三方联测工程量资料。

d.已批复的变更单价（如为合同文件工程量清单中的项目，则直接采用清单中的单价进行计量）。

e.变更工程完工后按第（2）条"a.试验检测资料"和"b.质量检验资料"规定所签发的质量方面的资料。

f.业主或监理要求的其他相关资料。

②《工程变更申请报告》批复后的中间计量

a.已批复的工程变更申请报告及其附件；

b.业主、监理、承包人三方联测签认的工程数量。

c.变更工程完工后按第（2）条"a.试验检测资料"和"b.质量检验资料"规定所签发的质量方面的资料。

d.已批复的变更单价（如为合同文件工程量清单中的项目，则直接采用清单中的单价进行计量）。

e.业主或监理要求的其他相关资料。

③工程单价方面的资料

a.对于变更工程，则需上述第（3）条规定的"已批复的变更单价"；

b.业主下发的各项变更工程暂定单价的书面文件。

④对于桥涵台背、构造物的基底换填、软基处理等隐蔽工程的计量，必须附上现场开工和施工完成后成品的照片做为计量附件，否则，不予以计量。

⑤业主或监理临时要求的其他资料。

4. 工程计量报表（文件）的编制

工程计量文件分为计量正件和计量附件两部分，承包人在每月 25 日前将计量正件和附件报总监办合约部四份以供审核，逾期报出者，并入下一期计量。

（1）计量正件

1）计量正件由期中支付证书、计量报表汇总表、计量报表和中间计量单组成，其表格形式见后附件，计量正件应按期中支付证书、计量报表汇总表、计量报表、中间计量单的先后顺序装订。各种计量表格填写的内容应齐全，承包人签认后，报总监办合约部四份以供审核，由总监办到业主逐级签认，期中支付证书、计量报表汇总表、计量报表均应加盖公章。

2）中间计量单必须填入计量桩号、部位、计算公式、变更令编号、合同工程量、已计工程量、变更工程量、本期计量工程量、相关备注等内容，具体内容见后附件。

3）计量正件必须统一采用打印输出，封面采用灰色的硬封面纸进行装订。

（2）计量附件

1）计量附件单独装订成册，随同计量正件一并上报审核。

2）计量附件的主要内容是计量正件内中间计量单的证明资料，包括本办法中规定的试验检测、工程质量、工程单价等方面的资料，由各项原始资料的复印件组成，必须按计量正件内中间计量单的顺序组卷，编制统一流水页码（可用打码机打印页码）。

（3）其他说明与规定

1）所有计量资料必须真实，不允许利用复印技术弄虚作假，规定的签名不能采用签字章代替，不得找人代签或仿签，同一人不能既是制表人又是复核或审核人，一经查出，严格按合同文件相应条款处理；标明要盖章的地方要加盖单位公章；

1）计量附件的证明资料是工程计量的必备资料，是计量工程按规范要求完成并经监理工程师确认验收合格的证明，故所有附件资料必须签字齐全，资料的填写必须规范。

1）报出的计量报表一律不得退回增加资料或修改资料，对于资料不齐的，将被视为未完工或已完工而验收不合格不予计量。

5. 工程计量程序及审核内容

（1）承包人计量申请

1）承包人应有专门负责计量的人员，熟悉本项目的各项计量程序，并对计量情况进行全过程跟踪，在监理审核过程中发现问题能及时整改，并设立施工图台账、工程变更台账、工程计量台账；

2）首先由承包人计量员拟定该期计量内容，即计量的分项名称、计量部位，承包人资料员协助计量员整理计量文件中所需资料，承包人计量员编制完成计量文件附件，确定计量数量，报项目经理审核，并签认；

3）承包人计量员在根据收集、整理后的各项附件资料，编制中间计量单和计量报表、计量报表汇总表以及中期支付证书，装订成册，形成计量正件，并由规定的承包人员在规定处进行签认；

4）签认完成后，按本办法上述规定的份数上报驻地监理组、总监办等部门进行审核。

（2）监理工程师审核

1）驻地监理组专业监理工程师审核

①驻地监理组专业监理工程师主要负责审核计量文件中的计量工程的真实性与计量工程量的准确性，以及工程质量是否合格，是否有监理工作指令尚未闭合，计量工程部位与现场施工部位是否相符等，如发现有计量桩号或部位不符，计算尺寸、公式有误，计量工程质量不合格或达不到合同文件或规范的要求，可要求承包人重新核算，或等工程质量经过处理达到计量的质量要求时，方可计量；

②承包人计量员进行跟踪，详细了解专业监理工程师审核情况，及时配合专业监理工程师对计量文件的审核；

③驻地监理组专业监理工程师对计量文件在5天内审核并签认后，将审核结果与相关情况向总监办合约部合同管理工程师交底；并将计量支付报表移交合同管理工程师。

2）总监办专业工程师审查

总监办各专业工程师重点审查中间交工证书所需质量资料是否齐全、正确、真实、符合质检程序，质量标准是否达到合同要求，然后签发中间交工证书。中间交工证书是分项工程最终计量的重要依据，无中间交工证书的计量项目不予最终计量。

3）总监办合同管理工程师和总监审核

①总监办合同管理工程师可在总监的授权范围内代表总监办在5天内对各标段计量文件根据施工图、有关文件、驻地监理组所确认的数量进行审核和检查，审核计量项目是否符合计量规定，确定计量项目、数量并进行签认后，上传总监审核；

②总监在3天内对合约部审核的结果进行复核，并签认完毕；如不同意计量表中合约部所确认的数量，可要求合约部重新核算后，并签名认可；

③承包人计量员进行跟踪，配合总监办专业工程师、合同管理工程师、或总监审核计量文件。

（3）业主审核

1）业主代表在收到总监办报送的计量报表后，4天内对工程数量的真实性、准确性进行审核，并进行签认后传至工程部审核；

2）业主工程部在3天内对计量工程的工程量计算的准确性、计量的原则等进行审核并签认后，传至合约部审核；

3）业主合约部计量员在4天内对计量文件在计量原则、计量数据的准确性等方面进行审核并签认后，上传至业主合约部；

4）业主合约部在3天内对计量文件在计量原则、计量数据的准确性等方面进行审核并签认后，上传至业主总工办；

5）业主总工程师在3天内对计量文件的在计量程序、计量原则等方面进行审核并签认计量报表、计量报表汇总表，上传总经理审核；

6）业主总经理3天内对计量文件在计量程序、计量原则等方面进行审核并签认期中支付证书；

7）董事长在2天内对工程计量文件进行审核并签发期中支付证书。

6. **工程支付**

工程计量完成后，按审批程序，由业主最终签发中期支付证书。

支付是指对承包人应获得的款项予以确认并进行付款的过程，支付管理是进行造价控制的一个重要环节，也是保证工程顺利进行的重要因素。

（1）支付应满足的要求及规定

1）清单中包含的工程，必须是已通过监理的计量；

2）变更项目必须有变更指令；

3）各项支付款项必须符合合同条款的规定；

4）期中支付金额大于合同规定的阶段证书的最低限额；

5）支付不解除承包人应尽的任何合同义务。

（2）期中支付的内容和程序

期中支付的内容如下：

1）工程量清单100章中的包干项目。其付款数量和金额应遵照技术规范中的规定进行。

2）工程量清单中其他项目的支付。其工程数量应按计量证书中确定的数量，单价应按工程量清单中相应的单价进行结算。

3）变更工程。其单价和金额按合同相关条款及有关工程变更的规定进行结算。

4）索赔。被确认的索赔款额在最后支付证书内给予支付。

5）扣留保留金。扣留的比例为1）～3）项的10%，其总额达到合同总价的5%后不再扣留。

6）扣材料款。对业主供应的材料，应按工程量清单中所附的单价计算，数量按承包人签收材料数计，在当期支付中扣回。

期中支付程序如下：

1）承包人将有关各方签认的期中支付证书、计量支付报表汇总表、计量支付报表、中间计量单、工程变更一览表等为附件填写一式六份财务支付申请月报表（又称为期中支付证书，详见各支付表），并附上有关的原始凭证，交总监办审查。

2）总监办在收到承包人的支付申请后2天内，由项目总监审查并签署审查意见。

3）业主工程部及合约部、总工室在收到总监办的审查意见后6天内，核实，交总经理审批。

4）总经理在收到工程管理部门的审查意见后 2 天内予以审查。

5）董事长审批之后财务部在 4 天内复核付款。

办理期中支付应注意如下问题：

1）注意承包人提交的付款申请书是否有下列原始凭证：

a. 按规定签认的中间计量表；

b. 按规定签认的索赔审批书。

2）进一步核实计量方法是否正确、合理。核实承包人借款及业主供材的材料款的扣还情况。

3）付款期限应符合合同条款的规定，以免承包人因业主延迟付款而提出索赔延迟付款利息的要求。

1）完工支付的内容程序

完工支付内容除完工延误处罚（即合同条款第 47 条规定）一项与期中支付内容不同外，其他与期中支付的内容相同，但完工支付相对较为复杂，一是工程量清单中的支付项目都已完工或部分完工，要审查的支付项目大大增加。另外，一些工程变更和索赔的费用合同双方可能未最终认定，需要进一步核实处理，所以合同条款中给承包商办理完工结算的时间有所延长。完工支付的程序也与期中支付基本相同。

2）最终支付的内容与程序

最终支付的内容主要如下：

①缺陷责任期内的剩余工程；

②保留金的返还；

③其它变更工程。

最终支付的程序如下：

1）承包人提交最终支付申请书。承包人应在业主签发缺陷责任终止证书后 28 天内向监理提交一份最终支付申请书，申请书应列明整个合同期间业主应支付给承包人的各支付款项的金额和总额。申请书的格式与财务支付月报表的格式类同，申请书应附下列文件：

a. 各分项工程完工计量证书；

b. 业主签发的变更工程通知书及变更工程一览表；

c. 各种索赔审批书及汇总表；

d. 监理工程师签认的业主供材到达现场计量表；

e. 其他有效的费用记录及证明文件。

监理工程师签发最后支付证书报业主审批，并抄给承包人。

2）工程管理部门审查。工程部及合约部收到监理的最后支付证书后应在 28 天内予以审查。审查过程中应详细审查承包人提交的各项费用申请中原始凭证是否齐全，是否有监理工程师的签认，业主供应的材料款是否已全部扣回，并应就支付项目内容、单价、数量进行全面审核，开具最终支付证书。最终支付证书的格式与期中支付证书格式类同。

3）总经理审核。总经理在接到工程管理部门审定的最终支付证书后应再次进行核实，特别是应对最终结算超出预算的合同要指定专人进行全面审理，以保证最终支付证书的准确性。对确实超出预算的合同，应进行最终结算分析，并办理追加预算的有关手续。

4）董事长审批签发最后支付证书。

5）财务部付款。财务部在收到董事长签认的支付证书后进行查证，并办理付款手续。

第十一节 工程变更管理

1. 总则

（1）为加强江珠高速公路工程项目建设管理，切实贯彻设计意图，合理控制工程规模的技术标准，保证变更合理性及技术经济性，从严控制成本，明确操作程序，规范变更管理，特制定本办法。

（2）本办法内容包括江门段的路基、桥涵、隧道、通道、道路交叉（互通立交、分离立交及平面交叉）、排水及防护工程。

（3）各设计文件和概（预）算经批准后不得任意修改，确因客观环境、条件有较大变化须修改时，应按本细则规定办理。

（4）工程变更管理实行分类定义，分级负责的管理原则。

2. 工程变更定义和分类

（1）工程变更定义

1）经审查批准使用的施工合同文件、施工招标文件、施工图勘察设计文件、工程数量清单，现行的技术规范和国家标准，经上级主管部门批准的江珠高速公路江门段指令作为工程变更依据。

2）以已经审批而建立的施工图台账为基础，项目发生任何施工或施工图台账变化，包括数量、单价、费用等变化均属于变更。

3）变更设计工程费用按本办法各条款确定的数量和单价进行计算，核减相对应部分的工程费用后计算变更增减费用总额。

（2）工程变更分类

1）按变更原因分类

优化设计：指通过现场勘察、核对、分析、论证和比选，在不降低技术标准、使用功能和工程质量的前提下，采用新技术、新工艺、新材料对原设计进行优化，可达到降低施工难度、缩短工期、提高质量、节约投资的变更设计。设计工程取消实施，已招标工程改为分期修建等不视为优化设计。

完善设计：指由于勘察设计深度不够、调查预测失当或环境条件发生变化，导致设计文件漏项或者考虑内容欠周，以及由于设计文件不符合现行或在项目实施过程中颁布且需在本项目生效的国家标准、技术规范，或江珠高速公路江门段有限事先确定的特殊规范，而必须加以修改、完善、补充和增减的变更设计。

补救措施设计：是指由于未按施工技术规范和有关规程施工，导致不良后果所引发的设计变更，属于施工补救措施设计，其增加费用由承包人负责，但其变更设计的程序仍应按本办法规定执行。

合理化建议：是指符合《规范》要求前提下，适当降低局部标准，但不影响总体功能和质量的工程变更设计方案。

新增工程：指工程正式开工后直至项目进行国家竣工验收之前，因社会经济发展或企业投资效益需要，江珠高速公路江门段经法定程序申报批准，在原批准规模以外新增并加以实施的变更。

工程量变更：如实际发生的工程量与工程量清单和设计图纸的数量不一致时，需上报变更，予以确定最终的工程量。

2）按工程变更内容分类

根据本项目的实际情况，为了更好地贯彻落实业主的管理思想，按工程变更内容将本项目的工程变更分为两大类，一类为特殊工程变更设计，一类为一般工程变更设计。

特殊工程变更设计指现场发生频繁、不及时指令导致停工等待，包括：

①桩基长度加长变更；

②袋装砂井长度变更；

③清淤工程变更；

④红线外的抽水工程量变更；

⑤围堰工程变更；

⑥隧道因地质原因造成的塌方；

⑦路基换填。

一般工程变更即除上述7种特殊工程变更设计之外的所有变更工程。

3. 工程变更的提出

工程变更可由承包人、监理工程师、业主、设计单位或工程相邻地段的第三方提出。所有工程变更的提出，均须由承包人以书面形式上报业主，在业主的组织下，按规定程序办理。

（1）承包人提出工程变更

承包人在施工过程中遇到不能预见的地质条件或地下障碍，以及为了节约工程成本或加快工程施工进度等情况下，在保证工程施工质量的前提下，可提出工程变更。

（2）监理工程师提出工程变更

监理工程师根据工地现场的工程进展的具体情况，认为确有必要时，可提出工程变更。

（3）业主提出工程变更

业主在合同限定的范围内，根据工程投资、建设质量、进度的需要，可提出工程变更，并根据变更规模而确定。

（4）设计单位提出的变更

设计单位在工程设计总则的前提下，可根据相关规定，在对工程进行优化、修改、完善、补救设计工作中，可提出工程变更。

（5）工程相邻地段的第三方提出变更

工程相邻地段的任何第三方提出的变更，监理工程师要先报业主，由业主出面与第三方协调。若协调结果认为确有必要变更时，可按规定程序办理。

4. 工程变更设计的申报程序

工程所有工程变更设计的申报均采取承包人进行书面申报的形式进行，分别为工程变更意向报告与工程变更申请报告。

（1）特殊工程变更设计的申报程序

对于特殊工程变更设计，承包人向总监办提交《工程变更意向报告》以及规定的相关附件，总监办在2天内审核同意变更并签认完成后，报业主审核，业主在收到《工程变更意向报告》的3天内，根据需要组织承包人、监理、设计代表等相关人员进行现场勘察，召开现场变更会议，决定是否同意变更，如同意变更，则在现场由承包人、监理、业主、设计代表四方共同签发会议纪要（具体格式见后附件），承包人在收到会议纪要后，即可根据会议纪要的规定在监理工程师的现场监督下实施现场工程变更。同步业主将结合会议纪要对《工程变更意向报告》进行审批，并将已批复《工程变更意向报告》返还承包人和总监办。

承包人在收到已批复的《工程变更意向报告》后，即按照一般工程变更的程序执行。

（2）一般工程变更设计的申报程序

承包人向总监办提交《工程变更意向报告》以及规定的相关附件，监理单位在4天内审核同意变更并签认完成后，报业主审核，业主在收到《工程变更意向报告》的10天内，根据实际需要组织承包人、监理、设计代表等相关人员进行现场勘察，召开现场变更会议，确定变更方案并形成会议纪要，正式行文至承包人，并抄送监理工程师。会议纪要的内容包括变更依据，变更范围、变更部位及其实施方案，以及设计院出具的变更设计图（或由承包人出具并经设计代表、业主签认的设计图）的等相关资料。对于所有的《工程变更意向报告》的审批结果，业主都将给予书面回复。

承包人在收到已批复的《工程变更意向报告》和《工程变更新增单价报告》（如果有），根据已批复《工程变更意向报告》的规定组织实施工程变更，并做好相关内业资料的收集整理和相关变更工程量的三方（业主、监理、承包人）现场测量签认工作，组织上报《工程变更申请报告》。

《工程变更申请报告》应附有变更工程的部位；变更的原因、依据以及已批复的《工程变更意向报告》和《工程变更新增单价报告》（如果有），变更图纸，工程量三方联测确认书，工程变更费用计算表，已批复的工程变更新增单价分析报告等文件资料。所有的变更资料一式六份（均为原件），采用透明的塑料活动夹装订。

5. **工程变更后的单价确定**

工程变更后的单价，按以下原则，由监理工程师与承包人按相关专用条款的规定协商并报业主审查批准后确定执行。

（1）当合同工程量清单中有相同或相近似工程项目单价时，经业主同意的变更工程可直接套用该清单单价。

（2）对于确实无法直接套用，则按招标文件中"变更后的作价"规定进行确定单价或价格。

6. **工程变更的管理**

（1）一切工程变更设计均需由监理工程师在征得业主同意后按相关合同和本办法规定办理变更手续。

（2）在施工前，承包人必须对施工图纸进行复核，对图纸中结构物的位置、尺寸、标高有明显的差错、遗漏、缺陷以及与现场的实际情况发生明显不合理的现象，应及时书面通知监理工程师，以便提出变更方案，否则由此造成的一切经济损失，由承包人承担。

（3）独立的单位工程、分部工程或分项工程必须按一个变更设计上报，不得以大拆小，以整拆零的形式进行处理。

（4）总监办要对整个工程项目的工程变更规模在宏观上加以控制。在业主的领导下牵头组成由多方代表参加的专家小组，从变更的立项到技术经济的可行性等进行全面论证和分析。组织召开承包人、监理工程师、设计代表、业主等参加的工地现场会议，确定变更设计方案。

（5）各施工单位必须按监理工程师的要求建立变更动态台帐，每月3号前向业主报送已报出的工程变更和已审批的工程变更报告情况。

（6）其他由于上级主管部门或相关单位临时的要求、标准、规范的颁布对工程变更做出新的要求，将由业主根据相关规定另行行文通知，作为本管理办法的补充，成为本管理办法的一部分。

7. **工程变更各文件组成内容**

（1）工程变更意向报告

1）工程变更意向报告（见后附件）

2）工程变更估算表；

3）工程数量计算书；

4）变更图（如果有）；

5）工程变更新增单价报告（如果有）；

6）承包人、监理、设计、业主四方签认的变更工程会议纪要。

7）其他资料。

（2）工程变更新增单价报告

1）工程变更新增单价报告（见后附件）。

2）新增单价编制说明。

3）其他规定的资料。

（3）工程变更申请报告

1）工程变更申请报告（见后附表）。

2）变更文字说明。包括起因、过程、性质、规模、造价核算、方案优化与比选，合同、相关法律、法规等文件条款依据，技术审查，审核意见要点，变更对施工的影响及应对的组织措施等。

3）工程变更造价增减费用计算表（见后附表）。包括原方案合同工程量清单，变更方案合同工程量清单，变更细目清单单价的核定与计算，变更前后合同工程量清单合价差额计算，有关主要核定原则及请求上级核事项等。

4）工程数量计算书（见后附表）。

5）原设计图纸与变更设计图纸（由承包人提出意见，并经监理工程师签认后，最后由设计单位完成出图）。

6）变更缘由、依据（如地方政府报告、补勘的地质资料等）。

7）相关合同条款及合同工程量清单。

8）需要的试验检测资料或按规定要求向指定的试验检测中心送检的相关送检报告。

8）承包人、监理、业主三方现场联测工程量确认书。

9）承包人、监理、业主三方签认的变更工程会议纪要。

9）其他需要特别说明的有关独立的书面意见，包括承包人、监理工程师、设计单位、设计审核咨询单位、其他方面以及项目的书面意见。

10）变更设计技术审查咨询报告和（或）方案审查会议纪要（如果有）。

11）已批复的《工程变更意向报告》。

12）已批复的《工程变更新增单价报告》（如果有）。

13）其他业主和监理工程师临时要求增加的资料。

8. 附件

（1）工程变更意向报告。

（2）工程变更估算表。

（3）工程数量计算书。

（4）工程变更新增单价报告。

（5）工程变更申请报告。

（6）工程变更增减费用计算表。

第十二节　工程材料管理

1. 总则

（1）目的：为适应业务的拓展和体制的变化，加强材料供应、管理和验收工作的规范化，保证工程的正常施工。

（2）范围：江珠高速公路所有合同段。

（3）原则：采取奖罚制度，对完全遵守本制度的给予奖励和全线表扬，对本制度执行不到位和较差的，给予处罚和全线通报。

2. 材料计划

（1）材料计划是保障施工用材料的前提条件，也是材料部供应材料的重要依据。

1）形式：计划分为书面形式计划、OA 系统上发布的计划、电话通知的计划和其他特殊性的计划。

2）计划内容：所有材料计划必须详细的注明名称、规格型号、数量、具体使用时间和使用部位。所有计划要求及时、准确。

3）计划审批：书面形式的计划必须有各合同段主要负责人、驻地监理、材料申请人和业主工程部工作组签字并加盖项目部印章方为有效。

3. 计划种类

（1）月计划：月计划包括所有材料，计划必须于当月 25 日之前以收面形式上报业主材料部。

（2）周计划：周计划包括钢筋、土工格栅、袋装砂井袋等其他材料，计划必须于星期五以书面形式上报业主材料部或在 OA 系统上自己的论坛内发表。

（3）每日计划：每日计划是指进货率频繁的材料，主要为水泥，计划必须于当日 18：00 之前电话通知业主材料部相关人员（如第二日不需要可不报此计划）次日的具体用量和相关信息。

（4）其他特殊性的计划：包括矿渣水泥、精轧螺丝钢和其他业主材料部指定的材料。此类计划必须按业主材料部规定的范围内以书面形式提前 45 天以上报计划。

（5）计划申购的最少量为供应商每批次供货的最小数量。

4. 违反本章规定的，一律处于 5000 ~ 10000 元 / 次的罚款和全线通报

5. 材料验收

材料验收直接关系到工程质量好坏。材料验收的宗旨为杜绝不合格材料和假冒伪劣产品投入工程中使用。验收项目主要为材料数量、质量、相关资料及包装和外观等。

（1）验收方式

1）联合验收方式：驻地监理、施工单位材料员和业主相关材料员共同验收；2）委托验收方式：因业主材料员无法到现场参与验收的，业主相关材料员或业主材料部负责人委托施工单材料员或驻地监理，由驻地监理和施工单位材料员共同验收。

（2）验收准则

1）数量验收：每次材料到场时，相关验收人员必须及时到场进行验收，根据送货单的数量进行清点，如对需过磅的材料进行数量验收时，可进行不定期抽检，抽检时由施工方材料员、业主材料员以及供货单位代表三方共同（三方认可的正规磅站）进行复磅，如复磅后数量以送货单数量的误差在千分之三之内，过磅费用由施工方承担并按送货单数量入库。如超出千分之三的，按复磅数量入库，复磅费由供方承担。

2）收集资料：主要包括质验报告、出厂合格证、产品说明书及开箱清单和操作、维修手册。要求资料齐全有效，并对所收集的资材料进行认真核对，核对无误后方可入库。若因供货原因资料不齐，须由材料部门在一周内补齐。

3）质量验收：验收标准的依据分别为国家标准（简称国标）或国家职能部门标准（简知称部标）以及行业标准（简称行标）。具体验收标准根据材料本身执行的标准进行验收。对未能达到相关标准的，一律按不合格品处理。对必须进行送检的材料，送检合格后方可投入使用。如第一次送检不合格的材料，施工单位在第一时间内通知中心实验室和业主材料部，由材料部联系供方进行四方（中心试验室、施工方、业主材料部和供方代表）重新取样，送相关政府职能本门复检，复检合格，则相关费用施工方承担。如复检不合格，相前费用由供方承担，不合格的材料由业主材料部处理，施工方不得以任何理由擅自处理。

4）外观及包装的验收：材料到场后，对材料进行细致的检查。如发现外观损坏或同样品差距较大或包装破损严重以及封条损坏的，一律按不合格品或次品处理。

（3）入库：对材料验收合格的材料及时入库，并开具加盖施工单位印章一式四联的《材料验收单》。《材料验收单》必须有参与验收人员和送货人的签字。不遵守本条，处于 5000 ~ 10000 元 / 次的罚款和全线通报。

（4）统计：除业主材料部有特殊规定的外，其余的《材料验收单》（红色联、黄色联）于每月 3 日之前，统计准确并附清单交业主材料部，作为每月扣款依据。不遵守本条，处于 10000 ~ 50000 元 / 次的罚款和全线通报。

（5）特殊规定：对甲供材料为先付款后卸货或货到付款施工方必须于收到材料的第二日将《材料验收单》交业主材料部。对非月结材料，需按业主的要求及时将《材料验收单》交业主材料部。

6. 材料保管和储备

材料验收后即转为施工单位保管。材料的正确保管是保证材料质量的重要环节，也是降低成本的主要因素。材料保管过程中要确实做好防火、防盗、防变质三防工作。材料的正常储备是保证工程顺利进行的重要条件。

仓库保管：主要包括重要材料、特殊材料和禁止露天堆放的材料及其他材料，仓库必须保持整齐、整洁，做到分类堆放，保持通风。仓库堆放的材料必须挂牌注明：进货日期、进货数量、规格型号等相关内容，按先进先用原则，随时登记，防止长期堆放的材料变货或等级下降。

现场堆放的材料、成本或半成品：必须做好防雨、防晒、防变质和防腐蚀等工作。禁止长期露天堆放。

对长期不用或工程中已不用和接近保质期限的库存材料，及时以书面形式报告材料部。

随时了解材料的库存情况，及时做好材料补充，对超过保质期限、变质和严重腐蚀的材料禁止投入工程中使用。

（5）具体保管事项：a、钢筋：分批、分规格堆放在平稳的地面上，地面必须用木方承托并加于覆盖，尽量避免与地面接触及受潮。对长时间不用的钢材须采取保护措施，并及时以书面形式上报材料部；B、砂井袋：砂井袋必须入库存放，并避免直接同地面接触及防潮、防油污等；C、土工格栅：采用露天堆放的土工格栅必须覆盖好，做好防曝晒、防辐射、防油污等，对长期不用的土工格栅，必须入库保管并避免同地面接触，同时以书面形式报材料部；D、水泥：袋装水泥必须入库保管，水泥离地面最少30cm，做好防潮、防污染。所有水泥存放时间不能超过生产日期的三个月。

所有报告必须注明进货时间、进货数量、剩余数量、剩余原因、材料状况、使用时间等。

各施工单位必须建好各种材料能储藏1个月以上的仓库。

各种材料必须随时做好储备工作，做到用多少即补充多少库存。水泥必须保持60%以上的库存量。

（9）违反本章的，处于5000～30000元/次的罚款和全线通报。

7. 材料调拨和回收

在材料紧张时，利用现有的材料保证工程的正常施工。合理利用剩余的材料，控制成本，减少浪费。

（1）业主材料部有权对所有甲供材料进行统一调配和合理安排。在保障施工用材料的前提下，任何施工单位不得以任何理由阻止材料部的调配工作。

（2）对因工程中不再使用或长时间不用或即将接收保质期限的材料，及时的以书面形式报告材料部，报告上注明进货日期、进货数量、剩余数量、材料状况及剩余原因等。由材料部统一调配、合理安排，任何施工单位不得擅自处理。

（3）如因保管不善引起材料外观变化或保质期已过等原因致使材料报废或降低标准

使用的，必须及时上报材料部，由材料部统一处理。其损失由施工单位承担。

（4）在保证质量的前提下，任何单位不得以任何理由拒收材料部调拨的材料。

（5）对工程中不再使用或在保质期内不用的材料，施工单位及时以书面形式报告材料部，报告时注明数量、规格型号、进货时间、材料状况和原因等。由材料统一安排退货，其费用由施工单位承担，如有异议可书面报告相关部门。如因没有及时上报材料部，其费用施工单位必须承担。

（6）各施工单位必须规范填写材料调拨单，并于次月3日之前将上月调拨单上交业主材料部。

（7）违反本章的，处于5000～30000元/次的罚款和全线通报。

8. 材料供应及监督

材料的正常供应是保证工程顺利进行的关键，合理的材料分配是保证材料供应的前提。

（1）业主材料部有权对材料进行合理分配，各施工单位必须配合材料部的分配工作。

（2）如因材料供应不及时可能造成事故发生的，各施工单位必须在足够的时间内提前通知并组织材料部、工程部项目组和驻地监理，由材料部联系供应商共同到现场实地勘察并确定解决方案，避免造成事故发生，否则造成的所有损失自己承担。

（3）各施工单位必须有一套自己的材料应急方案，以备在材料供应紧张时保障无事故的发生。

（4）施工单位必须配合材料部对材料的巡察和抽检工作，任何施工单位不得以任何理由阻挠业主材料部的巡察和抽检工作。

（5）各施工单位必须配合业主材料部甲供材料的盘点工作，对材料部所需的相关数据必须及时准确的回复。不得以任何理由拖延。

（6）所有施工单位在灌桩前七天将灌桩所需的钢材数量及型号、混凝土等级和水泥用量以书面形式上报材料部或在OA系统上自己的论坛内发表。

（7）所有包含在工程施工合同内的工程用甲供材料，必须由甲方供应，施工方不得以任何理由擅自购买。如情况特殊，施工方必须事先以书面形式报告业主相关部门，由业主审批通过后才能购买。所有施工方自己购买的材料，必须由中心试验室检测合格后，业主相关部门同意才能购买。否则处于30000～50000元/次的罚款和全线通报。

（8）对在材料验收检查中发现不使用甲供材料、外调材料、自购材料冒充甲供材料的，一律禁止使用，并交由业主材料部处理。处于5000～30000元罚款和全线通报。

（9）对非甲供材料，凡经检测达不到标准的，由总监办中心实验室在第一时间通知业主，将质检报告报业主材料部，并收总监办对其不合格产品清理出场，同时处于5万元/次的罚款和全线通告处分。

（10）经目测不合格的非甲供材料，由总监办中心实验室会同业主材料部抽测三次以上，有一次不合格，按不合格品处理。同时处于30000万元以上50000元以下的罚款和全线通报。

9. 运输道路及卸货

运输道路（指施工单位所属或临近标段的便道）的畅通是保证材料供应的前提，也是保证材料供应的重要因素。正确的卸货方式是保证材料质量的重要环节，及时卸货是保证材料供应的关键。

（1）道路

1）运输道路必须随时维护，必须保证运输车辆的顺利通行。

2）协调并解决临近标段（主要指须从临近标段所属便道通过的情况）的维护和维修工作。如协调不成功，必须第一时间以书面形式报告业主相关部门。

3）运输道路阻塞、被占用或不能通行时，必须及时通知业主材料部相关人员和材料运输商，告之畅通时间。便于业主材料部及时调整和减少运输商的损失。如因运输道路阻塞、被占用或不能通行而造成运输商损失的，其损失由材料使用者承担。

4）各施工单位必须积极配合其他标段的材料运输工作，不得故意破坏或堵塞运输道路，影响其他标段的材料进场。

（2）卸货

1）材料时场时，必须及时组织人员或设备对到场车（船）进行卸货。并且组织人员或设备时间不得超过半小时（雨天卸袋装水泥除外）。对故意拖拉和超过正常卸货时间的单位须做出赔偿。

2）钢筋卸货时必须注意，避免钢筋严重扭曲或变形，影响钢筋质量。

3）袋装水泥卸货时应绝对避开雨天卸货，卸货时轻拿轻放，禁止野蛮卸货，最大限度减少破袋率和不必要的损失。卸送后及时入库覆盖。

4）卸货时尽量保证材料和包装的完好无损，尽量减少或杜绝由此而造成的损失。

（3）不遵守本章的，处于 5000 ~ 30000 元/次的罚款和全线通报。

第十三节　安全施工

按照国家及广东省的有关规定，遵循"管生产必须管安全"的原则，坚持"安全第一，预防为主"的方针，建立一套健全完善的安全管理体系和安全生产制度，加强安全管理力度，尽量减少一般工程事故，争取消灭重大伤亡事故，保证工程安全顺利进行。

安全责任重于泰山，坚持预防为主的原则，承包人必须建立项目安全保障体系，从组织机构、管理制度、保障措施上充分保障施工安全。每一施工项目、施工工序，在报送工程计划、施工方案时必须同时含有安全保障措施，预防为主，严格执行部颁安全生产操作规程，建立安全生产奖惩制度，定期对操作工人进行安全教育，定期组织安全检查。着重注意操作工人的人身安全，注意机电安全、车辆交通安全和生活用电安全，加强现场的防火措施和治安管理，及时消除安全隐患，杜绝安全事故的发生。

监理工程师和业主工程师应对现场按部颁标准定期进行安全生产检查，并作好检查记录，及时发现安全隐患并跟踪整改情况，杜绝安全事故的发生，对承包人的违反安全的生产行为绝不允许纵容姑息，必要时可以依据本办法对承包工程人进行处罚。

（一）总则

1.参加江珠高速公路项目建设的各单位应成立安全生产领导小组，设立专职安全管理人员。以施工安全、人身安全、财产安全为首要职责，严格遵守有关安全生产的法律、法规和技术标准，定期进行检查，定期召开安全会议，发现问题及时解决，把不安全因素消灭在萌芽状态。

2.建立健全安全规章制度，包括安全生产责任制、安全检查制度、安全会议制度、安全训练制度、安全技术交底制度及各项工程的安全作业制度。

3.对施工人员必须进行安全生产和劳动保护方面的法律、法规和安全技术标准的教育和培训，建立安全技术考核制度，危险性较大的作业必须经考核合格持牌者方能上岗。

4.施工机械设备、消防器材、劳保用品必须定期检查、测试及发放，保证运作完好。

5.掌握气温、降雨、风暴和汛情，及时做好预报和防范措施。

6.新技术、新工艺、新设备、新材料如在安全施工中采用，必须先做试验，并制定相应的安全措施。

（二）各项安全措施

1.施工现场安全基本规定

（1）进入施工现场应戴安全帽，高处作业要系安全带、穿防滑鞋。

（2）不得穿拖鞋、高跟鞋、裙子或赤脚上班。

（3）在易燃易爆的场所设置远离人群的偏僻地点，并严禁吸烟、用火。

（4）在高处工作平台上作业者，应思想集中、严禁追逐、推拉、打闹。

（5）非机械手严禁乱开机械，上班前不得喝酒。

（6）不得有意损坏或移动安全网、安全标志、交通标志、消防器材。

（7）不准私拉乱接电源电线。

（8）应听从安全员指挥，不准影响安全人员正常工作。

2.路基及防护工程施工安全措施

（1）清除表土上的杂草、树木严禁焚烧，以免酿成火灾。

（2）人工挖掘土方要自上而下进行，易塌方的土方开挖应有施工技术人员旁站指导，严禁有掏挖土方的违章行为。

（3）高陡边坡施工必须系安全带，禁止在同一坡面上下重叠作业，弃土下方和有滚石危及的地段，要设警告牌、安全网，必要时设专人管理。

（4）滑坡地段的开挖，应从滑坡两侧向中间自上而下进行曲，严禁全面拉槽开挖，施工中应设专人观察，严防塌方。

（5）石方爆破作业以及爆破器材的管理、运输、加工、检验和销毁等工作，均应严格按国家现行的"爆破安全规程"执行，同时遵守广东省及珠海市有关规定。

（6）较高边坡防护工程施工，必须搭设脚手架，自下而上砌筑，护墙砌筑时墙下严禁站人。

（7）较软地基上施工，应注意地基承载力，防止机械倾斜与倒塌。

3. 桥涵工程安全措施

（1）高桥、大跨、深水、结构复杂的桥梁开工前，应制定相应的安全技术措施，单项工程也应制定相应的安全操作细则，并向施工人员进行安全技术交底，必要时进行上岗培训。

（2）桥涵采用多层作业或桥下通车、行人等立体施工时，应布设安全网，安全网要经常检查，如有破损，要及时更换。

（3）对于通航河上的桥梁施工，开工前应与当地港航监督部门取得联系，设立信号及防撞设备，并制定有关作业安全细则。

（4）墩台、盖梁施工前必须接好脚手架和作业平台，并在作业平台外侧设栏杆和安全网。吊斗升降应有专人指挥，吊斗升降时下面不准站人。

（5）水中桥梁施工应配有救生圈，并放置在明显的地方，必要时工人应穿救生衣。

（6）配备专人负责巡视、检查模板、支架等易发生事故的设施。

4. 梁板的预制安装防护措施

（1）预应力钢束张拉施工前，对张拉设备应进行检查，同时对台座横梁进行检查；张拉两端必须设防护栏或防护挡块；先张拉法张拉过程中和浇砼之前，周围不得站人和进行其他作业；浇注砼时，振捣器不得撞击钢丝（钢束）。

（2）预制构件移运、堆放、安装时，其砼强度应不低于吊装所要求的强度，并不得低于设计强度的80%。

（3）预制构件吊装时，需防止震动及碰撞，荷载偏心和横向摆动，回转半径内不得有障碍物，也不准上下位置装卸，倾斜度应减少至最小。确实稳妥后，才能摘掉吊勾。

（4）超重设备在安置前必须使作业地面平整坚实，支脚、支垫要牢固，以防倾覆。

5. 高空作业防护措施

（1）高空（指坠落高度离基准面在2m以上）作业进行之前，技术人员应向施工人员进行安全技术交底，作好应急的准备措施，施工人员应正确穿戴必需的安全防护用品。

（2）高空作业所需用的各种设备、工具、仪表、安全标志，在使用前检查确认性能完好，方可投入使用。

（3）进行高空作业的施工人员必须经过培训，身体检查合格，并取得合格证书，方能持证上岗。

（4）当风力超过6级（含6级）时，应停止高空作业和构件吊装。

（5）高空作业下方禁止无关人员进入停留。

6. **机械设备安全防护措施**

（1）机械设备在操作前需进行安全检查，严禁带"病"运行，且应制定一套机械使用制度。

（2）推土机、压路机、挖掘机、装载机、吊机等在作业时，设专业人员负责指挥，以防砸伤人员和机械。

（3）大型机械作业时，不准任何人在机械回旋范围内进行任何工作。

（4）夜间施工时，要确保在进行施工的地方有足够的灯光照明，以保证施工工地及临近工地的安全。

7. **隧道施工安全措施**

（1）隧道施工应采取通风、除尘、防瓦斯及有害气体的措施。

（2）施工作业环境标准要符合隧道施工作业环境标准要求。

8. **特殊季节与夜间施工安全措施**

（1）雨季施工应及时排除积水，人行道上下坡应挖台阶或铺砂，脚手板、斜道板、跳板上均应采取防滑措施。

（2）高温季节施工，可调整作息时间，尽量避开高温时段，有条件的可搭凉棚，做好冷饮、防暑药品的供应。

（3）夜间施工场地应有符合操作要求的照明设备，高处攀登扶梯要设照明灯具，桥梁的围栏均应设红色示警标志。

（4）有行车干扰路段，在施工作业区的两端应设置明显的路栏，晚间应在路栏上加设施工标志灯。

9. **防洪、防台、安全用电、防火措施**

（1）汛期及台风季节应派专人每天同当地气象部门联系，及时预报，并通知作业现场，做好预防准备。

（2）修渠筑堤，疏通排水渠道，配备足够的抽水机、防止驻地房屋、机械设备浸水。

（3）健全通信系统，保证联络、指挥的畅通。在汛期易发事故时段，组织专人巡查，发现问题及时通报。

（4）雨季来临之前，对水泥、钢材仓库要进行检查加固和防洪处理。

（5）电器设备要有防护绝缘措施，电器、电源的安装、维修要由合格的持证电工进行。

（6）油库、炸药库、变电设施应设立避雷针，以防雷电。

10. 事故发生时的救援工作

（1）承包人应挑选有经验的一定数量人员组成抢险队，配备必要的抢险器材、警钟，随时应急处理突发事件。

（2）任何人发现任何事故，都有义务立即上报，并投入现场抢救。

（3）建立事故上报制度。发生重伤、死亡事故，应立即（最迟在 12 小时内）按系统上报主管部门。发生死亡事故还应同时报告地方劳动、公安、检察、工会等单位。轻伤事故发生后一般在 24 小时内上报安全技术人员，待调查核实后，资料存档。

（4）事故发生后，安全负责部门要迅速组织自救，必要时报警。争取地方警方、消防队、医院的协助。

（5）事故抢救完毕后，要组织调查事故发生原因，总结经验教训，教育全体员工。

（6）所有事故均应按国务院 1991 年分布的 75 号令《企业职工伤亡之事故报告和处理规定》及其他相关文件具体规定办理。

（二）文明施工

承包人必须自觉遵守国家和地方有关文明施工、防止环境污染的法律、法规。各施工标段要设立统一的标志牌，牌上写明工程名称、标段起止桩号、开工和竣工日期、设计单位、施工单位及法人代表和项目经理、技术负责人、监理单位及项目总监、业主单位及标段负责人；施工人员实行挂牌上岗；现场材料分类堆码整齐；机械设备摆放有序；施工场地及时清理；进出工地路口应有明显标志并派专人站岗指挥车辆出入；采取有效措施控制施工粉尘污染；生活、生产垃圾集中堆放，定期清理；不将污染物乱排放，造成环境污染。对于由于文明施工方面原因造成上级主管部门的处罚将完全由承包人承担，业主有权要求赔偿由此引起的形象损失。

业主工程师和监理工程师应定期检查承包人的文明施工情况，并及时通知承包人进行整改，对于承包人不予整改或屡教不改的，可以依据本办法做出相应的处罚。

承包人必须积极维护业主和自身的形象和荣誉，不做任何有损业主和自身形象和荣誉的事，发现任何相关行为要及时制止。经常对工人进行法纪教育和集体荣誉感教育，遵纪守法，遵守当地民风风俗，充分发挥团队合作精神，创造团结和睦的工作环境。

承包人对业主工程师、监理工程师的现场指令必须执行，有异议或认为是错误的指令，必须依据法律、法规、合同、规范和标准的理由来说服，技术问题以数据说话，以规范为依据，不得无理取闹，违者依据本办法进行处罚。项目工程师和监理工程师的指令存在错误的，经指正后按指正后的指令执行。

承包人必须保证施工便道长期畅通，施工现场应经常洒水压尘，在行人密集的地段应采取砌砖墙或钢扣板围护方式进行封闭施工。

建立一套完善的奖惩制度，各承建单位应建立一套完善的安全奖惩制度，对个人和集体均有明确的奖惩规定，并应指定专人负责实施，定期将处理结果及奖惩情况公布，加强广大职工安全生产意识。

第十四节 监理工作管理

1. 为加强江珠高速公路工程建设时期的监理工作，使业主—监理单位能很好地配合与协调，确保工程质量，顺利完成建设任务，特制定本管理办法。

2. 业主应支持监理工程师依法开展监理工作，同时督促监理人员对所有施工环节进行有效监控。

3. 业主对监理人员资质、数量和到位情况的审查

（一）督促监理单位按监理合同和投标承诺的要求配足合格的监理人员和监理设施，并检查监理组织和监理体系是否完善，监理工程师的工作条件是否满足合同要求和监理工作需要，以此作为监理预付款的支付条件。

（二）严格审核所有监理人员的资质情况；

1. 总监、副总监：必须是路桥专业大学毕业，从事路桥工程10年以上，8年以上的监理从业经验，至少有两个或以上的高速公路项目总监经验，高级职称，交通部或国家注册监理工程师。

2. 专业监理工程师：路基、桥梁、隧道专业工程师必须是路桥、隧道对口专业大专毕业，从事路基（桥梁、隧道）工程10年以上，5年以上的本专业监理从业经验，至少有一个高速公路项目本专业监理经验，高级职称，交通部专业监理工程师；测量、试验、合约专业工程师必须是对口专业大专毕业，路桥工程相应专业5年以上经验，至少一个高速公路本专业监理经验，中级职称，持有相关专业监理工程师证书。

3. 驻地监理工程师（分路基、桥梁、隧道专业）：必须是对口专业大专毕业，路桥（隧道）工程5年以上，3年以上监理从业经验，至少有一个高速公路项目监理经验，持有专业监理工程师证。中级或中级以上职称。

4. 监理员（含测量员、试验员）的要求：路桥或相关土建专业大专毕业，1年以上的监理相应专业从业经验，必须经过监理职业资格培训并取得监理培训证。初级或初级以上技术职称。

（三）督促并协助监理单位加强监理人员的培训和教育，使监理人员具有独立、公正、有效开展监理业务的能力和必需的素质。

1. 定期不定期对监理人员进行考（试）核（包括笔试和口试），确保监理人员满足监理合同的要求。

2. 对监理工程师进行考勤管理

（1）每天业主合约部对总监办监理人员进行考勤管理，业主工程部不定期对现场监理人员进行考勤管理。

（2）各级监理人员的出勤率必须达到合同规定的每月 22 天在现场，离开现场超过 24 小时的必须经业主批准。

（3）总监和副总监、专业监理工程师离开三天以内由业主工程部批准，超过三天（含三天）由业主批准；现场监理人员离开三天以内由业主专业工程师批准，超过三天（含三天）由业主工程部批准。

（4）对未按照上述程序报批擅自离开现场者按监理合同专用条款 7.3.2.9 条的相关处罚条例进行相应的处罚。

（四）检查监理人员及岗位的变动是否满足合同的规定，是否存在挂名现象。对各级监理人员及岗位进行动态管理，督促监理单位保证监理队伍的稳定性，对确需调换的监理，应按合同要求报请业主同意才能调换。对监理人员及岗位的调动应按照以下程序执行：

1. 总监、副总监、专业监理工程师更换人员或岗位应书面向业主工程部申请，同时将拟定替换人员相关资料报业主工程部审查，由业主批准。

2. 现场监理人员变换岗位或人员应书面报相应业主代表申请，同时将拟定替换人员的相关资料报业主代表审查，由业主工程批准。

3. 对未按上述程序要求擅自更换监理人员和岗位的，业主将依据相关的处罚条例对总监办进行相应的处罚。

（五）业主定期检查全线监理工程师的工作情况，重点检查监理工程师是否严格按照施工监理程序、监理合同、监理规范及其他有关规定监理，主要通过业主领导和业主代表的工地巡视和检查经监理签认的有关资料来了解监理的工作情况。

1. 通过检查承包人上报的各种报告及资料情况来了解各级监理人员是否按要求、依程序及时审批，并了解监理的意见是否明确、规范和正确。

2. 检查现场监理人员在施工过程中对关键工程部位、隐蔽工程、重要施工工序及工艺是否实施了全过程旁站监理。现场监理人员对每道施工工序是否及时进行了检查和签认。发现监理工程师对承包人不按规范、规程、设计要求施工，导致发生质量问题而未及时加以有效制止和处理的，根据相关处罚条例予以处罚。

3. 不定期地检查总监办中心试验室和承包人工地试验室的内业资料、设备状况及操作情况，以考核监理中心试验室的管理水平及其对所辖工地试验室的监管力度。

4. 从侧面了解监理人员的工作态度和工作作风，是否有违监理工作准则，以及是否存在违反法律、法规的现象。对工作不负责任，玩忽职守者将根据有关条例进行处理，情节严重者将通报省质监站，直至送交司法机关处理。

（六）业主通过总监办上报的监理月报，掌握各标段的情况和监理的工作情况，并以此作为考核监理人员工作情况的一个方面。

（七）质量方面

1. 检查监理工程师是否按技术规范、监理程序、现场实际情况审批施工组织设计，并通过审批的施工组织设计了解监理工程师的专业技术水平和工作能力。检查承包人是否按批准的施组施工，以此了解监理工程师是否严按监理程序监理。

2. 检查监理工程师是否按照有关技术规范及监理规范对承包人报验的每道工序及时进行验收并书面签认。

3. 检查监理工程师在分部、分项工程的质量监理方面是否抓住了重点，是否做到了以预防为主的主动监理。

4. 检查监理工程师质量控制的组织体系运行是否正常有序，是否保证对所有的施工环节进行了有效的监控。

5. 在工程施工期间发生了质量事故或质量缺陷时，监理工程师是否及时按有关规定和程序进行了相应的处理。

（八）进度方面

1. 检查监理工程师是否按合同规定的工期总目标和各节点工期要求审批承包人编报的总体进度安排。

2. 检查监理工程师是否关注从承包人的主要材料和机械设备供应、现场的特殊环境、气候条件及施工人员的技术素质等影响工程进度的各种因素，分析完成进度计划的可能性；检查监理工程师批准进度计划是否存在不切实际或有可能会拖后工期的情况；督促监理工程师掌握现场动态，收集相关资料，科学合理地审批、指导承包人的计划，并督促承包人加快施工进度。

3. 当承包人施工的进度滞后时，检查监理工程师是否书面提出切实可行的改进措施或意见，并严格督促承包人实施的情况。

4. 检查监理工程师是否根据各阶段进度情况组织承包人及时调整进度计划。

5. 检查监理工程师是否编制全线总进度计划，并根据承包人进度情况及时修订总进度计划。

（九）计量方面

检查监理工程师是否把质量监理和计量支付监理两个方面结合一起。特别注意承包人要求计量的验收手续是否齐全，防止监理工程师不按监理程序进行计量；检查监理工程师对工程质量不合格的支付项目或不符合支付条件的项目是否予以拒付。同时通过监理工程师审批的承包人上报的计量资料，了解监理工程师对规范和合同文件的熟悉和理解程度和审核的认真程度，并以此了解监理人员的业务水平和工作态度。

（十）变更设计方面

1. 检查监理工程师是否按业主规定的权限和程序及时审批变更设计。

2. 核实监理上报的变更设计数量，特别是隐蔽工程的数量是否真实可靠，对弄虚作假者按有关处罚条例进行相应的处罚。

3. 检查监理签批的变更设计是否符合现场情况、技术要求和合同条款。

（十一）对监理人员的奖罚办法

为鼓励在江珠高速公路建设工作中做出优秀成绩的监理个人，进一步发挥监理单位和监理人员工作的主动性和积极性。同时为了更好地督促监理工作，奖优罚劣，保证一流的监理服务，业主将根据监理单位和个人的工作实绩，进行相应的奖罚。具体的奖罚条例参见《总监办目标及监理工程师工作考核办法》和《监理工程师处罚条例》。

（十二）定期召开监理工作协调会议，主要内容为；

1. 统一协调全线的监理工作，通报情况，交流经验。纠正不良监理行为，推荐好的监理事迹；

2. 协调各方面的关系，解决存在的问题；

3. 会后检查上次会议纪要执行的情况。

（十三）以上检查工作主要由工程部负责，其他相关部门协同完成，对有关问题处理由审议决定。

（十四）总监办目标考核

1. 为了对监理队伍进行有效的监督和管理，并通过监理人员对江珠高速公路建设项目的"三大目标"进行有效的控制，鼓励先进、鞭策后进，特制定本办法。

2. 本办法适用于总监办及其所有在岗监理人员，在监理服务合同关系存续期间所进行的合同规定范围内监理工作的考核。

3. 考核工作由业主组织操作，当月是否评比由业主视工程进度情况决定。

4. 考核分对总监办的考核和对所有在岗监理人员的考核两个方面分别进行，每月进行一次。

5. 对总监办的考核由业主组织考核小组进行考核，由领导小组来审定。每月业主根据最终的总评进行奖罚兑现，并通报。

6. 对监理的考核工作与对承包人的目标管理考核工作同步。每月 2 日由总监办将监理工程师考核评分表报业主，由考核小组成员进行考核。业主每月根据考评结果进行奖罚兑现，并通报相关主管单位。

7. 考核评分的步骤

每月考核小组成员考核，结合领导、业主代表平时巡视检查的记录进行评分。

第十五节　工程技术档案管理

为了做好江珠高速公路工程档案资料管理工作，根据国家有关法律和法规，结合本项目建设的具体情况，特制定本办法。

（一）一般规定

1. 归档范围：施工合同；工程技术要求；技术交底；图纸会审纪要；施工组织设计；施工方案，计划；技术措施、安全措施及施工工艺等；原材料合格证、试验报告、强度报告；隐蔽工程验收记录；各专业工程记录；工程质量评审表；质量事故报告及处理意见；桩基础施工技术文字材料；设计变更、工程更改通知单；工程结算书；工程施工总结；竣工验收记录、验收表；项目质量评审材料、全部竣工图；工程现场声像材料；竣工验收会议纪要文件等。

2. 归档文件材料要线条字迹清楚，图面整洁，不得用易褪色的书写材料书写、绘制。

3. 施工单位要做好施工记录、检验记录、交工验收记录和签证等，整理好变更文件、按规定编制好竣工图。有关部门应检查竣工图和施工档案质量。

4. 竣工文件质量要求

（1）文件材质优良，要求用黑墨水或蓝黑墨水绘制。

（2）竣工图要求是蓝图；单张图纸折成 A4 纸一般。

（3）文件字迹清楚，图样清晰，图表整洁，签字手续完备。

（4）竣工图编制的形式：

1）凡竣工图施工没有变动的，由施工单位逐张在施工图（新绘图）上加盖竣工图章；

2）凡有一般性设计变更，在原图（新图）上修改并注明修改依据，如修改单、洽商记录等的文件编号，并逐张加盖竣工图章；

3）凡结构形式、施工工艺、平面线形布置等有重大改变，或图面变更面积超过25%的，应重新绘制竣工图。重新绘制的竣工图应保留原设计图图标的内容并增加"竣工阶段""编制人""施工单位技术负责人""驻地监理"等栏目。少量重绘图按原图编号；全部重绘图者，重新编号并附与设计图号对照表。

4）凡图形、标高等没有变化，但工程数量与原设计工程数量不同的，需列出竣工工程数量，原设计工程数量表仍需保留；

5）重复的标准图、通用图可不编入竣工图中，但必须在目录中列出图号，指明该图所在位置并在编制说明中注明。

①竣工图表、施工表格按交通主管部门规定的格式、内容编制。

②竣工图的检验：监理单位应督促和协助施工单位审查竣工图，并签字确认，确保竣工图内在质量。

③负有编制竣工文件责任的有关单位，应分别编制竣工文件说明，叙述编制原则，列出文字性材料目录和图样性材料目录，交建设单位汇总整理。

④按国家标准 GB/t11822-89《科学技术档案案卷构成的一般要求》办理。

⑤归档时间：项目竣工后三个月内。

（二）工程技术档案的分类、组卷、归档方法

1. 工程技术档案的分类

工程项目分类法：是指按建设工程性质用途进行划分的某一类建设工程。

2. 工程技术档案的组卷

（1）将一个工程项目（单项工程）的文件材料、图纸、图表、计算材料、以每个阶段为范围，可视其数量多少，组成一个案卷或若干个案卷（即保管单位）。案卷（保管单位），是一组具有有机联系的、价值相同（大体相同）的文件材料的集合体。

（2）工程技术档案的编目与排架

1）工程技术档案的编目分为卷内目录的编制和案卷目录的编制。卷内目录：即以每一案卷内每一份文件材料为单位登记的目录。

案卷目录：可分为案卷目录和分类目录，即以每一个案卷为单位登记的目录。

2）工程技术档案的排架采用单项工程排列法，而每单项工程内的案卷排列又可按依次形成阶段的顺序排列。

3. 归档方法

（1）总的方法：顺其自然，单件归档。即顺应文件形成时的本来状况，以自然件为归档单位，逐件整理归档。

（2）"件"的含义：

1）单份文件，一份文件为一件。

2）各种报表、名册、图册、书刊等，一册（本）为一件。

3）正本与定稿、正件与附件，两件作为一件。

4）文件处理单（表）与被处理文本合为一件。

4. 分类

（1）由档案室集中整理归档的，按阶段——机构——保管期限逐级进行分类。"阶段"分法参看《工程技术建设项目文件材料归档范围和保管期限表》。

（2）在分"阶段"时，应遵循以下方法：一般的文件材料，放在其形成阶段归档；计划、总结、报告、统计报表等，应放在文件内容针对的工程阶段；长远规划应放在文件内容针对的头一阶段；不同阶段的文件一般应分开排放。

5. 档案排列

（1）由档案室集中整理归档的，先将归档文件材料按三个保管期限分开，同一个保管期限的文件材料，按照机构——时间先后排列，并且尽可能将关系密切的（如同一次活动、同一项工作、同一个会议形成的）文件材料排列在一起。

（2）同一文件的不同稿本，正本在前，定稿在后；不同文字的文本，原文在前，译文本在后。

6. 档案编号

（1）归档文件应逐件在首页上方的空白处加盖档号章（格式见附件1），并填写有关栏目的内容。

（2）档号章的项目及填写内容：

1）卷宗号：工程部档案室代号。

2）类别号：不同部门（工程、合约、征地部）档案的代号。

3）期限：即保管期限，标注归档文件保管期限简称，永久为"永"，长期为"长"，短期为"短"。

4）年度：填写文件内容针对的年度，以四位阿拉伯数字标注公元纪年。

5）机构：填写文件形成或主办部门的简称或代号，不分机构编档号的单位此栏可空。

6）按保管期限分别编三个流水号。

7）在每年归档工作结束后，如发现有其他应归档文件材料未归档，可将该文件排在已归档文件之后编号归档。

7. 档案装盒

（1）档案编号后，要按照编号顺序装入档案盒，并在盒的背脊上填上"档号"。

（2）填写盒内备考表。

1）盒内文件情况说明：主要用于填写本盒内文件缺损、修改、补充、移出、销毁等需要说明的情况，如无上述情况，可暂不填写。

2）整理人：填写本盒文件材料整理归档人的姓名。

3）日期：填写归档的年、月、日。

（3）不同部门的档案不应装入同一盒内。

（4）档案盒外形尺寸采用长300mm、宽220mm的规格，厚度可根据需要设置15mm、20mm、25mm、30mm、40mm、50mm等多种规格。

8. 编制档案检索工具

（1）编制《档案目录》

1）《档案目录》由"目录夹封面与脊背""归档说明""归档文件目录"三部分构成。

2）"目录夹封面"内容应包括全宗名称、类别、年度、保管期限四个基本项目，需要时还可增加其他项目；"目录夹脊背"项目由全宗号、类别、年度、期限组成。

3）"归档说明"内容包括：本年度各部门主要工作概况，归档工作的组织情况、文件材料完整与否、档案数量、有何缺陷和问题等。

4）"归档文件目录"应包括以下基本项目：机构、件号、责任者、文号、题名、日期、页数、备注，需要时还可增加其他项目。

（2）编制其他检索工具。可根据实际需要，选择编制一些其他的档案检索工具，如"文号档号对照表"、各种常用的专题目录等，以方便日常手工检索。

第十六节　工程管理务实

为加强业主对工程的管理，使业主工程技术人员的管理工作思路明确、重点突出、标准一致而编写本务实，此务实用以指导、规范、考核业主工程管理人员的工作行为和工作业绩，同时也增强业主工程管理工作的透明度，让承包人、监理工程师事先了解业主工程管理的思路、方法、程序，以便使其自觉、主动、自主的开展工作，并接受业主的监督。

（一）业主工程管理体系

业主对工程的管理由工程部全面负责。

1. 职责范围

主要职责：

（1）对工程现场的检查、监督；

（2）对监理工程师履约能力、水平（管理体系、人员数量、素质、工作能力、水平、责任心）的检查监督；

（3）协调承包人与监理工程师，承包人与承包人之间的工作关系；

（4）对承包人履约能力、水平（人员、设备、资金、质量、安全管理体系）的检查监督；

（5）对进度计划的修订、审核，进度实施情况的检查、监督；

（6）对变更方案的审核；

（7）对重大施工方案、技术方案、变更设计，提请总工室组织专题技术会议；

（8）对承包人已完工程数量现场核实及计量审核；

（9）每月主持目标考核评比；

（10）主持分项工程样榜工程现场会；

（11）主持施工反面典型现场会。

2. 管理思路

全面管理，突出重点，平时巡视与目标考核相结合。以履约能力、水平检查，目标考核，现场巡视为主线开展工程管理工作。

（1）业主组织（总监办参加）总体工程开工前；业主工程部组织（总监办参加）工程节点工期截止时；业主专业工程师组织（总监办参加）每一分项工程开工前进行履约能力、水平检查。

（2）业主组织（总监办、承包人参加）每月一次目标考核。

（3）业主工程部组织（总监办参加）集中现场巡视，每周 1～2 次。

3. 管理重点

履行能力、水平检查，目标考核，进度计划审核、修订，重要部位质量控制，变更审核，工程量核实。

（二）业主工程管理依据

以合同文本为依据，以设计、技术规范规程为标准。在合同管理的基础上，借助于相应的业主行政管理手段对工程进行全面的管理。具体依据：

1. 合同文件，（包括交通部公路工程施工招标文件范本、设计文件、项目管理办法等）。
2. 国家、交通部、行业相关的技术规范、规程。
3. 与本项目工程管理相关的法律、法规。

（三）履行能力、水平检查监督

1. 总体工程开工前履行能力检查：

（1）承包人进场后，首先应按合同要求进足人员、设备，然后报请总监办现场核实。总监办核实认为已完全满足合同要求后，将相关资料（由总监办制定格式送业主审定）报送业主工程部，由业主工程部依据所报资料，对照合同要求初审。如达到合同要求，提交业主组织合约、工程部进行全面检查验收，达到合同要求签认相关证明作为申请预付款、总体开工报告的依据。

（2）承包人人员、设备满足合同要求包括：资格预审、投标文件承诺、招标补遗及合同条件、合同谈判中涉及的相关要求。

（3）签订合同一个月期限满后，承包人无法满足合同人员、设备的要求或者不申请履约检查，则视为承包人违约，由发出违约处罚通知。

（4）检查人员设备要认真核对、核实。人员要核对身份证、学历证、职称证、相关岗位证的原件，并与本人当面核实。机械设备要检查设备型号、功率、生产能力、性能、完好率并现场核实。

2. 分项工程开工前履约能力检查

（1）每一分项工程开工前 7 天承包人应根据分项工程特点、规模、现场实际情况等制定详细的施工组织方案报总监办审批，然后报业主专业工程师备案（施工组织方案要明确人员、机械设备、模板、支架、机具等的配置，质量检查手段，临时工程，进度计划，材料贮量，试验，安全、文明施工等）。

（2）业主专业工程师在开工前一天组织总监办相关监理工程师对总监办批准的施工组织方案进行现场检查核实，如现场准备工作达不到批准的施工方案要求，则由监理工程师通知承包人进行整改，承包人整改达到要求后，再通知业主专业工程师组织复检，复检合格后方可开工。

（3）需要进行履约能力检查的分项工程：A、桥梁工程：每个标段的每一墩台位的第一根桩基；每一个承台；第一个系梁；第一根立柱；每一个主桥墩身；第一个盖梁；第一个桥台；不同跨径的第一块空心板预制；每座桥不同跨径第一块板的运输、安装；不同跨径的第一块T梁预制、安装；每座桥的第一联现浇梁；悬浇梁的O#块、1#块、合拢段、边跨现浇段；每座桥防撞墙。B、路基工程：每个标段的每一个施工自然段的路基填方、挖方；袋装砂井；CFG桩；水泥搅拌桩；每一座箱涵；每座圆管涵；第一段排水、护坡（干砌，浆砌）；每一段挡墙（锚杆、预应力锚索）。C、隧道工程：每一座隧道洞口；明洞；洞身开挖；洞身衬砌。

（4）凡需要经业主专业工程师进行开工前履约能力检查而未经检查或经检查未达到要求而擅自开工的工程，由业主专业工程师签发停工整顿令，并给予1万元的处罚，对监理责任人给予500元处罚。

3. 工程节点工期截止时履约检查

每一节点工期结束时由业主工程部组织总监办对承包人的人员、设备、质量保证体系等进行检查，并结合节点工期的进度水平，对现有履约能力、水平进行评价，对未完成节点工期目标的承包人提出新的履约要求，限期7天内按新的履约标准履约，并由业主通知到承包单位。

4. 平时履约能力检查

在施工过程中由业主专业工程师对承包人的主要工程技术、管理人员进行考勤管理，对承包人已进机械设备进行不定期抽查，如发现承包人达不到或擅自降低履约标准，按承包人违约63.1（2）（3）（5）条进行处罚，由业主专业工程师签发处罚通知。

（四）进度计划编制、修订、审核、检查

1. 总体进度计划的审核

各标段总体工程开工前必须制订详细的进度计划，并制订确保进度计划实施的各项保障措施，总监办应认真审核进度计划是否符合合同工期和节点工期的要求，计划是否科学、合理，计划保障措施是否有效。通过总监办审核后的总体进度计划送业主审核，由业主工程部组织相关专业工程师进行认真审核，业主工程部审核通过后，提交并由组织总工室、合约部、征地部、材料部、工程部进行会审，会审的同时，明确各相应部门应做的配合工作，并由签发会审会议纪要存档备案，以后作为各部门的工作考核依据。

进度计划编制、审核要求：（1）满足合同工期和节点工期要求；（2）满足施工技术要求。（3）满足质量标准要求；（4）以月度为时段计划出每月完成的施工产值；（5）以形象进度为完成目标，计划出每月完成的具体实体工程量（由工程部制定形象进度项目划分要求）；（6）计划实施保证措施应包含：人员、机械、工具、材料、质量、安全、征地（临时用地）、协调、便道、内业资料、施工技术方案等。凡经业主审核批准的进度计划是业主、监理、承包人执行的进度标准（业主、总监办将以此计划进行检查、考核、奖罚）。

2. 进度计划检查、考核

由组织的每月目标考核，对每月进度计划完成情况进行检查、考核（此项工作由合约部主持，工程部参加），依据考核完成情况，对承包人下月施工计划提出新的要求（包括计划滞后追赶量、施工投入要求、施工管理要求等），在每月目标考核情况通报中指明。业主专业工程师根据下月新的计划安排进行布置、督促。

3. 进度计划的修订：承包人以 3 个月为限，并在节点工期截止时进行剩余工程量进度计划的重新编制，编制、审核原则、程序、依据、要求与总体进度计划相同。经总监办审核、业主批准的新的进度计划是业主、监理、承包人的进度标准。

4. 全线进度计划编制、修订：根据各标段批准的进度计划由总监办进行汇编，形成全线进度计划，并由各专业工程师每星期统计进度完成情况，绘制在形象进度图上。

5. 承包人不能在合同规定或在监理工程师和业主指定的时限内完成进度计划编制、修订，监理工程师和业主可以根据合同工期和节点工期编制进度计划，然后指令承包人执行，同时对承包人处以每次 1 万元的罚款。此项工作由工程部负责组织各专业工程师进行，然后交由审批。

（五）监理工程师管理

1. 监理工程师履约检查

（1）由业主合约部组织对监理人员进行岗位检查，主要检查其人员数量、素质、资质等，包括监理人员的身份证、学历证、职称证、监理岗位证书等，核实监理人员的经历、业绩。

（2）总工室组织对监理工程师进行岗前培训和考试；清理不合格的监理人员。

（3）由业主合约部检查监理工程师的工作条件是否满足合同要求和监理工作需要。

（4）由业主合约部检查监理体系是否完善、健全。

（5）通过业主合约部的检查达到合同要求后，提交组织总工室、合约部、工程部对监理履约能力进行检查。检查通过后，作为监理预付款支付的依据，签约一个月满后达不到履约的条件或不申请履约检查者，按违约处罚，执行监理合同。

2. 监理工程师工作考核

由每月组织一次监理工作目标责任考核，针对监理工作状况进行等级评定，根据评定等级进行奖罚。

3. 监理人员及岗位的动态管理

（1）凡签约时确定的监理人员、岗位原则上维持不变，如工作需要确需变换时，应坚持以下报批程序：A、总监、副总监更换人员或岗位应书面报业主工程部同意，业主批准；B、专业工程师、现场监理工程师变换人员或岗位应书面报相应业主专业工程师同意，业主工程部批准；C、业主工程部负责对总监、副总监进行检查、监督；D、业主专业工程师负责对专业工程师、现场监理工程师进行检查监督。

（2）凡总监办未按上述要求执行监理人员、岗位更换报批程序由业主工程部或业主专业工程师依据监理合同专用条款7.2.3.8对总监办进行处罚；岗位更换不报批处以1000元/人的罚款。

（3）凡累计3人次以上违反上述程序，由业主工程部提请发通报至总监办所属监理和广东交通工程质量监督站。

4 监理工程师考勤管理

（1）各级监理人员的出勤率必须达到合同的规定每月22天留在现场，离开现场超过24小时须经业主批准，其批准权限：A、总监、副总监、专业工程师离开1天以上4天以内由业主工程部批准，离开超过4天（含4天）由业主批准。B、监理组长、现场监理人员离开1天以上4天以内由业主专业工程师批准，离开超过4天（含4天）由业主工程部批准。

（2）凡未履行上述报批程序擅自离开工地现场者按监理合同专用条款7.3.2.9条由业主专业工程师对监理组长、现场监理人员进行处罚，由业主工程部对总监、副总监、专业工程师进行处罚。

5 现场监理人员考核

由业主专业工程师对现场监理人员的工作态度进行检查、考核。核查考核以合同条款相应规定为依据，主要检查现场监理是否坚守施工现场、隐蔽工程、砼浇筑是否全过程旁站、所监现场是否存在质量问题、对存在质量问题是否书面通知承包人整改、重大问题是否通报总监办和业主、工程数量审核是否认真核实、工程变更审核是否按合同条款认真审核签署。每月由业主专业工程师根据平时检查情况对所管现场监理人员的工作提出奖罚建议，报业主工程部审核后，提交审批进行奖罚（每月评比条件见项目管理办法相关内容）。

（六）监理程序检查、监督

1. 业主专业工程师平时巡视工地时要争对监督理程序的执行情况进行重点检查，主要检查承包人、监理工程师是否严格执行质量监理程序，进行开工报告、工序报验、质量检验，承包人试验是否达到规范规定的频率，监理工程师抽检是否达到频率要求，是否进行独立平行试验。

2. 凡违反程序的由业主专业工程师下发整改通知书，限期整改，并处以承包人每次1万元，总监办每次1000～5000元的罚款。

3. 凡是累计三次违反监理程序的承包人，处罚2～5万元、情节严重者按承包人违约63.1（1）处罚，对责任监理工程师进行开除处理，对总监办进行全线通报并抄送省交通工程质量监督站和监理，以上处罚由业主工程部提交发文处罚。

（七）工程质量检查监督

1.试验工程检查监督

业主专业工程师应按项目管理办法中规定的试验工程类别、规模，并在开工前对该试验工程的施工准备工作进行检查，达到规定的要求允许其开工。试验工程完工后承包人应及时编写施工总结，交监理工程师和业主专业工程审查。

2.重要部位检查

业主专业工程师应对主桥墩桩基终孔；承台；墩柱砼浇筑；现浇梁、悬浇梁砼浇筑；支承桩基终孔；现浇支架、挂篮试压；箱涵第一沉降段砼浇筑；每座桥的第一跨板、梁运输安装；第一段防撞墙；第一道伸缩缝；每座隧道单孔长20M洞身支护、开挖、衬砌；空心板、T梁、小箱梁不同跨径的中、边板各一块的砼浇筑等进行全过程施工监督。

（八）施工现场检查监督

1.集中巡视

（1）原则上每周由业主工程部组织业主专业工程师、总监办分管现场的副总监、相关专业监理工程师、现场监理、承包人项目经理或总工进行 1～2 次全线施工现场集中巡视。以便统一质量、施工现场管理、安全文明生产管理的考核、评价标准。巡视时间、顺序由业主工程部临时确定后通知。

（2）平时巡视应认真填写工地巡视表（业主工程部制定）作为月度目标考核的依据之一。

（3）平时巡视发现的问题应及时书面通知承包人整改，监理工程师应督促整改落实，下一次巡视时检查人员再复查上一次的问题整改落实是否到位。并对整改落实到位后进行签认。

（4）平时巡视发现的问题需要整改而在下次巡视时发现未整改，除责令立即整改外，如果累计达到 3 次后处罚 2～5 万元。

（5）平时巡视检查内容：施工现场技术人员是否在岗，质检人员和自检工作是否到位，是否按设计、规范施工，材料堆放是否整齐符合要求，机械设备是否完好，施工便道是否畅通，临时排水是否畅通，安全标志、措施是否齐全、落实是否到位，施工现场是否有序、规范。

2.独立巡视

业主专业工程师对所分管的具体项目可随机到工地巡视检查，检查重点是工程质量和施工现场已暴露的问题。检查发现的问题及时书面通知承包人整改并抄送现场监理和总监办监督，对发出整改指令的必须复检签认。

（九）施工关系协调

1.由业主工程部督促监理工程师协调好承包人与承包人之间的相交叉工程部位的施工

配合、便道互用、土石方调配。

2. 由业主工程部督促业主征地部门落实征地拆迁及与地方政府的关系协调。

3. 由业主工程部协调承包人与监理工程师之间的工作关系。

（十）工程计量、变更、施工技术方案的审核

1. 工程量确认

（1）由业主专业工程师对承包人已完工程量进行现场核实确认。

（2）对挖除非适用材料、路基土石方、抽水、围堰等，由业主工程部配合合约部进行专题数量核实（开工前、完工后业主、监理、承包人三方联测确认）。

（3）工程量计算应遵循技术规范、合同条款关于计量的规定，凡不属于计量范围的工程数量不得进行数量核实确认。

2. 工程计量

（1）由业主专业工程师重点审核工程数量，对工程数量的真实性、准确性负全面责任。同时审核计量是否符合计量的规定。

（2）业主工程部对工程数量确认程序进行审核，对工程计量范围、原则进行审核。

3. 工程变更

（1）对全部工程变更首先由业主专业工程师核实方案的可行性、数量的准确性、单价的合理性，然后由工程部审核，再逐级上报审批。

（2）对下列工程的变更可由专业工程师现场确认：A、取消围堰，改为全塘抽水（但不得增加造价）；B、袋装砂井长度变化且已经设计代表、专业监理工程师现场确认；C、清淤改为挤淤；D、危及工程安全、人员生命的紧急事件处理；E、第一层找平层填土厚度及找平层顶面标高提高，与专业监理工程师一道确认；F、桩基础加深2m内，且经设计代表和专业监理工程师现场确认；G、隧道施工由于地质原因引起坍方，处理费用在5万元以内，且经设计代表、专业监理工程师现场确认；H、红线外抽水、经三方联测。然后由承包人边施工边报正式变更，其变更依据以上述书面签认为准，变更必须在一周内上报业主工程部，否则增加工程量及费用不予认可。

（3）其余变更一律按程序先报变更批准后再实施。

4. 施工技术方案审查

（1）对隧道、特大桥的施工组织方案由业主总工室组织设计、监理、施工、业主工程部进行审查，特别问题邀请相关专家评审。

（2）对大体积砼、现浇支架、挂篮、悬浇砼、石方爆破、现浇砼连浇梁、隧道支护、开挖、衬砌等的施工技术方案由业主总工室组织设计、监理、施工、业主工程部进行审查。

（3）对施工便道方案由总监办审查后提交业主工程部审批后执行。

第六章 高速公路养护作业安全

第一节 养护及专项施工

高度重视施工安全，认真执行国家有关安全法律法规，始终严格按照"严、细、实"的标准，坚持做到施工有章法、有程序，分析施工中存在安全隐患的成因，部署落实工程实施过程中的各项细节，施工单位牢固树立起"安全第一"的思想，在安全问题上切实做到统一领导，责任到人，实行安全生产责任制。一路八方，联勤协作，齐抓共管，建立"路畅人和、风正气顺"的良好氛围，确保道路畅通施工安全。

（一）将安全生产要求进入合同，规范约束机制

任何专项及养护项目的招投标，将安全生产明细并写入招标文件，合同谈判要求施工单位承诺安全管理的各项措施，提交安全保畅方案，按规定缴纳安全抵押风险金，加强约束机制，强化安全合同管理，安全保畅方案未经安全部门审查认可，不得签订合同。

（二）进场前加强安全交底和重点部署

由于众多高速公路施工是在交通繁重的高速路面上进行的，施工的特点一边是交通量大、行车速度高的道路交通，一边是紧张作业的路面施工。因而容易形成相互干扰的现象，稍不小心，则会引发安全事故。

任何施工进场前，养护、安全部门都会召集交警、路政、监理、施工单位召开开工前的管理例会，会上着重强调施工中安全保障要求，特别是针对上路施工安全告示设施的摆放和管理等，进行多方位、多层次交底，特别是将施工单位上岗前的安全培训作为考核重点，明确加强处罚力度。交警路政部门也本着"安全第一"的方针，对施工单位提出相应注意事项和要求，对安全工作做到齐抓共管。

1.进场前办理上路审批，严格审批程序。施工单位制定并提交详细的现场交通管理方案，根据施工路段的交通流量情况合理安排施工计划，确定施工路段长度；根据施工路段的交通情况，合理确定施工区限速等交通管制措施，绘制安全管理方案示意图，并附必要的文字说明。以上安全方案经、交警、路政审批同意后方可进场施工。施工单位入场前对全体职工进行一次岗前安全教育，明确安全各项要求，同时形成文字交底材料，做到现场工作人员人手一份。

2.施工单位应协同业主、交警及路政等单位制定紧急应变措施，包括紧急情况下的交通疏导措施等。

3.施工前，通过交通新闻媒体等渠道发布道路施工消息。每日施工前，通过可变情报板和各收费站口施工安全预警标志标牌，提醒过路车辆注意沿线路段施工情况。

（三）八方联动，加强施工现场安全管理

1.现场人员着装管理

进入现场的作业人员必须按要求穿着安全作业服，没有按要求做的，应责其改正。当场不能改正的令其退出作业现场。从事高空作业时，必须要佩戴安全帽、安全带。遇有夜间作业，看护人员要佩戴反光作业标记或穿着反光作业服。遇有上级检查工作或外来人员参观作业现场，应由接待部门事先准备好足够的作业服和安全帽，佩戴整齐并说明有关安全注意事项后方可进入现场。任何人员不得横穿高速公路。

2.作业区人员值守与设施看护

养护作业区随时注意保持现场封闭设施的完好性，发现问题及时纠正。同时规定对非临时封闭，现场要安排设施看护员。对夜间不能开放交通的封闭区，安全设施要满足夜间安全设施布置的要求。

3.中央分隔带开口护栏管理

养护及专项施工作业时，严禁任何单位擅自打开中央开口部护栏，确因施工需要，必须经职能部门、交警、路政部门批准，打开的开口部护栏必须按要求设置交通导流标志标牌并设专人指挥交通，通行完毕即封闭护栏。短时间使用开口部时，要即开即封。

4.设备操作与停放管理

施工作业现场的养护车辆、机械设备必须严格按照设备操作规程和施工工艺技术进行，禁止违规操作。作业车辆停放时，应限制在作业区内或经施工方案明确的其他允许停放车辆的场所，并按规定设立临时停放标志。夜间施工车辆及设备尽量不停放在作业区的行车道内，避免误入作业区的车辆对停放车辆构成损坏。

5.长、大设备使用管理

封闭区内作业的长、大设备如铣刨机、吊车等，实施作业时，安排专人调度，保证吊杆、传送带等悬出部分不能进入中央分隔带，更不能超出中央分隔带进入另一侧路面，以免作业失误造成人员、车辆伤害。

6.夜间及视线不良的安全对策

养护作业要准备足够的安全标志、安全设施，警示灯具，遇有不可预见的原因，必须在夜间或视线不良情况下施工时，及时增设标志、设施，点亮警示灯，以保证作业及通行安全。遇雨、雾等视线不良时，应停止施工、作业（紧急作业除外）并尽量撤离有关施工设备。

7. 流动作业管理

流动作业车辆、设备要按要求设置标志，流动作业设备的行驶的方向应保持与正常运行车流方向一致，避免出现逆行。流动养护作业人员要按规定着安全防护服，严格遵守交通法规，确保人身安全。清扫、绿化洒水、施肥、设施清洗等流动作业应选择在能见度良好的天气条件作业。

8. 养护材料、设备、大型构件运输

养护维修所进行的材料、设备运输，在高速公路内封闭区以外，均应严格遵守交通法规和高速公路管理办法，不得随意停车、随意调头、逆行或不按规定使用中央活动开口部。

9. 交通恢复

作业结束后应按以下顺序做好恢复交通的各项工作：撤除场内设备，清除场内剩余材料及废物，使路面洁净，恢复路面标线（亦可以后进行），撤除大部分作业人员，撤除警示灯具，单幅封闭时要开放封闭侧的交通，从封闭末端向起点撤除封闭侧的安全锥和标志，关闭活动开口，撤除安全看守人员，撤掉封闭公告。

（四）齐抓共管，重视施工现场安全监督

综合运用单位自查、重点抽查、专项巡查、集体督查等多种方式加强对施工现场的安全管理，增强检查的针对性和实效性，未雨绸缪，加强防范。联合高速交警、路政加强对施工现场的安全预警、人员到位、安全措施、紧急处置等方面进行联合督查，发现问题，限期整改。同时，建立了随巡随查随时处理的即时机制，就是明天在路上进行日常巡查的任何人员（包括交警、路政及监控中心巡查人员），都要对施工现场安全进行检查，发现问题，及时指出要求整改，并根据现场问题出具书面整改通知单，拍摄照相后统一报请安全部，负责对其进行经济处罚。

第二节　施工安全事故发生的预防对策

1. 加强对施工单位的资质审查和安全教育

要会同交警、路政部门，把好入口关，加强对施工单位施工资质的审查和施工现场的安全监管，设立施工单位事故预防保证金制度，重视对违规操作的整治和处罚工作。每月组织施工单位召开"安全例会"，或参加施工安全例会，对施工安全管理情况进行通报、讲评，对施工企业实行安全资质评定制度，建立安全管理奖罚分措施，按施工安全措施落实情况进行打分定级，对安全资质不合格的单位，开除其施工资格。要对施工路段长度、间隔、现场标志，材料堆放，施工人员着装等方面严格按国家颁布的有关标准进行日常管控工作。通过宣传有关安全生产法律法规和播放安全宣传教育警示片，教

育广大施工人员、安全管理人员强化安全责任意识，自觉落实各项安全操作规程。继续开展即时制度，加大对施工现场违章处罚力度。

2. 充实施工安全管理力量

针对当前施工现场安全监管力量薄弱的现状，建议在部门或者基层监控单位设立专门机构或者充实一些具有相应施工管理经验和能力的专业人员来加强施工现场的监管。

3. 警力前移，加大巡逻力度，强化对施工路段的路面管控力度

要充分发挥警务站的作用，坚持对路面24小时监控，实行白天见警车，夜晚见警灯，重点施工路段见警察，巡逻辐射整个路面，第一时间发现路面上的各种交通违法，并及时纠正。同时，切实加强对高速公路上施工路段的监控力度，分段建立施工安全管理责任制，落实到每个民警专职专责。责任民警在巡逻中，要规范标志标牌设置，充分发挥预警警示作用。在日常巡逻中要督促施工单位按照国家标准规范设置标志标牌，对于距离不足的，及时纠正；标牌毁损的，及时补足；被风吹倒或被车刮倒、挪移的，及时归位。

4. 加大对高速公路上各种严重违法行为的打击力度

建议交警。路政部门依据车流情况、天气条件、重大节日等，有计划、有步骤地开展专项整治，加大教育处罚力度，形成"高压"态势。针对超速行驶、长期占用超车道或应急车道、违规穿插等严重违法行为，充分利用现有各种科技装备，例如雷达测速仪，多功能现场勘查车、电子卡口等，不定时、不定点地实行监控，快、准、狠的予以处罚，从心理上对驾驶员造成震慑，夏季增加服务区停车过滤频率，以减少超速、违法超车、疲劳驾驶、长期占有应急车道等各种违法行为的发生，从严从快查处各类交通违法行为，切实加强对施工路面的安全管理。

5. 加强施工路段的交通安全宣传工作

在新闻媒体或高速公路入口，特别是高速公路收费站站口发布施工信息，张贴"安民告示"提醒司乘人员降低车速，按路标谨慎驾驶。要对高速公路沿线的中小学校、乡村进行高速公路交通安全宣传，特别是高速公路施工期间的道路交通安全宣传，防止车辆在施工路段违法，防止行人、村民上高速公路行为的发生，营造人人关注交通安全的良好氛围。要在新闻媒体中，经常对高速公路上不规范的施工行为进行曝光，让广大群众和社会舆论监督。

6. 牢固树立"三种"意识

一是要牢固树立服务意识，保障安全也是一种服务，对外要为司乘人员服务，对内是对职工服务，这种安全服务意识要牢牢扎根在头脑中，体现在工作中；二是要牢固树立安全意识。"安全无小事"要真正体现在工作细节上，既要保证司乘人员的安全，又要保证施工人员、管理人员的自身安全。三是要牢固树立责任意识。所有高速公路上工作的人员，无论是业主、施工单位还是交警路政，都要有强烈的事业心、责任感和集体

荣誉感，要有共同责任维护高速公路畅通和安全，保证兄弟单位同志们的安全。

在高速公路上进行路面施工存在的危险性大，如果不重视安全管理，一旦发生安全事故：一则给受伤害的工程施工人员蒙受灾难，给家庭造成巨大的不幸；二则施工企业要停工整顿，支付巨额的经济赔偿，影响企业的形象和经济效益；三则造成员工的思想情绪低落，影响工作积极性发挥。因此安全生产，责任重大。高速公路路面施工安全管理是一项复杂的任务，安全施工涉及面广，要求高，需要做好各种安全管理工作。要认清其特殊性，加强认识，做好各项安全生产的工作。

第三节　养护作业现场安全管理规定

一、总则

第一条　为切实提高我处养护维修安全作业管理规范化水平，保障养护维护作业人员和设备的安全，根据交通运输部《公路养护安全作业规程》等相关规定，结合我处养护工作实际，特制定本规定。

第二条　本规定适用于我处范围内所有养护作业行为。

第三条　养护作业，按规模分日常养护、维修保养、大中修工程三大类；按工程性质分路面、路基、桥梁、结构物、沿线设施五个方面；按作业区分超、行车道区、中央分隔带区、路肩区、边坡边沟区五个区域；按照作业时间分长期养护作业、短期养护作业、临时养护作业和移动养护作业四类。

二、基本要求

第四条　在维持正常交通情况下养护施工作业，必须严格遵守高速公路的有关规定，采取切实有效措施，保证行车、养护作业人员、构造物的安全和道路的舒适与畅通。

第五条　养护作业单位在上路作业之前，应到分处养护科办理有关进入施工手续，并签署安全管理协议。分处养护科负责协调办理市处及路政部门审批手续。

第六条　养护作业单位，均应按国家规定建立内部安全管理部门，配备专职或兼职的安全管理人员，实施对养护维修作业人员的安全培训和教育。参加养护作业的施工人员，必须接受安全技术、文明生产教育，遵守各项安全技术操作规程。对于从事特殊工种的人员必须经过专业培训，获得合格证书后方能上岗作业。同时，养护单位应积极参加市处及分处组织的高速公路安全作业培训，认真学习高速公路有关公路法规、安全作业规章制度，否则不许进路施工。

第七条　养护单位每天开展养护施工作业前应向分处养护科报告施工作业占道计划。分处养护科负责向路政及信息（分）中心等部门进行报备。养护作业过程中养护单位要听从分处相关部门及高速交警部门的管理，必要时（遇交通管制、车队保障及压车等情况）应及时无条件采取停工保畅措施。

第八条 上路作业的养护单位，要建立健全项目经理责任制。项目经理作为本工程的直接责任人，不但要有完善的施工组织方案，还要建立安全作业、岗位职责、操作规程制度，并在施工现场立牌提示，要切实做到责任到人、落到实处。

第九条 养护作业现场的交通控制，必须严格按照《公路养护安全作业规程》（JTG H30-2015）和《公路养护技术规范》（JTG H10-2009）及《道路交通标志标线》GB5768-2009 的规定和要求设置施工警告标志、限速标志、导向标志、禁止驶入标志和必要的安全防护措施，现场工作人员要穿着反光服，佩戴安全帽，严禁越过安全区作业，作业过程应接受路政人员的检查，确保交通车辆、施工人员的生命安全。

第十条 高速公路管理部门对养护单位的雇员、设备等任何人员伤亡、财产损失和由此造成的第三方损失不负任何责任。养护单位承担一切伤亡、财产损失赔偿以及与此有关的一切索赔、诉讼等费用。

第十一条 养护单位的养护、施工用车辆应具有合法手续、牌照齐全，并相对固定，开工前将"施工车辆登记表"报分处养护科备案。

三、养护作业安全管理

第十二条 开展公路长期养护作业前，分处应组织制订养护安全作业应急预案，并报市处养护科、路政科备案。

第十三条 养护维修作业的安全设施应始终处于良好的工作状态，在未完成养护维修作业之前，任何人不得随意撤除或改变安全设施的位置、扩大或缩小控制区范围，以保证养护维修作业控制区安全控制的有效性。

第十四条 当进行养护维修作业时，应顺着交通流方向设置安全设施。当作业完成后，应逆着交通流方向撤除为养护维修作业而设置的有关安全设施，但警告区标志的移除顺序应与布设顺序相同，恢复正常交通。当占用超车道最后撤除最前端标志时，应有现场安全管理人员现场指挥，前方 30 米安全区域挥旗警告提示，撤除设施要快速。

第十五条 小修保养和大中工程的作业控制区分警告区、上游过渡区、纵向缓冲区、横向缓冲区、工作区、下游过渡区和终止区六个区域，必要时设置大型载重汽车停靠区。

1. 警告区是最重要的一个控制区，区内至少必须设置施工标志、限速标志和可变标志牌或线形诱导标，其他标志可以根据具体情况再行增加；警告区长度应视设计速度及交通量情况而定，不得小于 1600m，原则为 2000m。

2. 上游过渡区起点至下游过渡区终点之间应放置锥形交通路标。上游过渡区长度应视最终限速值及封闭车道宽度而定，下游过渡区最小长度不应小于 30 米。

3. 纵向缓冲区长度应视最终限速值及道路纵坡坡度而定，横向缓冲区其宽度不宜大于 0.5 米。在纵向缓冲区与工作区交界处应布设路栏。

4.工作区与开放交通的车道之间必须有明确的隔离装置。工作区的布置，还要考虑为工程车辆提供安全的进口与出口。

5.终止区最小长度不宜小于30m。

第十六条　超、行车道作业区的交通控制方式分为封闭单车道和封闭单幅车道两种情况。封闭单幅车道要报请市处批准，时间不宜超过五天。封闭单车道一天以上的报分处信息管理部门备案，封闭单车道连续作业时间不宜超过三天，特殊情况可适当延时。工作区长度不宜超过1km，且封闭作业区间距为5km以上。

第十七条　车道养护作业时，在封闭车道一侧的警告区应布设施工标志和限速标志，在非封闭车道一侧的警告区应布设施工标志，并宣布设警示频闪灯。路肩养护作业时，在封闭路肩一侧的警告区应布设施工标志和限速标志，在另一侧仅在警告区起点布设施工标志。

第十八条　封闭期间要加强夜间的灯光标志和安全管理，并在上游过渡区内设置黄色频闪灯或标志车；需在夜间施工时，作业区内应设置照明。

第十九条　中央分隔带内作业区长度宜控制在1km内，分处辖区内原则不宜超过两处。作业区的两端至少要各插桔黄旗四面，并设专职安全员、导向标或施工标志，作业人员严禁在超车道内走动。

第二十条　中央分隔带绿化内的植被修剪、垃圾清理等养护作业，应封闭靠近中央分隔带的内侧车道，并按临时养护作业控制区布置。洒水车辆占用超车道进行中央分隔带绿化浇水等移动养护作业，洒水车必须配置后置式LED分流箭头等提示标志，并保证正常开启，易于识别。车辆后方应采用软体（绳）连接拖拽大型交通锥或防撞桶，连接长度应大于20米。作业人员应加带安全措施（如安全带）在车体内规范作业，确需沿路走动作业人员，须有专人安全管理，作业人员沿车流方向，不能落后于车体尾部且不得在中央分隔带内休息。

第二十一条　路肩作业区长度不宜超过200m，交通控制采用设置锥形标、导向标，锥形标间距不宜大于6m，其中，上游过渡区和工作区布设间距不宜大于3m，锥形标应设在实线标线的外侧，不压标线；路肩绿化打草时交通控制采用插桔黄旗，并设专职安全员；路肩上需要堆放物品时，应堆放整齐，时间不宜超过三天，并设置警示标志。严禁在路肩上利用路面作业，以免污染路面。

第二十二条　边坡边沟作业，应在作业区两端的土路肩上各插两面长杆桔黄旗，以示作业区的位置，给车辆以警戒。作业人员应在边沟边上活动，不宜在路肩上走动。若需在硬路肩上堆放设备或其他物品，应设反光锥形标，锥形标间距应小于10m。

第二十三条　施工和管理人员必须具有高度的安全警觉性。上路时养护维修作业人员必须穿着带有反光标志的桔红色工作装（套装），管理人员必须穿着带有反光安全标志的桔红色背心，否则不准进入养护施工作业区。施工人员不得随意在非封闭区内的行车道内坐、站立或行走，不得已需跨越行车道时，应观察车辆的行驶情况，在确保安全的情况下迅速通过。

四、养护文明作业管理

第二十四条 在养护作业施工之前，要认真研究图纸，分析情况，采取有效措施，确保路面不受破坏和污染等，杜绝有损高速公路设施的行为。否则，由此带来的一切后果，由承包人负责。

第二十五条 养护作业除保障安全外，作业的方式和方法需讲究文明，随时随地保持路容路貌的整洁，不外露土、石块等杂物。作业场地标志明显，防护齐全，作业面小，时间紧凑，常见病害的维修作业如裂缝、泛油、拥包、坑槽等应当天完成。

第二十六条 中央分隔带和路肩开挖的苗坑，不应超过三天，超过时应覆盖，或采取其他措施保持环境的优美。

第二十七条 路面清扫作业时，清扫工应着反光标志服，清扫车应按照处相关管理规定统一外观。当占用路面进行人工移动养护作业时，宜封闭一定范围的养护作业区域，并按临时养护作业的有关规定执行。对于路肩清扫等人工移动养护作业，宜布设移动式标志或交通锥，其距人工移动养护作业起点不宜小于150m。严禁在能见度差如夜晚、大雾天等条件下进行人工清扫。严禁清扫工把垃圾扫至路肩、边坡和中央分隔带内，应集中扫至泄水槽内，定时清理。清扫路面的同时，要定期清除边坡、边沟、隔离栅上的垃圾，保持路容、路貌的整洁。

五、监督管理

第二十八条 市处养护、路政部门应当不定期组织对高速公路养护施工作业进行现场监督检查；各分处养护、路政部门应当结合道路巡查进行养护作业现场监督检查。

第二十九条 监督管理单位发现养护施工作业存在不符合规定的，应当立即制止，并限期整改；在限期内未做出整改或整改后仍不符合规定的，应立即责令其停工整顿。

第三十条 养护施工人员不服从监督人员管理，造成交通责任事故的，按照有关法律法规规定，依法追究施工单位法律责任。

第七章　养护技术管理

在于"预防为主"，所以在其建成通车开始就应把养护管理列入重要的日程，实践证明"高速公路质量高，早期养护没必要"这种认识是肤浅的，高速公路早期不但需要养护，而且早期养护意义重大，高速公路通车初期的技术状况数据是建立道路数据库的初始数据，所以初期的数据测定是无可取代的，通过早期养护可以及时完善由设计不足造成的道路排水，防护工程设施的先天不足，改善道路技术状况。早期养护可预防和治理早期病害，可延长道路与设施使用寿命，延缓大修周期，降低养护成本，为做到"预防养护"打好基础。最终达到早发现，早预防，少支出，效果好。把病害处理在萌芽状态，以较少的投入获得最大的效益。

第一节　养护技术

（一）同步碎石封层技术

1. 工艺原理

同步碎石封层是指沥青结合料的喷洒及骨料的撒布为同步进行，使沥青结合料和骨料之间有最充分的表面接触和最好的粘结性。

2. 工艺概述

由于同步碎石封层将粘结剂的喷洒与碎石撒布两道工序集中在一台车上同时完成，可以使碎石颗粒立即与刚喷洒的流动性好的 120 ~ 140℃的热沥青或乳化沥青相接触，并较深地埋入粘结剂内，因此同步碎石封层技术具有以下几个特点：良好的防水性；良好的附着性和防滑性；良好的耐磨性和耐久性；良好的经济性（同步碎石封层可作为低等级公路的过渡型路面，以缓和公路建设资金暂时不足的问题）；同步碎石封层施工工序简单、施工速度快，可及时限速开放交通，1 小时后可完全开放交通。

3. 配套工艺使用设备

同步碎石封层车、装载机、轮胎压路机、沥青运输车、洒水车、路面除尘设备和小型铣刨机等。

4. 施工原材料

普通沥青、骨料（花岗岩、玄武岩、石灰岩等都可）等。

（二）微表处技术

1. 工艺原理

微表处是一种由聚合物改性乳化沥青、集料、填料、水和外加剂按合理配比拌和并摊铺到原路面上，达到迅速开放交通要求的薄层结构。

2. 工艺概述

微表处的摊铺厚度一般为 5 ~ 10mm。经过乳液与骨料果覆、破乳、分离、析水、蒸发、固化等过程，从而形成密实、坚固、耐磨的道路表面层。

微表处施工工艺不但用于沥青路面的预防性养护，微表处混合料可以修复路面的流动性车辙，可以为行车提供一个平整的、耐磨的、粗糙的表面，可以有效防止路表水的下渗，微表处层与原路面结合紧密，没有剥离现象，完全可以满足高速公路预防性养护和恢复路表功能的要求。还用于粗粒式或贯入式路面的封层。这种封层能与底面牢固结合，可用于高等级公路地方道路的表面层。但是由于微表处施工工艺的特殊性，不能提高原有道路的结构强度和稳定性。因而，微表处的施工必须在保证原有道路强度和稳定性符合设计要求的情况下进行。

3. 配套工艺使用设备

微表处摊铺机（稀浆封层机）等。

4. 施工原材料

改性乳化沥青、填料（水泥、矿粉等）、集料、外加剂等。

（三）雾封层技术

1. 工艺原理

雾封层就是在沥青面层上喷洒一层薄薄的、高渗透性的高分子改良乳化沥青，以形成一层严密的防水层将路面封闭，起到隔水防渗、保护路面的功能，最大限度地减少路面的水破坏，增大路面集料间的粘结力，延长路面使用寿命。

2. 工艺概述

雾封层是适用范围较广的预防养护方式，主要用于轻度到中度细料损失或松散的道路。雾封层可有效解决沥青路面出现松散的问题，如老化麻面的密级配沥青混合料表面，碎石封层表面，开级配沥青混合料表面等。

对沥青路面实施雾封层，有如下作用：具有良好的防水性，可以减少路面的水损害；具有良好的渗透性，可以填补路面细微裂缝和表面空隙；增强沥青表面层集料间的粘结力，起到沥青再生剂作用并可保护旧氧化沥青路面；雾封后可以使路面黑色化，能增加路面色彩对比度，增强驾驶员的视觉舒适度；对 0.3mm 以下的裂缝起到自动愈合的作用；大幅提高道路的使用寿命和降低维护成本，一般情况下，雾封层能延迟病害 2 ~ 4 年出现，提高了道路的使用寿命。

3. 配套工艺使用设备

智能型沥青洒布车、道路清扫车等。

4. 施工原材料

雾封涂料（由水乳性沥青加入特殊助剂和还原再生剂组成）

（四）就地冷再生技术

1. 工艺原理

就地冷再生技术的原理是用铣刨后的废旧沥青混合料，按照一定的级配，以改性乳化沥青作为再生剂，重新拌和，再使用到路面的基层或面层中。从而实现对铣刨后的旧沥青混合料的再生利用。

2. 工艺概述

冷再生技术具有施工工艺简便、分段施工、工期短、再生后当日即可通车的优点，使旧路改造升级而不需断交施工成为可能。冷再生技术充分利用旧路资源，彻底解决将旧路推除重建而存在建筑废料运输和堆放的问题，也大大地减少了新材料的用量，减少了环境污染与破坏，尤其适合于城市道路的维修与改造。冷再生技术在施工时一般只是对旧路二灰及沥青砼面层进行铣刨后拌和，所以对于旧路路基比较差的路段一定要进行处理后才能进行冷再生施工，这样才能保证施工质量。

3. 配套工艺使用设备

冷再生机、洒水车、平地机、轮胎压路机、振动压路机、三轮压路机、装载机等。

4. 施工原材料

乳化沥青、水泥、水及沥青面层铣刨料、路面基层铣刨料等。

（五）就地热再生工艺

1. 工艺原理

沥青路面就地热再生利用技术，就是通过先进的就地热再生机组，就地加热软化旧沥青路面，耙松、收集旧料，添加适当的新沥青混合料以及再生剂，经过现场机内热搅拌、摊铺、熨平、碾压成型，可快速开放交通，一套连续式的维修沥青路面的施工工艺技术。当沥青路面表面层出现裂缝、车辙、坑槽、泛油、磨损等病害或者路用性能下降，路面结构的损坏程度还没有波及基层时，可以采用这种施工方案。

2. 工艺概述

据再生路面的病害特点和施工方案设计要求，通常采用的就地热再生技术方案有3种：整形、复拌、重铺。

3. 整形就地热再生

一般适用于维修车辙、麻面、松散、网裂及沉陷等常见路病。通过使用就地热再生机组将路面加热、添加再生剂、翻松、在热路面上直接摊铺极少量的新沥青混合料，最后将新、旧沥青混合料一次压实成型。

4. 复拌就地热再生

适用于维修中等程度破损路面，以及改善原路面材料级配不合适的状况。通过使用就地热再生机组将路面加热、添加再生剂、翻松、收集旧料、添加新沥青混合料，重新拌合、摊铺、压实成型。

5. 重铺就地热再生

适用于再生破损严重或承载能力不足的路面，以及旧路升级改造工程。通过使用就地热再生机组将路面加热、添加再生剂、翻松、拌和、摊铺，然后再将新沥青混合料直接摊铺于再生混合料之上，两层一次压实成型。

6. 配套工艺使用设备

就地热再生机组（由两台加热机、一台加热铣刨机和一台加热复拌机组成）、摊铺机、双钢轮压路机、轮胎压路机等。

7. 施工原材料

再生剂等。

（六）纤维封层技术

1. 工艺原理

纤维封层技术是指采用纤维封层核心设备同时洒（撒）布沥青粘结料和玻璃纤维，然后在上面撒布碎石经碾压后形成新的磨耗层或者应力吸收中间层的一种新型道路建设施工和养护技术。

2. 工艺概述

纤维封层施工中，经过专门工艺破碎切割的纤维在上下两层均匀洒布的沥青结合料中呈乱向均匀分布，相互搭接，与沥青混合料形成网络缠绕结构，有效地提高了封层的抗拉、抗剪、抗压和抗冲击强度等综合力学性能。类似在新建道路基层和面层之间或原有路面基础上加铺了一层具有高弹性和高强度的防护网垫。特别适用于旧沥青路面（或新建路基）、面层层间应力吸收中间层施工，和原有旧沥青路面耐磨层施工。对新旧沥青道路建设及养护起到有效的保护作用，更能延长其养护周期及服务寿命。

3. 配套工艺使用设备

纤维封层设备1台、保温沥青罐车、碎石撒布车、轮胎压路机、路面清扫设备等其他小型机具。

4. 施工原材料

改性乳化沥青、玄武岩纤维以及碎石。

第二节　桥梁构造物的养护

1. 保证构造物表面的清洁完整，防止表面风化和及时修理风化部分。

2. 保持排水设备处于良好状态。

3. 及时修补病害。

4. 保证伸缩装置自由活动。

5. 做好超重车辆过桥及桥孔的管理工作。

6. 对原有桥涵技术进行管理、建立和保存桥涵技术档案资料。

第三节　隧道工程的养护

1. 隧道的保洁。

2. 洞壁清洗、灯具清扫、消防器材更新。

3. 排水系统的疏导。

4. 各种管线的检查、保护与维修。

5. 风机的定期保养。

6. 消防器材失效的定期更换与设施的维修。

7. 其他监测设施的检查与保养。

8. 洞口具有特色的雕塑、艺术品的清扫和修饰。

9. 水下隧道的养护重点是防渗漏、防沉降。

第四节　路基及附属设施的养护

1. 疏通、改善、铺砌排水系统。

2. 维护修理各种防护构造物及透水路基，管理两旁公路用地。

3. 除塌方、处理塌陷、检查险情、预防水毁。

4. 维修植被边坡。

5. 排水设施的养护维修。

6. 护栏的养护维修。

7. 标志、路面标线的养护维修。

8.照明设施的养护维修。

第五节 机械化养护的道路

高速公路固有性质决定了高速公路损坏后必须及时修补，高速公路养护管理机构首先要满足"快速反应"这一基本要求，以往养护用工人，运输靠四轮，管理凭经验的做法已远不能适应高速公路养护管理的需要。因此必须建立一支反应迅速，技术熟练，设备配套的机械化养护队伍，才能保证养护的及时性，快捷性，走机械化养护的道路，在机械设备上必须以专用机械为主，如铣刨机，摊铺机，压路板等等，非专用机械如翻斗车等可采取雇佣社会车辆方式解决。雇佣社会车辆会减少初期投入大量资金并减少管理费用及管理难度。走机械化道路最终达到路面坑槽修补不过夜，时刻为道路使用者提供良好的路况。

提倡科学养护，首先要制定科学的养护方针，那就是日常维修和集中整治相结合；维修作业和病害根治并重；有计划地安排专项治理；严格按规定的修补工艺施工，确保修补质量；严格交通管制，保证维修施工安全。具体地说：在保证日常养护的同时，根据我省气候特点，每年3～10月进行集中整治；在维修作业中要特别注重水害和路面病害的根治；路面养护是养护的重中之重，单靠日常保养不足保证道路的安全畅通，还要逐年安排专项治理，不断改善道路条件，为了道路施工及交通安全执行没有批准施工安全预案不准开工，没有施工作业许可还不准上路，没有经过安全培训的人员不准参加现场作业。同时做到按规定的道路施工标志，标灯全部落实到位，各级安全管理紧密配合，协调一致，尽量做到时当天铣刨的路床当天完成摊铺。提高养护管理人员业务水平，大力倡导吃苦耐劳的敬业精神，积极推广养护新技术，新工艺，定期选送员工进行培训，培养造就一批既能"批挥"又能"战斗"的多用才。

建立完善的规章制度，使养护管理规范化俗话说："没有规矩不在方圆"，制度是规范人们工作和行为的准则，一套好的规章制度，才能保障更好完成任务。进行量化的百分评比活动，其主要内容如下：

1.领导重视，把统计工作真正纳入议事日程，做到人员稳定，按制度工作。

2.记录完备，原始记录齐全，整洁，实事求是。

3.报表完好，数字来源有据，无漏笔漏项，字迹整齐无误，并附明确的解释说明。

4.台账健全，准确，整洁，账与原始记录，账与报表均衔接相符。

5.归档规范，统计资料整理按序保存完好，实行档案管理规范化。

（1）统计工作奖惩条例

打破平均主义，奖罚分明，按检查百分比考核各单位，部门的工作质量，按季检查，年终综合打分。

（2）统计工作传递流程制度

①制定全系统及各部门的统计工作流程图，兼职人员可在图中标明其他工作情况，以统计工作为主，指明一年中统计工作的总体目标。

②统计人员按图作业，可有效控制其他事情的冲击及无事可做的茫然，便于检查，监督，从而使统计人员能尽职尽责，合理安排工作时间，提高工作效率，更好地完成各项任务。

③年初搞好计划，并分解到各季月，全系统目标计划层层下达，准确无误。

④对工作的要求，验收检查标准，定期检查时间，检查结果等项均可入图，形成树形的标准程序化流程图管理，可让人对全年的统计工作一目了然。

（3）独立办公和联合办公制度

①独立办公指统计人员单独完成本部门的业务工作。

②联合办公指全系统或某单位组织的由全体或部分统计人员参加共同完成某项业务工作，或现场互检互查，或交流学习等活动，以促进统计工作及队伍整体的共同进步。

③各部门统计人员必要时可汇同其他业务人员共同研究探讨业务工作。

④统计人员有责任接受调查和询问，做好服务，同时各部门或每个职工也有义务提供必要的数据并自觉接受统计人员的调查核实等工作，形成相互配合，团结共进的工作作风，能使各部门工作正常衔接，避免互相扯皮，可收到事半功倍的效果。因此，建立一套完善的高速公路养护管理制度，为搞好养护工作打下坚实的基础。首先，建立道路巡查制度，及时准确了解道路状况，坚持定期巡查，做到定期巡查与重点巡查相结合；其次，严格计划管理，使养护工作紧张有序地进行；再次，实行定额考核加奖励化劳动管理；还有，完善机具保修制度，提高机具的完好率对主要的养护机械分类别建全维修保养制度，责任落实到人，按不同机械制订操作规程，对操作人员定期进行考核，以提高人员素质，提高机械的完好率。最后，加强信息管理，拓展信息管理的范围，使用计算机对道路养护工作进行数据处理分析，实现养护巡查数据收集，道路病害治理，职工考核，机械维修等项目由计算机分析整理，对道路病害的地段成因，治理后的效果有了系统的了解，对人员考核进行了量化，对此要进一步完善软件，使数据更加科学，系统化，为养护决策提供依据。

路政管理工作是养护管理工作的保障，路政与养护密切配合是搞好公路养护的根本，从路损坏的情况看，有相当大的一部分是人为故意损坏所致，无意损坏的只占很少部分，这不仅增大了养护工程量而且造成国家财产极大损失，为此，应进一步加强路政管理工作，一方面，公路路政管理人员要加强管理，分析路损情况，研究对策；另一方面，需要国家从法律法规上赋予路政管理人员强有力的管理手段。路政管理与养护管理工作两者之间是密不可分的，两部门之间要经常沟通情况，研究对策，有些基础资料可共享，避免重复浪费，提高工作效率，还可给养护管理员颁发兼职路政员证，这样就在公路管理部门形成专职，兼职路政员共同管理公路的网络体系。

通过几年的工作实践，笔者体会到养护工作要加强预防性养护，同时养护工作时机选择也很重要养护工作者还应不断更新知识，采用国内外先进的养护技术，不断总结，不断探索，不断创新总结出行之有效，科学合理的养护方法。总之，通过大家的努力，高速公路养护与管理工作一定会取得优异成绩。

第六节　沥青混凝土路面养护

沥青混凝土路面具有表面平整、无接缝、行车舒适、耐磨、振动小、噪声低、施工期短、养护维修简便、适宜于分期修建等优点，因此获得越来越广泛的应用。在高速公路的建设中，我国的绝大部分高速公路都采用沥青混凝土路面。随着国民经济快速、协调发展、我国道路交通量日益增大，车辆迅速大型化且严重超载，使公路路面面临严峻的考验。现有高速公路的有效服务时间普遍未能达到其设计使用年限，常常在通车 2～3 年便出现了较为严重的早期破损现象。常见病害有深陷，纵裂、龟裂、车辙、波浪、拥包、坑槽、松散、翻浆、桥头跳车等。

（一）合理设计路面结构。尽可能减薄沥青面层厚度由于以下四方面原因，高速公路路面厚度可酌情减薄，控制在 9～12cm 之内。第一是半刚性基层沥青路面结构的承载能力可由半刚性材料层（基层和底基层）来承担，无需用厚面层来提高承载能力。第二是提高沥青路面使用性能不是用厚的沥青面层，而是用优质沥青。第三是沥青面层的裂缝不只是反射裂缝，在正常施工情况下，大部分是沥青面层本身的温缩裂缝。第四是一般来说厚的沥青面层易导致车辙的产生。

（二）加强沥青路面防水设计选用合理的基层和底基层结构。严格控制沥青混合料的质量。沥青的选取选用具有良好的高低温性能、抗老化性能、含蜡量低、高粘度的优质国产或进口沥青。在条件许可的情况下，可在沥青中掺加各种类型的改性剂，以提高基性能指标。

（三）料的选用：滑料应选用表面粗糙、石质坚硬、耐磨性强、嵌挤作用好、与沥青黏附性能好的集料。如果骨料呈酸性则应添加一些数量的抗剥落剂或石灰粉，确保混合料的抗剥落性能，同时应尽量降低骨料的含水量。

（四）混合料级配的确定沥青混合料的高温稳定性和疲劳性能、低温抗裂性，路面表面特性和耐久性是两对矛盾，相互制约，照顾了某一方面性能，可能会降低另一方面性能。混合料配合比设计，实际上是在各种路用性能之间搞平衡或最优化设计，根据当地气候条件和交通情况做具体分析，尽量互相兼顾。

当然为提高沥青路面使用性能还可以考虑以下两个途径：第一是改善矿料级配，采用沥青玛蹄脂碎石混合料（SMA）。第二是改善沥青结合料，采用改性沥青。

（五）严格控制施工质量，施工质量控制不严，早期破损必然出现。所以沥青路面施工必须按全面质量管理的要求，建立健全有效的质量保证体系，实行目标管理、工序管理、明确责任，对施工全过程，每道工序的质量要进行严格的检查、控制、评定，以保证其达到质量标准。

1. 裂缝在 6mm 以上的采用吸尘器配合其他工具清理缝中的杂物及泥土，然后灌注沥青砂及其他封缝材料，对于沥青路面较大面积的裂缝，采用铣刨破损部分。冲做面层的方法。

2. 深陷的养护

（1）铣刨或清扫

（2）喷洒粘层油

（3）摊铺

（4）辗压

3. 车辙的养护

采用沥青混合料覆盖车辙并加铺沥青混合料薄层罩面的方法，也可采用加热切割法。

4. 坑槽的养护

目前采用热补法修补。

第七节　水泥混凝土路面养护

建立水泥混凝土路面管理系统的一个主要目的，是提供有关最佳养护和改建对策和最佳资金分配方案的分析，以便决策者选择最经济合理的方案，合理地分配和使用有限的资金。因此，进行项目排序、方案优化和辅助决策是路面管理系统的核心组成部分。

路面管理系统包括项目级和网级两个层次。对于项目级路面管理系统而言，决策与优化指在进行科学的路面的使用性能和结构状况评分后，根据其结果确定是否需要修复或改建，何时进行改建，应采取何种修复或改建对策。而对于网级系统，须考虑网内所有路段，根据各路段的使用状态和结构状态。以及各路段在路网中的地位，做出科学、合理的决策。因此，要用排序和优化以帮助做出管理决策。排序和优化方法可分为以下几种类型：

（1）根据路面的使用性能参数进行排序，例如现时服务能力指数（PSI）、路面状况指数（PCI）等。这类方法以客观路况进行分等，使用迅速简便，但所得的结果可能远非最优。

（2）根据经济分析参数进行排序，例如净现值、效益 - 费用比、内部回收率等。这类方法比较简便、分析结果较接近于最优。

（3）利用线性规划和整数规划模型，按总费用最小或效益最大进行优化。此种方法较复杂，但可以得到最优结果。

（4）利用动态决策模型，按总费用最小进行优化。

1. 水泥混凝土路面养护决策与优化方法

水泥混凝土路面养护的决策与优化是建立在使用性能评价和结构状况评价的基础上。通过路面使用性能评价和结构状况的评价，可以了解各路段路面的服务水平和结构状况，知道哪些路面需要采取养护和改建措施。对于需要采取措施的项目，则要进一步为之选择合适的养护和改建对策，以便估算所需费用，并进而依据效益和投资可能性筛选项目和编制计划。

养护和改建对策的合理选择，主要考虑三个方面：第一方面是路面的现状，即各项使用性能满足的程度，要依据不适应的方面和程度选择相应的对策；第二方面是今后需要改善的程度，交通量大或发展快的路段，显然要采取较重的措施；第三方面是效益和经济性，不能仅仅考虑一项对策，而应比较分析期内各可能对策方案的经济效益，据此选择最佳方案。

2. 备选方案

各地区养护部门在长期的路面养护工作过程中积累了大量的经验，都有一套适应当地自然条件（气候、土质、料源）及施工水平和习惯和路面的路面养护和改建措施。因而，可以收集和调查这些习用的措施，并邀请有经验的养护工程师，征询他们对这些措施的使用效果的评论意见。在此基础上，通过归类、舍弃和增添等分析。制订出一套更为简明而合理的典型备选对策，供系统分析和抉择。

根据句容市公路管理处的养护经验，总结各种损坏类型采用的小修保养和中修措施。

这里需要指出的是，这些备选对策并不是在养护计划中一定要具体实施的措施，而是在网级路面管理系统中供资源和选择项目时进行分析用的可考虑的典型对策。

对于使用性能很低、结构破坏严重的路段，应考虑大修或改造。一般方案可选择：①沥青混凝土罩面；②敲碎板块，碾压整平，若强度不够则作为基层，再进行补强设计路面厚度；③敲碎板块，碾压整平，若强度足够则用沥青混凝土罩面。

无论是网级还是项目级路面管理系统，都需要应用工程经济原理，分析每一个项目或每一个对策方案所用的各项费用，并将它同其他项目或对策方案所需的费用作比较。

一般可用于方案比较的经济分析方法有：

（1）现值法；

（2）年费用法；

（3）收益率法；

（4）效益 - 费用比法；

（5）费用 - 效果法等。

前三种方法属于贴现金流量分析法，是比较常用的方法。

根据对现有路面质量的评价及预测结果的分析，以及对公路性质、等级和交通量等因素的考虑，并结合当地技术水平、地理区域特点（气候、土质特点等）及实际交通量增长情况，合理提出、安排大、中、小修及常规养护的对策和先后顺序，为该路段制定一个短期和中长期养护的日程安排表。

养护对策应符合下列要求：

（1）路面综合评定指标（SI）为优、良、坏板率在5%以下的路段，宜以日常养护为主，局部修补一些对行车安全有影响的板块；

（2）路面综合评定指标（SI）为优、良、坏板率在5%~15%的路段，除按正常的程序进行保养维修外，宜安排大中修进行处治；

（3）路面综合评定指标（SI）为中、差，坏板率在15%~50%的路段，必须安排大中修进行处治；

（4）坏析率在50%以上的路段，必须进行改善。优先顺序的主要考虑原则为：

1）路线行政等级高的先于路线行政等级低的；

2）路面使用质量差的先于路面使用质量好的；

3）在相同条件下，以坏板率大者为先。

依据以上原则，经综合考虑后选定优先顺序。

同时，针对某一路段的某种程度的损坏状况，按以往养护经验，公路局可能有多种养护对策，因而必须通过经济分析，在一定资金条件下使得净效益最大，从而确定最佳养护和方案。

按使用性能排序所得到的优化顺序，虽能反映出各项目需采取改建措施的迫切性，但并不能保证其优化结果，还必须进行经济效益的定量分析，以选择经济合理的最佳养护和改建试方案。

经过仔细分析后，大致选定四种方案：

1）旧水泥混凝土路面上加铺普通水泥混凝土；

2）对旧水泥混凝土路面断板逐块修补；

3）旧水泥混凝土路面上，加铺15cm二灰碎石，4+5cm中粒式沥青混凝土面层；

4）旧水泥混凝土路面上，加铺20cm连续配筋混凝土路面。

第八章　高速公路的灾害修复及养护

第一节　高速公路交通事故修复

居民出行与货物运输的主要通道，在国民经济的发展中占据越来越重要的位置。随着高速公路车流量的不断增大，高速公路交通事故也日益增加。交通事故的频发，给国家和人民的生命财产造成了巨大的损失。而且我国正处于高速公路建设迅猛发展时期，高速公路发生重大事故，其政治影响和经济损失都十分严重。但是，由于高速公路自身的特殊性，高速公路重大灾害事故抢险救援不同于一般公路的灾害事故抢险救援。所以，研究高速公路重大交通事故的特点，如何处置高速公路灾害事故，尽量降低灾害事故带来的损害，是摆在消防部队面前的一项重要任务，对建立适应我国高速公路灾害事故抢险救援的模式，具有非常重要的意义。

（一）高速公路重大交通事故的特点

1. 发生率高，时间、地点不确定

从世界范围讲，几乎每时每刻都在发生交通事故，从我国 2006 年上半年交通事故概况看，大约每 80 秒钟就发生一次。而高速公路随着近年的快速发展，交通事故更呈数量明显上升的趋势，而且发生时间、地点无法确定，事故发生后救援难度十分明显。

2. 死亡率高，损失大

高速公路具有行驶速度高，通行能力大等特点，由于高速公路采取了一系列的措施，其事故率只有一般公路的 1/3 ~ 1/4，但是由于高速公路上车速快，一旦发生事故，往往造成数辆、数十辆、甚至上百辆汽车首尾相撞，被撞车辆变形，很多车内人员根本就无法自行逃生，会直接导致汽车内的司机和乘客伤亡，其严重性增大。高速公路事故的死亡率是一般公路的两倍，同时高速公路灾害事故可能伴随着着火，烧毁大量的车辆和货物，造成重大的经济损失。

3. 易引发二次事故，造成其他后果

高速公路交通事故可能直接引发火灾，即使事故后没有发生火灾，但燃油四处流淌，一旦救援迟缓，就可能引发火灾事故。对于装载化学危险物品的车辆一旦发生交通事故，可能导致大量有毒有害物质外泄，造成更大的人员伤亡，并严重污染生态环境。对于人

员被困事故，如果救援不及时，可能会因失血过多、中毒或火灾造成死亡。另外如果救援不及时或现场保护不周，也可能出现新的车辆碰撞、翻车事故，导致出现新的灾害现场。2005年3月29日18时50分，京沪高速江苏淮安段发生一起重大交通事故，肇事车辆槽车内40余吨液氯大量泄漏，经官兵近65个小时艰苦奋战，成功处置，事故毒害波及淮安市2个区县的3个乡镇、11个行政村，造成28人死亡，350多人住院治疗，转移15000余人。

4. 高速公路上灭火及抢险救援条件差，处置灾害事故难度大

高速公路灾害事故的车辆无法及时疏散，随时可能发生起火燃烧、爆炸或化学危险品泄露。而且事故车辆往往撞毁变形或坠入路沟，司机和乘客等众多人员被困在受损的事故车辆内无法及时逃生，随时都有生命危险。尤其是多车多点相撞时，救援点多，灾害事故造成道路堵塞，救援装备和人员难以接近事故现场。由于高速公路没有水源，因此灭火救援时的供水主要依靠消防车的自备水，而且距城市消防站远，加上高速公路自身的全封闭性质，救援人员赶赴现场又受高速公路出入口的限制，往往不能及时到达现场。以上种种不利因素都给救援工作增大了难度。

（二）高速公路事故发生的主要原因

1. 人员的原因

思想麻痹、违章操作是高速公路事故的主要原因。据交通部门反映，驾驶员安全意识不强，超速驾驶、疲劳驾驶、酒后驾驶、带故障驾驶等现象时有发生，是高速公路事故的头号"杀手"。另外，乱扔的烟头被高速气流卷起，抛落在货物上，引燃可燃货物，也可能引起火灾。如：2007年8月19日凌晨，因驾驶员超速驾驶，一辆双乘大巴与一辆货车在焦晋高速公路上突发重大交通事故，车上28人被挤压在车中，后经焦作解放消防大队接警到场，迅速实施紧急救援，历经2小时艰难排险，28名乘客全部成功救出并生还。

2. 车辆的原因

性能不良、带障行驶是高速公路事故的重要原因。在高速公路上因车辆刹车失灵、爆胎，油路、电路、发动机以及承重部件等发生故障，可直接造成重大事故的发生，并可能直接引发起火燃烧。2006年"2.9"焦晋高速公路80公里处一大吨位货车由于刹车失灵，车辆撞到高速公路护栏上造成货物甲醇泄漏。

3. 道路设施的原因

道路设施、指示标志的损坏是高速公路事故的原因之一。如隧道的照明设施、路面上及路边围栏上的反光指示装置、各路段指示标志等的损坏，使驾驶员不能正确判断道路情况，导致处置不及时，从而造成事故发生。

4. 地理环境的原因

隧道及各进、出口为高速公路事故的多发地带。在进入隧道地段，由于光线突然减弱，驾驶员需要适应光线的时间，车辆容易与隧壁发生相撞；在进、出路口，由于车速差异较大，容易发生追尾事件。

5. 季节气象的原因

自然环境的好坏与高速公路事故密切相关。雨雾冰雪和大风等恶劣天气极易造成多点、多车相撞，并引发火灾事故。2006年焦晋高速公路"11.16"重大交通事故就是因为当天起雾，并且浓雾重重，致使后继车辆视线不良，造成七车追尾相撞的重大事故发生。

（三）高速公路交通事故处理对策

作为高速公路公安交通管理部门，要在充分借鉴国外加强事故规律性研究的基础上，从我国高速公路交通安全现状出发，研究高速公路交通事故发生的原因和规律，寻找出与我国国情相适应的高速公路交通安全管理对策，积极主动地预防高速公路交通事故的发生，我认为应当做好以下几方面工作：

1. 加强交通安全宣传，提高交通参与者的法制观念与安全意识。开展交通安全宣传，提高交通参与者的守法意识、安全意识、文明意识是预防和减少道路交通事故的治本之策。因为交通事故绝大多数是由于交通参与者的过错造成的，只有全面提高交通参与者的交通安全意识，才能从根本上解决交通安全问题，才能有效地预防和遏制交通事故的发生。因此，我们要以"迎奥运，文明出行"为主题，利用一切行之有效的手段，采取多渠道、多层次、全方位、大张旗鼓地深入开展形式多样、内容丰富的交通安全集中宣传活动。一是要针对机动车驾驶人、农村群众、中小学生、客运企业、重点单位等特定群体，开展不同内容、形式多样的交通安全宣传教育活动。二是要充分利用广播电视、报纸杂志、互联网、手机短信等新闻媒体和信息技术开展交通安全宣传，让人们在工作之余，茶余饭后，观赏电视，阅读报刊时受到教育和启发。三是要利用交通安全宣传车继续加强对城市、公路沿线、镇、墟、农村、居民和人口密集等重点群体进行交通安全宣传，向社会广泛宣传预防道路交通事故采取的举措和办法。

2. 高速公路环境单调是导致驾驶人视觉疲劳的主要原因。我们可以"增强对驾驶人的感官刺激"为突破口，从"视觉""听觉""触觉"等方面入手，促使驾驶人保持清醒头脑安全驾驶。首先，应该增强"视觉"刺激，可以在出入口匝道、弯道、上下坡道护栏柱上粘贴反光膜、设置导向标志；在平直路段、上下坡路段、隧道进出口设置太阳能闪烁灯、单排爆闪式警灯，大型反光警示标志牌；开启互通区高杆灯、隧道进口加强灯；利用主线可变情报板显示防止疲劳驾驶的提示性语句，充分运用巡逻车的警灯、车载显示屏等设备，在后半夜开启警灯，显示屏打上"夜间行车、别打瞌睡"等字幕，时刻提醒驾驶人。其次是增强"听觉"刺激，可以在隧道内安装警报器，在夜间特定时间段定时鸣叫，车辆一进入隧道，驾驶人就会被突如其来的警报所吸引，从而减轻疲劳症状。巡逻车发现有疲劳迹象的车辆，及时鸣警报予以提醒。最后是增强"触觉"刺激，可以在辖区道路右侧边缘线外设置隆声带，在上下坡路段、平直长线路段设置振动标线。驾驶人一旦偏离行车路线，或车轮压到振动带，车辆就会剧烈抖动，同时发出"咕噜咕噜"的噪音。

3. 提高路面见警率，治理各类交通违法行为。要把主要警力放在路面上，建立高速公路科学合理的巡逻勤务制度。针对高速公路特殊情况，管理部门应该制定一套科学合理的勤务制度，加强恶劣天气条件下的值班备勤制度。针对高速公路交通事故发生的时间和路段特点，加强重点时段、重点路段的巡逻力度，实施 24 小时巡逻制度，并合理安排各个时间段的巡逻方式，如错时巡逻，错段巡逻等方式，提高路面见警率，加强对路面的管控。增加巡逻人员及次数，对交通违法行为严管重罚，消除事故隐患。积极开展有针对性的路面交通管理。

4. 针对引起高速公路事故多发的超速、超载、超员、违法停车、假牌假证、长期占用超长道、危险化学品的车辆等严重违章，认真组织开展区域性、阶段性的专项整治活动，做到违法必究、执法必严，形成严管重罚的高压态势，预防和减少交通事故的发生。

5. 未雨绸缪，切实做好恶劣天气和施工现场的交通管理工作。要制定恶劣气候条件下管控高速公路和处置突发交通事故的预警方案，加强恶劣天气条件下的交通管理工作和应急处置，把遇到雨雪恶劣气候变化作为上岗令、出警令，做到早部署、早安排、上下联动、全员出动，尽可能消除事故隐患。加强部门联动，搞好协作配合，加强与高速路政部门和高速公路经营单位的协作配合，修订完善恶劣天气应急处置预案，采取有针对性的管理措施。如：协调高速公路有关部门在重点路段增设恶劣天气多发路段警示牌，在收费站设立告知牌，利用电子可变情报板、广播电台、巡逻喊话等方式及时向驾驶人发布警示信息，与气象部门和移动公司建立联系机制，随时了解天气变化情况，及时、准确发布引导、提示和警示信息，有针对性地调整勤务安排，从人员、装备、物资等方面提前做好应对准备。对于辖区施工单位现场，要加强检查督导，确保各类安全警示标志齐全有效，各项安全管理措施严格规范。

6. 增配装备，加速交通科技运用。要以"三基"建设为契机，加快实施科技强警战略、加强科技应用，不断提高科技化水平。要加大对测速仪、酒精检测仪、数码相机、摄录机、移动或固定查询终端等科技装备的投入，充分利用交通违法信息异地交换平台，提高管理效率和执法效果。要提高对肇事逃逸、盗抢车辆等违法犯罪行为的查处和打击能力，通过加强高速公路卡口监控建设，利用收费站的监控系统，实现自动查询比对，大力提高交通治安防范的现代化水平和快速反应能力。高速公路交通管理工作是一项长期性、艰巨性、复杂性任务，可谓任重而道远。这就需要我们在今后的工作实践中迎风波浪、锐意改革，不断开拓交通管理工作的新局面，使高速公路的交通事故的防范机制在新形势下更加健全，为高速公路交通管理工作再创辉煌。正值奥运会期间，济青高速公路是通往青岛的要脉，维护好正常的交通秩序，确保奥运期间高速路的安全畅通，是每个交通参与者的职责和义务。

第二节　高速公路火灾事故修复

（一）高速公路火灾事故的特点

1. 出入口少，易造成交通中断

由于高速公路全封闭，出入口少，双向车道隔离，分隔行驶，路面较窄，一旦因车速快等原因发生撞车、翻车事故，极易引起燃料油或货物以及化学危险品发生火灾或爆炸，加之其他车辆继续驶入，难以掉头、分流和疏散，极易造成道路堵塞，导致交通中断。

2. 接警后消防队到场所需时间较长

由于高速公路是全线封闭，消防队接警后必须通过收费站进入高速公路，一般收费站都在城郊，这样导致了消防队从接警、到达现场所需的时间较长，很有可能导致灾害事故的进一步恶化，消防队到场后失去灭火的最佳时机。

3. 人员伤亡重，损失大

高速公路一旦发生事故，由于车速快，往往造成数十辆甚至上百辆汽车首尾相撞，被撞车辆变形，很多车内人员根本就无法自行逃生，会直接导致汽车内的司机和乘客伤亡。同时烧毁大量的车辆和货物，造成重大的经济损失。

4. 易引发火灾、次生灾害和"二次事故"

高速公路交通事故可能直接引发火灾，即使事故后没有发生火灾，但燃油四处流淌，起火燃烧的危险性较大。装载化学危险物品的车辆一旦发生交通事故，可能导致大量有毒有害物质外泄，造成更大的人员伤亡，并严重污染生态环境。事故发生后，如警示标志设置不及时、不规范，极易造成后续车辆避让不及，很可能引发二次交通事故。

5. 危险因素多、救援难度大

在高速公路抢险救灾行动中，消防人员面临的危险主要有：①化学危险物品运输车泄漏，有毒有害气体、液体的侵害；②如发生火灾，场地狭窄，缺少掩体保护，易被高温灼伤、烫伤、烧伤；③事故车辆发生坠落、侧翻、滑车等情况，行进、排险、救人过程中易受伤；④车辆事故现场的零乱尖锐物品，消防人员在抢险救灾过程中易"扎伤""刺伤""划伤"；⑤处置过程中事故车辆发生爆炸等突发情况较为多见，消防人员易被"炸伤"，吸入有毒有害气体中毒等。加之发生事故后，往往导致数辆或数十辆车连环相撞，待救人员多。道路堵塞使救援装备和人员难以接近事故现场，种种不利因素都给救援工作增大了难度。

6. 消防设施和水源严重匮乏

由于高速公路全线是全封闭的，且没有设置消防水源，因此灭火救援时的供水主要依靠消防车的自备水。即使事故地点附近有水源，但高速公路的路基一般要高于周围环境，且有路沟和隔离网等阻碍，所以取水非常困难。

（二）高速公路灭火救援对策

1. 问清事故地点，明确行车路线

接警出动是消防部队参加灭火救援的第一个环节，相对于高速公路的灭火救援来讲尤为重要。消防部队在受理电话报警的同时应主动同高速公路路政管理部门或高速公路交警部门取得联系，确定事故的准确地点及上、下行驶方向，一般应从未发生事故一侧逆向（或逆行）赶赴事故地点。救援车辆无法接近事故现场时，救援人员应携带轻便的破拆、救生等装备，及时抵达现场投入救援。

2. 加强第一出动力量

力量调集应坚持"加强第一出动"的原则，根据事故特征，除调集责任区中队外，及时调集特勤大、中队救援力量和相应的救援器材装备赶赴现场进行救助，重点调集抢险救援车、防化救援车、大吨位水罐（泡沫）消防车和特种抢险救援装备器材。同时要求公安、医疗等部门和相关社会力量、专家到现场协助救援。

3. 选择正确的停车位置，设立警示标志

救援车辆到达现场后，应停靠上风或侧上风方向，并尽量避开地势低凹处。在有爆炸危险的现场，要保持一定的安全距离，并保证撤退路线畅通。及时协助交警设置警戒标志，封锁事故路段的交通，隔离围观群众，消除火种，防止无关车辆和人员进入事故现场。高速公路发生交通事故，除对事故路段进行交通管制外，还应从上、下入口前段就禁止车辆通行，确保救援车辆畅通行驶，同时防止泄漏的危险化学品危害来往车辆驾乘人员；有被封堵车辆时，高管部门还应开启中央护栏，分流、疏散被堵车辆。交通管制在时间上必须优先于或者与其他各种救援行动同时展开。

4. 积极抢救人命，迅速扑灭火灾，及时主动报告

"救人第一"是消防部队灭火救援的指导思想，消防人员应根据灾情迅速成立救生小组，分批分组同时开展生命救助；使用液压切割、扩张等一切可利用的破拆工具，破拆变形的车厢外壳，积极营救破损车厢内的被困人员。在对有火灾危险的部位破拆时，应用雾状水实施掩护，防止金属碰撞产生火花。灭火时，应尽量采用雾化水流进行灭火和冷却保护。对于化学危险品事故处置后，要使用喷雾水稀释现场，对进入染毒区域作业的人员和使用的车辆器材装备进行洗消，清理残物，清点人员、车辆及器材，撤除警戒，做好移交，安全撤离。并及时主动向上级部门报告，迅速调集有关职能部门参与处置。

5. 强化针对性训练，提高整体协同作战能力

高速公路沿线执勤消防中队应根据跨区域紧急救援行动的特点，制定紧急救援行动方案，正确掌握行动要点、程序和方法，确保跨区域救援任务的圆满完成。三要有针对性地

进行联合演习。高速公路发生突发事故时，由于车辆、人员疏散困难，现场管理混乱，极易造成消防救援车辆被卡在半路寸步难行的被动局面。为此，高速公路沿线的消防执勤中队一定要加强与高速公路管理处、交警、巡警、医疗救护部门的密切联系，定期举行联合演习，不断提高处置高速公路化危品槽车突发事故的能力。

（三）高速公路灭火救援注意事项

1. 调集大吨位水罐车

由于高速公路一般均布置在远离城市的市郊，且为全封闭式道路，道路两边有高度在一米五以上铁护栏，如果事故附近没有可供取水用的天然水源，消防车必须跑几公里、十几公里外的取水点取水，如此运水供水，必将造成火场供水出现中断现象。因此，针对高速公路水源缺乏的问题，指挥中心在调集力量时，应充分考虑水源问题，优先调集大吨位水罐消防车，同时备带性能良好、功率较大的手抬机动泵，以便就近利用天然水源。

2. 正确选择行驶路线

接处警准确、行车路线选择正确、第一出动到场快、装备全，是打好初战的关键。消防车应根据充分掌握的事故现场情况合理选择行车路线，选择最便捷的路线向事故地点行使，要充分注意行车安全，不能盲目逆向行驶或随意就近进入高速公路。由于高速公路是全封闭的道路，一旦走错方向，就得绕道几十公里，同时，如果发生交通堵塞可能导致消防车无法靠近事故现场，既不利于快速处置灾害事故，更有损于部队良好形象。

3. 密切注意自身安全

由于高速公路事故的现场情况一般都比较复杂，随时都有发生爆炸的可能和更恶劣的事故发生，因此救援人员在救助过程中要密切注意自身的安全。灭火救援行动前，要严密组织，严格纪律，参战人员必须携带相应的全套个人防护装备，穿戴有荧光标志的服装，配足配齐各类专勤器材装备和高速公路专用警示标志等，没有作战任务的人员应登车待命或站到护栏的外侧，避免被行驶车辆撞伤。还要随时提高警惕，一旦发现危险事态应迅速报告并及时撤离，做到随机应变。

4. 沟通交警协同作战

在救援过程中，应时刻和交警部门保持联系，及时做好现场的安全防护工作。在交管部门未到场之前，要设置警戒线，封锁事故路段的交通，隔离围观群众，严禁无关车辆及人员进入事故现场。交管部门到场后应及时告知需要协助的任务，如设置路障和指示标志、现场未发生事故车辆的疏散、排险后车辆拖离现场、为增援力量打开通道等工作。消防车需要在没有封锁的路段进入逆行车道时，应通知交警部门，由交通警车为消防车开道。

5. 注意善后维护形象

在处置车辆事故现场，定然会围观大量群众、顾客，并有党、政领导和公安、交警等兄弟部门在场，我们应当避免处置完灾害事故就万事大吉，收拾走人的现象。特别是在没有上级授权之前，不了解真相不要随意接受记者采访或发表意见。灾害事故处置后，应当协助交警等有关部门充分做好善后工作，并做好移交、现场清理等相关工作，这样，对树立和维护部队的良好形象将起到十分重要的作用。

6. 定期进行联合演习

高速公路发生突发事故时，由于车辆、人员疏散困难，现场管理混乱，极易造成消防救援车辆被卡在半路寸步难行的被动局面。为此，应当加强多中队多警种的联合演习，制订周密的作战计划并经常展开演练，高速公路沿线的兄弟支队之间应当加强联系，同时高速公路沿线的消防执勤中队还要加强高速公路管理处、交警、巡警、医疗救护部门以及临近中队间的密切联系，针对事故中可能发生的各种情况，定期举行跨区域、多部门的联合演习，探讨不同事故的救援对策，不断提高处置高速公路突发事故的能力。

（四）提高对高速公路灭火救援能力的设想

1. 充分做好灭火救援准备工作

从历次高速公路灭火救援情况来看，部分消防队员对高速公路的特点和有关安全常识掌握不够。因此，各级消防部队要全面掌握辖区路段高速公路的基本情况，学习高速公路有关知识；认真分析高速公路灭火救援工作的特点。制定切实可能的方案措施；配组配齐各类专勤器材装备和高速公路专用警示标志、荧光背心等；与高速公路交警和路政管理部门协同，加强对高速公路的灭火救援演练，全力提高消防部队的抢险救援能力。要重点解决好以下几点：一要加强基层中队特勤装备建设。随着市场经济日趋活跃，高速公路车辆随之大量增加，与之俱来的事故也不断增加，加强基层消防中队的特勤装备建设势在必行。各级公安消防部队要因地制宜，增设各种训练设施和器材，为开展高速公路灾害事故的抢险救援做好充分的装备准备；二要做好跨区域紧急救援准备。高速公路火灾、爆炸或泄漏事故发生后，责任区中队、支队、总队可以跨区域就近调集消防力量，共同完成灭火抢险任务，以实现优势互补和人员装备、灭火剂等消防资源共享。因此，高速公路沿线执勤消防中队应根据跨区域紧急救援的特点，制定紧急救援行动方案，正确掌握行动要点、程序和方法，确保跨区域灭火救援任务的圆满完成；三要有针对性地进行联合演习。高速公路发生突发事故时，由于车辆、人员疏散困难，现场管理混乱，极易造成消防救援车被卡在半路寸步难行的被动局面。为此，高速公路沿线的消防执勤中队一定要加强与高速公路管理处、郊区、巡警、医疗救护部门的密切联系，定期举行联合演习，不断提高处置高速公路化危品槽车突发事故的能力。

2. 切实解决消防用水

建议在高速公路服务区内增设消防水池，或提高供水管网的供水能力，确保消防车加水需要。尽可能地避免消防车辆往返市区加水牵制较大警力，延误灭火战机。

3. 建立专业的高速公路消防救援队

为了加强高速公路灭火救援的就近就便、快速处置，应建立一支专业的高速公路消防救援队伍，配备专业灭火救援装备，做到高速公路内发生火灾和事故能及时、第一时间到达灾害现场，以最大限度地减少灾害损失。

第三节　高速公路自然灾害修复

（一）水毁

水毁是公路遭受洪水破坏的一种自然灾害。水灾会影响公路建筑物的安危，路被淹，桥被冲，有时还会伴随泥石流、滑坡，以致发生断路阻车现象。高速公路技术标准较高，对经受的洪水频率有具体的要求，相对来说比较安全，但仍要认真预防，防患于未然。基本原则是：预防为主、防治结合、标本兼治。

1. 应急措施

①工程养护项目部要掌握气候特点和本地汛情，要与气象部门、水文部门密切联系，及时收集水、雨情况预报资料。在雨季来临前对沿线各部分进行认真检查，将需治理的工程项目编入养护计划，及时上报，并抢在洪水前付诸实施。同时应注意积累和保存观测资料，作为今后道路大、中修和加固措施的依据。

②日常养护中应注重绿化工作，减少水土流失。

③项目部在雨季来临之前要认真检查高速公路道路主体结构物及附属结构物。对边坡不稳定地方要加强防护，对排水构造物，如边沟、截水沟、排水沟等要保证水流畅通，对浆砌块石护坡泄水孔要看其是否通畅，对路面上的龟裂、坑槽需要提前修补等。

④项目部在雨季来临之前要认真检查高速公路桥梁主体结构物及附属结构物。对桥梁基础附近的河床要求保持稳定，并适时进行疏通，其范围应在桥涵上下游各 15 倍桥长处，但不小于 50m 和不大于 200m 范围内。每次洪水过后要及时清理河床上的漂流物，基础如有局部掏空，应将护底、护坡、锥坡等加以修复，以防冲刷。总之要做到"治小、治早、治好"，以保障道路畅通。

⑤当洪水一旦发生险情，项目部调集一切力量，采取有效措施及时抢险，具体办法是：用铁丝笼、竹笼保护路基、坡脚。在缺口处用草袋或布袋装砂或土进行堆码，待水退后再及时修复。严重险情可用捆绑式大体积混凝土块体、钢筋铁笼内投石来保护路堤边坡等。

⑥暴雨、大洪水时工程股要派出人员对沿线和主要工程、薄弱地段进行巡逻，以便及时发现险情，及时采取有效处理。

⑦水毁灾害过后，要进行总结，以便汲取经验教训，要不断提高防水毁灾害的技术水平和能力。

2. 责任分析

①项目部信息不及时、不灵敏，属工程股的责任。

②灾害来临之前，未采取有效措施解决不安全因素，又未向有关部门、领导汇报，属项目部责任。

③项目部未按照工程股指令处理好当前工作，为水毁灾害留下可能因素，属项目部的责任。

④灾害发生中，项目部未实施有效措施降低灾害或指挥不当，造成损失，属项目经理的责任。

（二）塌方

塌方多发生在一瞬间，很可能砸坏车辆，危及司乘人员，因此不能不加倍小心。

从工程地质角度来看，塌方包括"岩崩"及"岩堆"两类不良地质现象。"岩崩"是在陡峻斜坡上的岩体和土体突然而急剧地向下倾倒、崩落翻滚和跳跃运动的一种地质现象。"岩堆"是在山区陡峻山坡下，以重力作用为主，所形成的一种块状碎屑岩石及土所形成的堆积体。岩堆体的物质来源可以是由岩崩岩块为主的，也可以是由崩落的或坠落的岩块为主的。

塌方现象从地段来看，多发生在大于 55°、高度在 30m 以上的高陡边坡、桥头深路堑和隧道洞口的仰坡处。从时间来看，多发生在阴雨及暴雨洪水季节，或大风以及发生强烈地震时期。

1. 应急措施

①项目部应在巡查中注意观察，以期防患于未然。一旦发现有异常现象，应找出原因并及早治理，尤其是在阴雨季节，大风、暴雨及特殊地震灾害时，更要及时查看有否险情，以便适时采取措施。

②项目部在巡查中要注意存在以下情况的地段：坡面不平整，岩体结构面处于不利位置，节理发育，岩体被割裂成倾向山坡的。软硬岩石的互层。岩体为断层破碎带或接触带的。大爆破开挖的山坡。岩块风化剥落形成上下层密度不均匀的山坡。

③项目部在日常维修中要注意地面水的排除，地下水的疏干，以增加山体层的摩阻力，消除塌方诱因。

④塌方通常治理方法

a. 遮挡。设明洞或棚洞将公路主体工程加以保护，一旦有崩塌岩体坠落，可被这些结构物挡住或经滚动后落于洞、棚以外。

b. 清除。将公路上方的小型岩崩体清除。

c. 拦截。在岩崩体下方设缓冲平台、落石槽、拦石墙等，同时要注意在这些拦截构造物处填实泥土，以减少岩崩体对它们的冲击破坏。

d. 支护、撑顶。在岩崩体出现的位置上将其保护或固定起来，以消除其不稳定的隐患。

e.嵌补。一般用于掏空的岩崩体处,用嵌补方法使它们连成整体,而不致发生坡体坠落。

f.插别。即在大块岩崩体上用大眼方式将粗钢筋或钢轨插入下部稳定岩体上,也可以在其外侧大一排孔眼,插入粗钢筋或钢轨等以阻挡其翻滚。

g.注浆、压浆或喷锚。用这些方法将有裂缝或隙缝的岩体或岩层连成整体,以免块石坠落。

h.SNS柔性防护系统。是以钢丝绳网、锚杆和减压环为主要材料构成的防护系统,其安全可靠性大,对于难于治理的大型岩崩是一种良好的对策。

i.其他方法。对路基上侧挖方及下侧填方的支挡分而治之,层层设防,分级治理。在稳定的和夹有土质的岩堆可采用生物防护。当岩堆上多为石质时,可撒铺种植土充填其空隙,再采用生物防护。

2. 责任分析

①项目部日常巡查中未发现应发现的问题,或发现问题未及时上报和未及时采取救急措施,属项目部有关人员的责任,项目经理应负领导责任。

②因养护日常养护中未认真清理排水设施,不能保证地面水的排除和地下水的疏干,造成水流不通畅,导致塌方灾害不能及时中止,属养护直接责任,项目经理应负领导责任。

③日常养护中和塌方发生期中,未适时补救,属工程股股长失职责任。

(三)大雾

大雾弥漫在大气中使视野不清,难以正确判断路上标志、标线或其他信号,能见度减弱,影响交通工具行驶的速度和安全,造成交通阻塞,甚至发生事故。高速公路上车辆密度大、车速快,事故发生时会产生连锁反应,形成追尾连环相撞。为尽可能避免上述危害,降低事故发生的可能,维护司乘人员的生命财产安全,结合本单位实际情况,特制定如下

1. 应急措施

①养护作为本所安全工作领导小组的办事机构,应全面负责保证高速公路在雾天等恶劣天气时的安全。

②指导本部门专职人员收听气象预报,与宁波市、宁海县气象部门建立密切联系,及时获取气象信息,并及时汇报项目经理。

③及时在收费站进口处设置大雾警示牌,通知驾驶员减速慢行,打开雾灯。

④养护负责在有薄冰路段喷洒盐水或盐砂混合物,以降低路面冰点,增强路面抗滑性能。

⑤特殊情况,经所长同意,上报上级领导,经一定手续批准后,实行管制措施,甚至封道。

2. 责任分析

①项目部信息不及时、不灵敏,属工程股的责任。

②大雾天，各站未及时在收费站进口处设置大雾警示牌，属各站站长的责任。

③养护接到新中桥通知，未及时采取有效措施，以减少事故，属养护的责任。

（四）冰雪

1. 应急措施

（1）项目部应设置专职人员收听气象预报，及时获取气象信息，并及时汇报新中桥。

（2）冬季来临前，工程股应在组织上、技术上、设备上、材料上做好准备工作，防患于未然。督促养护职工在降雪期间坚守岗位，抓住降雪初期雪层松散时机，及时投入除雪工作。

（3）冰雪天气时，全所员工要积极投入除雪工作，首先要保证清除收费区域的积雪、积冰，保证进出车道安全、畅通。其次要积极协助养护职工清除立交、高速公路的积雪、积冰。

（4）机械除雪时，清雪质量受温度影响较大，因此抓住有利时机融雪非常重要。在降雪量较大的情况下，当雪天转晴后，如果室外温度在0℃以上，机械推除积雪后，只需撒非常少量的融雪剂，随着地表温度的增加和行驶车辆的轮胎与地面的摩擦，残留的薄雪将自行融化。当室外温度在0℃以下时，清雪时间要控制在上午10时至下午2时之间，机械清除积雪后，不要及时撒融雪剂融雪、防冻。当白天行车道的残雪留到夜晚且室外温度又低时，由于路面有残存融雪剂不会形成冰面，但为了使雪尽快融化干净，要在清晨交通量增大之前，或者在一昼夜温度最低的时刻来临之前，再撒一层融雪剂防冻，然后借助过往车辆的车轮压、带、磨，加快残雪的融化速度。对桥面、高填方等温度低的路段，要适当加大融雪剂撒布量。

（5）除雪中应注意除雪次序，应该先清超车道，后清行车道。除雪作业时要有严密的安全措施，要使用限速标志车以提示驾驶员在安全速度内行驶。在未封闭交通时，严禁逆向除雪作业。在清除中央分隔带附近积雪时，要避免将积雪飞溅至另一侧，而影响过往车辆的正常行驶。

（6）化学除雪剂。盐水除雪剂水、盐质量百分比为10：1到20：1。盐砂除雪剂中盐、砂质量百分比为1：500～1：800。

2. 责任分析

①工程股信息不及时、不灵敏，属工程部的责任。

②冰雪天，各站未及时在收费站进口处设置警示牌，未及时清除收费区域积雪、积冰，属各站站长的责任。

③养护未及时清雪，又未采取适当防冻措施，影响道路交通运输，属养护的责任。

第九章 高速公路绿化与环境保护

随着高速公路建设的飞速发展和社会经济额不断进步，人们对高速公路安全迅速舒适经济的要求，又赋予了建设畅洁绿美生态大通道的内容因此，在高速公路建设的同时，应充分发挥绿色植被的功能，对高速公路进行科学的全方位，立体式，多功能的绿化建设没保护和恢复高速公路的相关的自然生态环境，创建绿色生态高速公路。

第一节 高速公路绿化的意义原则功能与特点

高速公路绿化，是指在高速公路用地的范围内，一路为忠心，通过相应的空间划分和绿化树木的合理配置，对路体给部位实施草，灌，乔，花的定位植栽。

一、高速公路绿化的意义

（一）高速公路绿化是实现公路建设可持续发展的需求

社会的不断进步，使人们越来越认识到人口资源经济与环境之间的矛盾，也逐步认识到人与自然的共生是人类发展的必然趋势，认识到自然社会和经济必须协调发展，公路建设应加强对沿线景观的维护，资源的利用和开发，保护持续，稳定，发展的态势，这样才能既有利于当代人，又造福于后代人。

（二）高速公路绿化是沿线环境质量的要求

在工程建设中，经常出现良好的自然环境被侵占活破坏的现象。恢复，保护，和美化周边环境对于人类已日趋重要。高速公路绿化，实质上是一种人工调控生态系统的方法，是现代化交通的一个重要组成部分，其空间结构，层次结构和时间结构直接或间接地影响这高速公路的运营水平

（三）高速公路绿化是行车安全的要求

绿色环境是人类生存和发展的物质基础，在绿色环境中，会使人精神兴奋，思维活跃。车辆在高速公路上行驶时，外界的信息几乎都是由视觉传入的，因此改变驾驶员的视野环境极为重要，长时间高速行驶在高速公路上，会使精神上，视觉上产生疲劳，对行车安全非常不利。通过五颜六色的花卉以及错落有致，心态各异的乔木景观，可吸引司机人员的注意力，给司机人员以美的享受，从而达到调节视觉，消除精神疲劳的目的。

二、高速公路绿化的原则

绿化是高速公路建设的重要组成部分，绿化必须充分考虑行车要求，交通安全，环境状况，自然条件及道路养护维修等方面的问题，因此，绿化应遵循的下列原则：

（1）长期稳定。及设计合理的植物群落演替方案，使其较快的达到稳定，并能够长期保持生态系统的平衡。

（2）景观优美。即合理的规划，是公路人文景观与自然景观相互协调。

（3）经济可行。既要在有限的资金条件下，优化设计，结合自然恢复和人工种植等多方面方法，实施生态工程。

（4）功能高效。既保证公路的交通功能，并加强水土保持，视线诱导，标志，指示，防眩，遮蔽等功能。

三、高速公路绿化的功能

高速公路绿化，实质上是一种人工调控生态系统的方法，是现代交通的一个重要组成部分，其空间结构，层次结构和时间结构，直接或间接的影响着高速公路的运营水平。

（一）净化空气的功能

1.绿色植物在光合作用过程中能够吸收二氧化碳，放出氧气，自动调节空气中的二氧化碳和氧气的平衡，是空气保持新鲜。

2.绿色植物如同空气过滤器，他能够吸收大量的有毒气体，对空气起到净化作用。如：汽车在行驶过程中，汽油燃烧后会排出大量的二氧化碳、二氧化硫、氟化物、氯化物等废气。这些有毒气体不仅污染环境，还会直接损害人的身体健康。

3.绿色植物对尘埃有很好的粘附作用。空气中飘浮着大量的尘埃，是导致细菌和病毒生殖繁衍的场所。减少灰尘，也就减少空气中细菌病毒的含量。密集的草皮，根茎，叶片与地面紧密结合，形成植被，不易出现二次扬尘。

4.绿色植物具有杀菌灭毒的功能，如常见的桧柏，侧柏，茉莉等，都具有较强的杀菌能力。可利用植物吸收空气中的有害物质，杀菌，降尘，创造一个比较清洁的环境。

（二）降低噪声的功能

汽车噪声，是噪声公害的重要来源。高速公路绿化的目的之一，在于降低汽车噪声对环境造成的危害。这是因为林木有散射声波的作用，能够把投射到叶片上的噪声分散投射到各个方向。造成声能消耗使其减弱；枝叶表面的毛孔，绒毛，能够像多孔纤维收音板一样，把噪音吸收掉。据北京园林研究所测定，20m宽的草坪，可减少噪声20bB左右。如此看来，高速公路边坡，护坡道，公路占地园林的绿化必不可少。

（三）美化路容的功能

绿色环境，是人类生存和发展的物质基础，在绿色环境中，会使人精神振奋，思想活跃。车辆在高速行驶时，人的信息几乎都是有视觉传入的。因此改变驾驶员的视野环境极为重要，长时间高速行驶在高速公路上，会使精神上，视觉上产生疲劳，对行车安全非常不利。通过五颜六色的花卉以及错落有致，心态各异的乔木景观，可吸引司机人员的注意力，给司机人员以美的享受，从而达到调节视觉，消除精神疲劳的目的，提高安全系数。

（四）保持水土功能

土方结构工程构成公路的基本形式，为了保护路堑，路堤等边坡的稳定，需要采取一些必要的工程措施，但这些工程的防护措施只是局部的，大面积尚需利用植物材料进行防护。植物的根系纵横交织，十分发达，能有效地增加土壤机械固着能力，对提高抗冲，防蚀能力，保持水土，稳固路基非常有效。此外，路基的稳定和含水量有很大的关系，路基的含水量过大，是造成路面破坏的重要原因之一。尽管在路基设计中，考虑到一定的排水和隔水的措施，但若把工程措施与生物措施结合起来，起稳定的效果会更好。因为，植物通过蒸发作用不仅小号土壤中的有效含水量，而且通过毛细管水的疏导作用。大量的消耗地下水，从而抑制了地下水的上升，增加了路基强度和稳定性。

（五）防止光污染的功能

高速公路车速快，流量大，夜间对向行驶的车辆，由于前照灯相互对射，容易使驾驶员视觉产生炫目，对行车安全十分不利；汽车灯光，还使高速公路附近的人们受到光干扰。如果在这些路段和中央分隔带植树，既防眩遮光，保证安全；又防止光污染的危害，还美化了环境。

（六）视线诱导功能

利用绿化植物预示高速公路的出入口和道路现行的变化，可引导驾驶员安全操作。高速公路上的护栏。轮廓标以及附着在其上面导向体系，通常可以起到很好的视线诱导作用。但这种诱导设施千篇一律，比较单调。若在隧道，桥梁和服务区等特殊的部位出入口，用适宜的绿化来加强线形变化的警示，其视线诱导效果会更好。

（七）隔离栅栏功能

由于高速公路为全封闭的道路，不允许人或动物在其中穿行，因此，在高速公路的两侧，种植刺，绿等荆棘植物以代替栅栏效果会更好。

（八）遮掩功能

在公路沿线司乘人员视线可及范围内，难免会有一些坟墓，垃圾场，废弃的水泥混凝土墩台等难以改造的地物，可通过绿化予以遮蔽，以免影响观瞻。

四、高速公路绿化的要求与形式

（一）高速公路绿化要求

高速公路的绿化，不同于一般的公路绿化，更有别于城市绿化，应符合以下要求：

（1）整体景观要适应车辆的高速行驶需要。

（2）充分利用绿化带的作用，为行驶安全创造条件。

（3）靠近车行道的任何部位，都不易栽植高大乔木行道树。

（4）以美化路容，路貌和生态防护为主，视线绿化、美化，突出花草、灌木的地位。

（5）一大环境绿化为依托，与大环境绿化相融合，做到三季有花，四季有绿。

（6）在统一全线绿化风格的前提下局部可适当改变

（7）在规划、设计高速公路时，就应预留绿化用地。

（二）高速公路绿化体系

1. 建设高矮相依的高速公路绿化体系

进行高速公路绿化时，若以栽植高大乔木为主，则会遇到三个问题：

一是距离相等，色调单一的行道会使人视野变得狭窄，缺乏新鲜感，造成视觉疲劳；阳光下高大乔木投射到行车道上的阴影，极易造成视觉错误，影响行车安全。

二是遇到刮风下雨天，乔木容易折枝，倒伏在公路上，不利于交通安全，也可能造成交通中断。

三是在高速公路占地范围内，进行大规模绿化的土地很少，而高大乔木栽植又必须远离行车道。

进行高速公路绿化时，若以种植草坪和低矮绿色植物为主，则难以做到与大环境绿化的衔接与配合。

如果将上述两种情况结合起来，在高速公路两侧由近至远的种植草坪、低矮绿色植物和高大乔木，则可共同构成连绵不断的、比较完整的高速公路绿化体系。

2. 建设生机盎然的高速公路大环境绿化体系

进行高速公路大环境绿化时，应把达绿地绿化作为改善环境和保持生态平衡的最主要措施。可模仿自然以乡土树种为主的绿化与自然式绿化结合起来，形式不拘一格的自然式，组团式绿化。绿化面积可大可小，绿化边界线依地势和需要随机变化。树种可混杂，高矮错落有致。虽然树木草坪的规划布局、面积大小、品种多少。植株高矮、颜色深浅都不一。但连续的不间断的变化构图给人以情趣，在高速公路两侧，到处都是可以看见的苍柏巍然挺立，奇花异草争妍斗艳，乔木灌木草坪与周围的大环境融为一体，举目望去，给人以清新秀丽，心旷神怡的感觉。

第二节　高速公路绿化区域记模式

一、高速公路绿化区域

高速公路绿化区域有中央分隔带、边坡、立交区、公路两侧、靠近城市行车道、取（弃）土场、碎落坡、护坡、服务区、收费站、办公区域生活区等。

（一）中央分隔带的绿化

中央分隔带，亦称中央分车带，是高速公路的重要设施带。其主要功能是让车辆分道行驶，减轻夜间行车车灯眩光，保障车辆行驶安全。主要的防眩措施有绿化防眩和工程防眩两种。因绿化防眩成本造价低，环保性能强，又具有独特的美化效果。国内外90%以上的高速公路均采重要的绿化部位，又是评价路容、路貌的直观内容。

中央分隔带绿化，是整个高速公路绿化设计中的关键。由于此处污染严重，土壤极浅而瘠薄，无允足水分，低温，气温变化较人，植物生长环境恶劣，所以，对绿化植物的种类要求也就十分苛刻。

1. 中央分隔带绿化的原则

（1）选择适宜的绿化树种，耐粗放管理，四季常青。

（2）确定经济、适宜的植物株距，达到防眩要求。

（3）采用有效的栽植形式，绿化效果好。

（4）地表种植多年生综合草坪，环保性能好。

（5）灌木间点缀花木，三季有花，美化效果好。

2. 绿化植物的选择

（1）选择要求。具体如下：

一是缓生性。即选择低、矮、缓、生（高度以 1.2 ~ 1.5 米为宜）植物，高度不能太高，以减少修剪量和养护成本。

二是树冠小。树冠过大，延伸路面，影响交通。

三是浅根性。中央分隔带土壤深度在 70cm 以内，选择绿化树种必须为浅根性树种。

四是常绿性。防止植物枝叶脱落对路面的影响。

五是耐修剪。中央分隔带绿化树种必须耐修剪，以保证绿化效果。

六是适应性强。即抗逆性强，如抗旱、抗病虫、抗污染、耐瘠薄。

（2）树种选择方略。树种选择方略是，以就地取材为主，考虑气候差异。北方地区，以柏类（刺柏、桧柏、千头柏、翠柏）、冬青类和女贞类（小叶女贞、多头女贞、金叶女贞）为主。并在防眩树间点缀花灌木，主要有：紫薇、紫荆、木槿、丁香、榆叶梅、红宝石海棠和各种蔷薇类等。

种植综合草坪的北方地区应以冷地型草种为主；东南地区则以暖地型草坪草和乡土草种位数。可用单播和混合草坪，以混合草坪为好。

3. 株间距的合理确定

（1）根据实际使用的绿化树种，经实地测量和理论推算，可确定出防眩效果好，又经济合理的株距（间距的变化因素很多，幅度达，不作为计算依据）。

（2）确定株距。因高速公路是提供车辆高速分道行驶的线性环境，对绿化树的间距目前各地采用的计算方法不尽一致，但基本是根据车灯光的扩散角、人的动视觉和车速度三者之间的函数关系计算而得。用"函数法"计算较为可行，特点是方法简单，便于实际应用。在多路段，高速公路的线性环境是由直线组成。假设和车辆的行驶在直线路段上，树冠径为 M 车灯照射角为 α 因车辆种类而异，变幅在 12º 到 14º 之间。

防眩树，可与道路平行栽植成连续的树篱，防眩效果很好，但栽植工程量大，投资大，后期养护管理中的修剪量也很大。当车辆发生事故撞毁护栏时，树篱也会同时还受到破坏，及时修复补栽难以实现，在观瞻上给人以不舒服的感觉。与道路平行的树篱，要达到防眩目的，完全没有连续栽植的必要。在中央分隔带不狭窄的情况下，树篱可与道路平行间断栽植，或者与道路成直角方向栽植，或单株栽植。但他们垂直于道路的宽度必须足以防眩。如果栽植宽度大，则相应的把树篱间距扩大。

防眩树要适时修剪，根据车灯位置以及扩散角度控制输的高度，一般在 1.5 米左右。防眩树过高，会妨碍驾驶员观察对方车辆的行驶情况；防眩树过低，难以遮掩会车灯光，失去防眩的作用。

防眩树的侧枝，要以修剪的方法进行控制，最好与护栏之间留有一定的距离，以便护栏的养护维修，不至影响护栏板上的反光标志发挥效能。

常绿树、花灌木应分段间植，并且使每段花灌木的品种、花色有所变化，防眩树间隔段栽植草皮，适宜点缀矮小花草，通过五颜六色的花卉以及高矮相间、整形与自然形花木的结合，是司乘人员能保持心理上的新鲜感，从而达到调节视觉与疲劳的目的，使得驾驶员经常保持兴奋、舒适的心情驾驶，提高安全系数。

（二）边坡的绿化

这一部分的绿化面积最大，功能最强，对稳定路基、保障安全，保土、保水。防止冲刷具有直接作用。

1. 影响边坡绿化的因素

（1）地形：高速公路路面一般高于地面，从而形成坡面。由于土地资源紧缺，边坡建设比较陡，边坡越陡，越容易发生水土流失，更需要植被保护。

（2）土壤：边坡土壤一般是外来土，土壤类型和土壤的理化性质由于土壤的来源不同而有很大变化，土壤多数情况下是生土，土壤的有机含量低，速效养分贫乏，结构性差，不利于植物特别是幼苗的生长。高等级道路一般在 20cm 以下为坚硬的压实土壤，绿化土层薄，不利于植物根系发育。

（3）温度：高速公路路面越宽，且多为黑色柏油路面，吸热块，散热快，加上过路车辆放热。夏季，易造成附近大气温度过高，温度高加速土壤和植物水分损失，常使植物处于缺水状态。冬季温度散失快，路基地温低于附近土壤。不利于植物生长。

（4）水分：高速公路突出地面，车行速度快，空气流动快，导致水分散失加快，加上地表温度高，也加快了植物水分的散失。

2. 护坡植被选择的原则与依据

（1）选择原则。高速公路护坡植被的选择，应遵循经济、实用、安全、美观的原则。

（2）选择依据。

①选择适合当地土壤和气候条件的植物。每一种植物都有其最适合的环境条件，其中土壤和气候条件是决定因素。其次，土壤的ＰＨ值、沙粘性、含盐量对植物是否能立地也有重要的影响。气候条件如降雨量及其分布、极端最高温度和最低温度是重要的限制因素。某些冷季型草坪不耐严寒，在低温条件下难以越冬。因而选择适合当地生长植物是关键环节。

当地野生住屋往往是最好的选择。它是在本地土壤与气候环境汇总长期进化来的，因而对当地环境最为适宜。如果当地这种植物资源丰富，而又符合护坡要求，无疑是良好的选择。

②选择根系发达、分生能力强、密度的大植物。植物的根系直接关系到固土能力。地下部分生物量越大，根系分布越深，固土效果好，植物的抗逆性越强，植物的分生能力强，可形成致密的群落，大大减少了雨滴的冲刷能量，从而降低降水的侵蚀能力；致密的枝叶拦截雨水，减少地面径流，增加水分渗透，减少水蚀；快速形成覆盖，减少土壤裸露时间，也就减少了土壤的侵蚀程度。除了植物种类因素意外，加强养护管理，保持土壤湿度和合理施肥，则能大大加速植被覆盖速度。

③选择直立生长缓慢活生长低矮植物。植物直立生长过快、过高，势必影响景观，需要增加修剪次数，加大养护管理费用。因而，选择植物类型时，应选择植物类型是，应选择直立生长缓慢活生长低矮的地被植物。必要时，可施用植物生长调节剂，来控制植物生长高度的目的。

④选择抗性强、耐贫瘠的植物。高速公路土壤贫瘠，土壤水分条件差。在植物类型选择时应该选择抗贫瘠、抗干旱、抗病害强的植物种类。冷季型草坪中，以高羊茅抗性最强；暖季型的狗牙根和借绿草抗性最好。某些新品种具有较强的抗性，但价格一般较高，在可承受的情况下，选用的新品种是可用的。

⑤根据高速公路采用的排水方式来选择绿化草种。如果路面采用集流排水，对边坡的冲刷侵蚀相对较小，可选择深根系、寿命长、缓发、当年播种一年覆盖地面的草种（小冠

花）；如果采用散排水，绿化要尽快覆盖地表，起到保水、保土、防冲刷的作用，要选用速生、早发和高出苗率的草种如红草豆、多年生黑麦和适宜的禾本科草种等。

（3）植物的选择。基于以上原因，在选择植被时，应以草本科植物为主，以木本植物为辅，根据不同地段的实际情况，采用丛植、列植等绿化模式，尽量做到乔、灌、花、草搭配，形成不同景致的植物群落。

冷季型的植物有高羊茅、黑麦草、无芒雀麦等。暖季型的植物有狗牙根、马尼拉、借绿草、白皙草、虎尾草、野牛草等。在北方使用刺槐、柠条、沙棘、胡枝子等灌木的比较多。因为，这些植物耐干旱、耐严寒、耐贫瘠，适宜在北方生长。

选择根系比较发达、生长能力强得植物以及耐旱性强、耐贫瘠的植物采用混播技术。

在北方，施用刺槐、紫穗槐、柠条、沙棘、胡枝子等灌木比较多。因为，这些植物耐干旱。耐严寒、耐贫瘠，适宜在北方生长。选择根系比较发达、分生能力强的植物以及抗寒性强、耐贫瘠的植物并且采用混播技术。

边坡绿化以草本地植物为主，同时种植木本植物。根据不同的地段的实际情况，采用丛植、列植等绿化模式，尽量做到乔、灌、花、草搭配，形成不同景致的植物群落。

3. 边坡防护的绿化形式

（1）植草（集中排水 H ＜ 4m；分散排水 H ＜ 3m）。

（2）浆砌拱或人字形植树、植草砖（集中排水 H ＞ 4m；分散排水 H ＞ 3m）。

草坪生长的好坏与土质有很大的关系。

砂质土容易干燥，播种是不易发芽，但发芽后由于土壤颗粒空隙多，空气容量大，根容易吸收，致使根部发达，能充分吸收下层的水分和养料，生长茂盛。

粘性土含水率高，发芽比砂质土容易，但根在途中难以深入，根部生长不良，对水分和养料吸收差，一般茎与叶的成长也受到影响。由人工播撒草种很难获得成功。所以，边坡草坪应采用人工栽植会液压喷播的方法进行种植。

（三）立交区的绿化

立交区一般有互通式和分离式，其中互通式立交绿化区域较大，比较集中，一般为高速公路的重点，要求绿色的覆盖率达到 90% 以上。

互通式立交区绿化，是指互通式立交匝道所环绕分割而形成的区域绿化。匝道多为小半径弯道，一般均系坡路，设计时速很低。立交区绿化，在满足交通功能的前提下，种植应具有诱导性、标志性、时代特色以及美化绿化功能特点。

1. 立交区绿化的发展趋势

立交区的绿化，以地理位置所处部位的不同随意性很大。在美英日德等高速公路发展最快的国家，多称为"公路园林"或"开放式人造景点"。

目前我国立交区绿化有两大发展趋势：

一是开放活半开放式的公园林景观绿化。例如，首都机场高速公路的立交区，多采用开放式或者半开放式，游人可进行观光游览或小憩散步；青岛环海高速公路立交区绿化，也可采用这种方法，已经成为旅游的一道独特风景线。

二是封闭式的大斑块流线型的环境绿化。例如，山西省的太（原）旧（关）高速公路，穿越太行山，是我国典型的一条山区高速公路，绝大多数的立交区不具备开放活半开放的园林式景观绿化的条件，只能采用封闭式的绿化。

又如，陕西省的高速公路大型立交区，在设计上是以封闭式的环境绿化为主，而在城镇附近和人口密集地区，往往有不少人进入游览，事实上形成了半开放式的人工景观。

2. 绿化类型

（1）园林式。在高速公路穿越市区，人口密集的区域以及旅游路线上广泛采用，符合高速公路旅游的特点。这种形式以首都机场高速公路的互通式立交区为代表，其内部有造型小品点缀，乔、灌、花、草的配套与园林景观类似。

（2）古典式。西宝高速公路为典型代表，全路线10座立交区的绿化设计和造型结构，大多与当地的历史或名胜古迹有关，以绿化植物组成的抽象变形的图案表达一内涵和寓意。

在渭临高速公路新丰互通式立交区的景观再造设计上，则主要反映当地临潼的特产；"项王剑"植物造型反映当地为古鸿门宴的遗址；"太极图"植物造型，取材于临潼华清池的太极祥和图；自然风光配以森林、草原、湖泊，则寓意为地处西北，并将其间的渗水池巧妙地利用为景观。

（3）随意式。结合已有的地形地貌，以环境的统一协调入手，以不同的绿化方式，适当点缀构成图案，但无一定规则和格式，为一种景观式绿化。我国以这种形式居多，特点是灵活多变，造型选景简单，就地取材，抑郁管护，还可价格低绿化成本。如西安的南二环路，属城市道路，在中间留有宽15m的绿化隔离带和立交区的绿化，可作为典型代表。还有西（安）铜（川）高速公路的草滩立交，在大面积的圆形匝道环岛上全部建植高质量草坪，中间按凸起的地形，以长青矮灌木造景，构成公路路徽图案，给人以美感和高速公路生机勃勃的印象。

3. 绿化模式

立交区绿化模式，通常有三种，一是大型模纹图案绿化模式；二是苗圃景观绿化模式；三是自然式绿化组合模式。

所谓自然式绿化组合，是将那些个大小不一的树木花草，按不等间距组团布置，使树木花草等植物群轮廓形成非整形绿化。所以，风景空间的绿化要以草坪为主，根据空间的大小适当的栽植高矮不等的常绿树和灌木。要组团栽植，栽植位置要随意、自然、切忌造成死板、对称。

4. 立交区绿化景观植物的选择

立交区绿化一般面积相对较大，且与别处相比，小气候条件优越，在植物选择上也不完全等同于其他地段。梨温高速公路有12处的互通立交，选定苗圃景观绿化模式，所形成的苗圃景观不仅为过来绿化增添了精致，同时增加了经济效益，提高地区生活水平。

选择原则是：收益快、质量好、抗性强、易管理、易保护的植物。

可选择植物有：香樟、丰花月季、大花美人蕉、木槿、木芙蓉、凤尾兰、桃花、白三叶。

（四）公路两侧的绿化

公路两侧，指填方路基从排水沟到隔离栅栏的范围，一般宽度为 1m ~ 15m。

绿化树种的选择，应把握几个原则：

一是乔木为主的原则。隔离栅为高等级公路的界限，高大乔木具有更有效的防风、隔离噪音、遮蔽等防护和醒目作用，并且从隔离栅到中央分隔带，由乔木灌木花草组成的防护结构从时间上可以达到有序空间上可以做到有层次，系统上也比较稳定。

二是生长快原则。公路两侧绿化的树种，在因地制宜的前提下，尽量选择速生树种，尽可能发挥绿化的社会效益、生态效益和经济效益。

三是抗寒性强的原则；两侧的绿化距路基较远，养护难度较大，因此，选择的树种应具有抗旱、抗寒、抗污染、抗病虫害。

四是经济、实用的原则，两侧的面积较大，选择较为昂贵的绿化树种，会加大成本。

在公路用地范围内，采用乔木灌木相结合，形成垂直向上的植物景观，空间围合较好，绿色量大改善生态环境效果好，特别是路两旁有令人不愉快的物体，如墓地，垃圾场，通过种植不同的树木，如湿地松、水杉、圆柏、海桐等形成一道绿色屏障，改善公路两侧景观，将呈现"出人在车中坐，车在林中行"的良好感觉。

（五）靠近城市行车道的绿化

城市是人流密集、车流拥堵的交通集散地，也是人们生存、工作、学习和休息的地方，减少污染、减少噪声和行车灯光的扰乱，创造美好的生存空间是人们良好的愿望。所以，靠近城市道路的绿化是高速公路绿化的重要内容。

在城市道路的两侧，种植比较高大的植物，采用密植的方法，将乔木和灌木相间栽植，可减少灯光的遗漏，也为噪音制造天然屏障。比如，可种植的常见的桧柏、侧柏、臭椿、茉莉等。这些植物有较强的杀菌能力，可对有毒气体进行过滤和吸收。在盐碱地段，可种植高大的泡桐或美观的二球悬木林。

在高速公路绿化过程中不仅要考虑植物的气候性，还要考虑植物的群落关系、自然条件对植物生长的影响。在自然界的植物群落组成中，可以看到乔木层、灌木层、地被层。各层植物所处的光照条件都不，这是长期适应的结果，从而形成额植物对光的不同生态习性。阳性植物要求较强的光照，不耐庇荫。一般需光度为全日照 70% 以上的光强，在自然植物群落中，常为上层乔木。

（六）取、弃土场的绿化

公路是人类对自然改造的产物，公路的建设破坏了生态平衡，为了在较短时间内恢复生态平衡，应优选铺草和直播马鹿松种子的方法，还其本来面目，且成本低、效果好。应以绿色覆盖原则，乔木灌木混杂绿化。另外，也可利用取弃土场，作为公路绿化苗木的培育基地。

（七）碎落台的绿化

挖方地区所形成的平台，一般宽度为 1m ~ 5m 不等，与路面高度基本相等或略低于路面，其绿化树种的选择，主要从三个方面考虑：

一是速生性，植物生长快，以尽快对上边坡遮盖。

二是常绿性，碎落台距路面较近，落叶树种要有一定的抗性和适应能力。

（八）护坡道绿化

填方路基所形成的护坡，一般在 1m ~ 3m 范围内，在排水沟存在，土壤条件差。绿化树种的选择，主要从美学的角度出发，一般适应的乔木灌木花草均可选择。但考虑到排水沟和美化这两个因素，常常选择花灌树木作为绿化的主要树种。

（九）服务区与收费站的绿化

1. 服务区、收费站的绿化模式

由于服务区和收费站有较好的土壤环境和用水条件，选择绿化植物的余地较宽。所以，服务区和收费站绿化模式与绿化材料的选择原则，可以从两个方面来考虑：一是绿化与建筑物共同组成庭院化；二是充分体现服务、休憩的功能。

服务区绿化，必须充分体现服务区功能，贯彻"终年常绿、四季有花、错落有致、色彩丰富"的原则，因地制宜，设计成苏州园林和其他园林式的景观。建筑群与广场，通过庭院式手法建设花坛喷泉等加强美化效果，营造舒适宜人，轻松活泼的休闲环境。使旅客能在短暂的停留中增加兴趣，消除疲劳。

服务区绿化，所选择的职务，应与收费站绿化、互通式立交区绿化保持一致。

停车场绿化，可适当栽植高大乔木，形成一定的绿荫，是车辆免受暴晒。

办公区、管理区、生活区绿化，可选择庭院绿化形式，以现代风格为主，辅以局部自然栽植；使乔、灌、花、草布局合理，创造舒适宜人的环境。

其他空间和建筑附近，可设草坪、花坛、观赏价值搞的常绿树木。面积较大的绿化空间，可设园林小品亭榭等休息设施。整个区域空间，应形成各种绿色植物的绿化组合，让人们感觉舒适、清爽、精神振奋，迅速解除疲劳。

2. 服务区绿化植物选择原则

抗性强、易植、易成活、易修剪、易管理，选择丰富多彩，姿态优美的美花、香花、时花。

3. 植物的选用

具体的品种有：山茶花、月季花、杜鹃花、桂花、栀子花、含笑、香樟、雪松、广玉

兰、圆柏、樱花、紫薇、红叶李、红花继木、金叶女贞、马尼拉草、石花魁等。

二、植物的种植要求

1. 乔木的栽植，要与行车道保持足够的距离，美国弗吉尼亚州规定，乔木应种植在里路边至少 11.28m 地方。由于不同的树木，其成树高度不同，比如，银杏可高大 40m，毛白杨高达 30m ~ 40m 高度较矮的旱柳也可高达 18m。所以，不分树种而划定栽植界限是不太妥当的。正确的方法是，应以树木的成树高度确定植树的位置，即树木在遇到风雨灾害而倒伏时，不至影响交通。否则，一旦发现树木的长势有可能因倒伏而影响交通时，要立即砍伐更新，以确保交通安全。

2. 大面积绿化种植时，树坑与树坑之间应全部填平，并种植覆盖植物。

3. 对不易除草的区域应考虑种植藤本植物或者灌木。

4. 隔离栅可用栽植灌木绿篱代替，最好栽植多刺类，但考虑到不能与农作物争水、争肥，避免发生不必要的纠纷。

5. 应考虑到有关植物栽培的某些特点，如对盐碱进行绿化。

6. 地面覆被植物应该与沟渠保持距离。

7. 对于架空活地下设施应选择合适的植物进行绿化。

8. 应考虑到割草机的有关操作（包括机械类型、旋转半径等）

9. 在选择绿化植物种类的时候，还应考虑到诸如水土状况、空气污染程度以及路面反射热量影响的因素。

10. 可考虑栽植经济类植物，既能起到绿化美化的作用，又能增加经济效益。

三、绿化的方式

（一）人工栽植

将在苗圃播种培育 2 ~ 3 年的草皮移植到边坡上，带土栽植使之扎根。栽植的方法，是将由苗圃带土铲下来的草皮，分撮成梅花状栽植，每撮 20 ~ 30 棵，间距 15cm。成活后，没平方米可保有 40 ~ 45 撮草。在缺少土壤的多岩斜坡上。可铺植方块草皮，即向贴膏药活放绒毯一样，将培育出来的草皮，铺放在地表上。为使之迅速固定、成活，必须创造有力的生长条件：在剥离草块时剥离的厚度为 3cm ~ 5cm，并将草根减短一点，以促其萌发。

人工栽植草皮存在着难以克服的缺点：

1. 斜坡栽植劳作非常吃力

2. 边坡上不易存水，北方干旱地区浇水空难，而缺少水分则难以使栽植的草皮成活。

3. 为保证该栽植草皮成活和生长所需要的水分，北方干旱地区应在雨季栽植。但由于在栽植操作中使边坡便面稳定性受到破坏，极易遭受冲刷。所以，人工栽植草皮的方法应该力求改进。

（二）液压喷播法

液压喷播法，是世界上先进快速建植草坪及独特的生物护坡新方法，已被世界所有的发达国家所采用，广泛的施用在高速公路上。液压喷播法，是将草种、肥料、粘合剂、土壤改良剂以及色素等通过机械拌合均匀，靠机械液压原理将其高雅喷洒到所要绿化区域的一种建植草坪新技术。

种植方法，是对施工路段的土壤进行酸碱度的测试，根据实验结果选用草种和添加适量改良剂。树种特性各不相同的草种混合同时播种，喷播后，加盖保护薄膜。保护薄膜可以起到催芽、保温、防雨水冲刷、防风吹的作用。天后，种籽撑破护膜而出，在适时养护，实行不定期浇水和追肥，即使打药除虫，是各种草取长补短，优势互补，尽快形成植被，一起到保持公路边坡水土的作用。为了达到发芽率高、成活率高的目的，北方干旱地区应在雨季实施。

玉元高速公路边坡，高 180 米，是亚洲第一高植草边坡，起技术主要采用高压喷灌技术。

其优点有五个：一是生长速度快；二是草坪效果好；三是成活率高；四省时省工成本低；五是施工范围光效率高，每天一台机器可植草坪 5000 ㎡ ~ 10000 ㎡。

四、高速公路绿化草皮品种的选择

大面积栽植草皮，越来越被众多高速公路所采用，这不仅是草皮具有保护、改善、美化道路环境的功能，而更主要的是草皮绿化覆盖成效快，能为高速公路行驶提供视线开阔的空间。可以说草皮是高速公路绿化作业中的重要内容，它直接关系到高速公路绿化的宏观效果。

（一）草皮的分类及特点

草皮的品种按其生态习性和地区差异，可分为冷地型和暖地型两大类。

冷地型草皮，一般耐寒冷性强，绿期长，但夏季不耐炎热，需要大量修剪和浇水，方可安全越夏生长良好。这类草有：草地早熟禾、林地早熟禾、紫羊茅等。

暖季型草皮，一般早春开始返青复苏，入夏后生长旺盛，进入晚秋，一经霜害其茎叶枯萎褪绿。这类草有：中华借绿草、马尼拉借绿草、假俭草、野牛草。

在暖地型草中，只有野牛草形状类似于冷地型草，他在北方耐旱、耐炎热、耐寒、耐修剪、耐践踏，生长茂盛。因此，在选择草皮品种是，一定要根据草皮的生态习性来进行，切不可忽略草皮特性而盲目的选种。

（二）高速公路对草皮的要求

由于高速公路上车辆多、速度快、绿地狭长，以及道路上的风力、温度和烟尘等不利因素影响，绿化作业方式不能想庭院绿化那样，在小气候条件下精耕细作，其带有很强的粗放性，因而对草皮的选择应具有以下特殊要求：

1. 适应性强

具体表现为耐旱、耐炎热、耐寒、耐病虫害、耐土壤贫瘠，利于粗放管理。

2. 生长迅速、繁殖容易

高速公路部分路段，难免出现一些草皮斑秃和事故毁坏的现象，一旦出现这种现象，就要在短时间内将草皮恢复原貌，而补植的草皮不需要较多的养护技能正常生长。

3. 成本的合理性

不需要选择高贵的草皮品种。若选择那些不耐炎热、又需大量浇水和修剪方可生长良好的品种，势必造成过多的人和机械占用有限的车道，从而影响高速公路行车效率。

高速公路绿化，草种选择是一项复杂而周密的工作。以北京为例，经过多年实践，高速公路的"当家草种"选择了野牛草。

野牛草属于暖地型草种，但它在北京生长适应性强、繁殖容易、成本低、每年正常浇水仅4次，修剪仅2次。特别是，它克服了冷地型草不耐炎热的缺陷，适应粗放式管理，在北京生长的10年中显示了旺盛的生命力。但是，野牛草有个缺陷，就是绿期短（4月中旬～10月中旬）。近几年，为了弥补绿期短的不足，高速公路选择草种的目光，逐渐转移到了庭院绿化中的冷地型草。虽然，冷地型草适合在北方栽植，它耐寒、绿期长（3月下旬～11月下旬），但它有一个不耐炎热的缺陷，需要在及时喷水、修剪、施肥的条件下才能正常刚生长。一旦离开了以上条件，如养护管理粗放，其生长状态不仅变弱，而且三年后草质变劣。然而高速公路绿化养护作业毕竟不如庭院绿化养护得精细，再者。冷地型每年正常浇水14次，修剪6～8次，路上作业量和占用车道的作业无数明显地大于养护野草的作业量和作业天数，这给高速公路作业和快速行车带来了诸多不便。

由上可以看出，北京高速公路绿化栽植的是野牛草，虽然绿期短，但适应粗放养护且成本又低，具有数年的长期绿色效应。而绿期长的冷地型草种，很难适应高速公路的粗放管理，并且成本又高，最终导致为几年的短期绿色效应。

无论怎么样，在草种选择时，一定要根据草皮品种的生态习性和高速公路的特点进行综合考虑。选择草种其实是一种决策，必须站在宏观的角度来看待草种的选择，切忌为一时的绿化效应而盲目的选择不适当地生长条件和高速公路特点的草种，从而影响长期绿化效果，造成不必要的浪费。绿化有句话叫"适地种草"，这对草皮品种的选择同样适合。

五、部分植物

高速公路绿化，应该选择耐干旱贫瘠根系发达覆盖度好易成活便于管理有景观效果的草本或者木本植物。下面介绍几种比较适宜的植物：

（1）金叶刺槐，树苗耐阴，能适应酸性土、钙质土以及碱性土，浅根性，不耐涝，生长迅速。适合三北地区生长，宜作园景树点缀景观及行道树，可嫁接或插根繁殖。

（2）金叶接骨木，喜光，耐寒、耐旱、耐修剪、适合生长在三北地区，可栽植墙垣做背景材料，扦插繁殖。

（3）金杂垂柳，发芽早，落叶迟，环保无飞絮，广泛的地域土壤适宜性；抗有害气体，根系发达生长快；

（4）良种国槐：耐干旱。耐寒冷，较耐盐碱，分布区域广生长快耐修剪寿命长抗烟尘抗有毒气体。

（5）千头椿：耐干旱。耐寒冷较耐盐碱，广泛的地域土壤适宜性；抗有害气体，根系发达生长快。

（6）日本宾茄。耐寒。观赏价值高，种子繁殖。

（7）金叶小檗，耐寒，春季开花，种子或扦插繁殖。

（8）紫夜稠李，是辽宁森列尔引种培育、嫁接繁殖的，是目前最好的高大彩叶乔木树种，观赏价值高。根系发达，耐干旱，喜欢温暖、湿润的气候环境，病虫害较少。采用嫁接的方法繁殖。

（9）银杏。生长较慢材质优良适宜做家具是很好的用材树种：干性强，寿命长，观赏价值高，是很好的庭园树和行道树种。种子营养价值很高，可食用、药用，种仁可止咳、润肺、平喘、治疗肺结核。

第三节　高速公路绿化的养护管理

高速公路实施绿化以后，起绿化效果的好坏，主要取决于后期的养护管理是否适时、得当。绿化的养护管理工作包括两个方面：

一是养护，根据树木生长需要和某些特定的要求，及时采取浇水施肥整形修剪防止病虫害等技术措施。

二是管理，对绿化植物进行看管维护清除杂物防止机械的其他原因所造成的损伤。

一、树木的养护管理

树木种植以后，经常性的养护管理十分重要，应根据树木生长发育的情况和不同季节的需要来进行养护管理。主要养护工作如下：

（一）加图扶正

对新种的树木下过一场大雨或刮过一场大风以后，要进行一次全面检查，树干已经摇摆的，应该填土培实；树坑泥土过低的，应该及时覆土填平，防止雨后积水烂根；树坑泥土过高的，要铲平，防止深埋影响根部发育的；发现倾斜歪倒的。应该抓紧扶正。

（二）浇水

高速公路树木的养护，不能单纯地依靠天然降水，必须借助人工浇水。浇水过多，会使树木生长发育不良，长期水泡会造成幼树全株死亡。因此，相对低洼部分，人工排水很重要。当树木养护缺水，需要爱远距离运水时，必须抓好浇水时机，使浇水起到关键作用。

浇水分为新植幼树浇水、休眠期浇水和生长期浇水三个时期。

1. 新植幼树浇水：包括成活期和恢复期。成活期，是树木种植后，促发新根的阶段。因此，树木种植以后，应该立即浇水一次，半个月浇水 2 ~ 3 次，每次要浇足、浇透。这三次浇水叫作定根水。

恢复期，也称作"重点抚育期"。这一时期的浇水，北方地区因干旱气候，需要持续 3 ~ 5 年，尤其第一年的雨季前，应每 10 天浇水一次；南方沿海区域可酌减。

2. 休眠期浇水，在冬初和早春进行，冬初，北方地区雨量减少，寒冷干旱，树木容易受到干冻损伤甚至死亡。所以，在树木落叶后、土壤封冻前的 11 月上中旬浇水一次封冻水，以保证树木的安全越冬，防止早春干旱。

早春，树木上不因为气温回升，树液开始活动，而地下根部仍然处于封冻休眠状态，往往出现生理干旱，引起"抽条"。为防止这种情况，在土壤将要解冻，树木发芽前的 3 月上旬，浇一次"解冻水"或称"返青水"以利于新梢叶片的生成。

南方的春季，已经进入雨季，在黄梅雨期，春末夏初不必浇水。但需加强排水。

3. 生长期浇水，即在树木生命活动最为旺盛的时期进行，这是树木最需要水分的时期切勿因为干旱而影响长势。

（三）剥芽修剪

新树木经过起挖、包装、运输、二次搬运经常受到损失，以至于部分树芽不发，故要检查树梢上有无枯枝现象。发现枯枝及时剪掉。否则会影响树芽的抽生和整株数木的茁壮成长。

树木在自然生长过程中，树干、树枝上会萌发许多嫩枝。嫩芽、他不但消耗大量的养分，而且树形也遭到影响，造成树干生长不挺直，树冠生长不匀称。为使树木迅速长大，早日覆盖遮阴要随时剪除多余的嫩枝、嫩芽、长枝和生长部位不得当的纸条，是树冠能均衡的吸收阳光和空气，减少病和虫害，促使树木生长旺盛。

（四）松土植草

树木经过多次降雨或浇水以后，周围的泥土容易板结，应该用锄头将地表层疏松，根除杂草以及蔓藤植物。松土除草可是土壤疏松空气流通，调节土壤中养分的分解，有助于树木根不能过深，因为太浅起不到应有的作用，过深又会伤害树木的根系。松土、除草的深度一般为 6 ~ 7cm 较为适宜。

（五）施肥

树木在生长发育过程中，需要从土壤里吸收大量的养料，而土壤能供给的天然养料是有限的。养分不足，会限制树木生长、开花，这就需要人工施肥。

按照肥料的化学成分，可分为有机肥、无机肥料、细菌肥料。

1. 有机肥料

含有大量的有机质和氮磷钾等元素，肥效持久，适宜用作基肥，如人粪尿、厩肥、绿肥等。

2. 无机肥料

不含有机质，仅含一种或两种元素，即通常使用的"化肥"，如硫酸铵、过磷酸钙、氯化钾、尿素等。

3. 细菌肥料

如根瘤菌、固氮菌、抗生素等。

氮磷钾是有机肥的三要素

氮是促使枝叶发育、影响叶色浓淡的主要元素，是形成树细胞原生质和叶绿素的主要成分。增加氮肥，可促进叶绿素的形成，加强光合作用，使根茎叶等器官生长茂盛。氮肥不足，则枝叶细小，生长缓慢。

磷是促进树木种子发育和成熟的营养元素。他能加速树体内养分的积累转化，加速细胞分裂和生殖器官的发育形成。一般把磷肥施为底肥，对促进根系发育和种子提早成熟，并且防止落花，落果、增强树木抗旱抗寒能力有良好的作用。

钾是使树木茎枝健壮，增强光合作用，促进碳水化合物的形成，增强抗寒、抗病虫害的能力。树木缺钾时，光合作用显著降低，茎枝软弱，生长缓慢。

正确的施肥，不但可以加速树木的生长，还可以增加树木恢复旺盛的长势。不同的树种，有不同的肥力要求，如喜酸性土壤的树种不应该施用碱性肥料。同一树种的不同生长期，需要施肥量也不一样，开花结果期、长势衰老期需要肥料较大。

总之，不同土壤、不用习性、不同生长发育阶段对肥料的种类和数量都有不同的要求，要根据树木的长势的需求施以所需的肥料，保证树木长势茂盛。

（六）病虫害防治

1. 树木病害的防治

树木病害，指树木受到外界不利条件的影响，导致细胞、组织、破坏器官，甚至引起树木死亡的现象。这种现象反映在公路植物上，就是公路植物病害。只要的公路植物病害有：

（1）立枯病。症状：通常是久雨初晴之后突然发生。在阔叶树、嫩茎木质化后发生此病，植株仍然直立，逐渐枯萎。防治：注意通风排水，表面撒草木灰。喷施50%的菌丹可湿性粉剂500倍液，每周一次，连续2～3次，可以抑制蔓延。

（2）落叶病。症状：针叶常绿树在5、6月间针叶脱落至秋冬季节针叶发红，以致枯死。防治：注意排水通风，剪掉病枝叶，对病株可喷施波尔多液，病害严重的植株可以拔去。

（3）白粉病。症状：发生在高温高湿的盛夏季节。此病菌侵害幼树根茎部，接近地面处变褐腐斑，菌体为白色，苗木枯萎。梅雨季节也发生在泡桐、黄杨球枝叶上。防治方法：加强通风光照；播种前喷施 2% 硫酸铜液 200 ~ 300 公斤 / 亩，进行消毒，发病前喷洒 2 ~ 3 次波尔多液，喷洒 80% 敌敌畏 800 ~ 1200 倍液。

（4）根癌病。症状：根据病原菌潜伏在表层土壤中，发生在根部和茎部以及侧部和支根，病害初期形成淡褐色大小不等的癌瘤，表面粗糙不平，内部组织呈灰白色海绵状，表层细胞坏死，树木逐年退化枯死。防治：土壤消毒，控制浇水，跟颈部施代森锌和赛离散。

（5）炭疽病。症状主要危害果实、枝条和叶子，引起落果，造成减产。果实出现褐色斑点，果实成熟变成硬块。防治：在树木发芽前彻底消除病枯小枝、病枯树皮，细致喷洒赛离散稀释 50 倍液 2 ~ 3 次，果实开始发病前至采摘，喷洒波尔多液或石硫合剂，喷施 0.2% 乐果 1000 ~ 1500 倍液。

（6）茎腐病。此病菌长期潜伏病株残体上和土壤里越冬，病害从梅雨季节后发病。症状：初期根茎部出现黑褐色病斑，病斑扩大呈环状收缩、包围全株，养分输送受阻，顶芽枯死，叶自上而下褪色萎缩。防治：土壤多施草木灰等钾肥以及抗生固氮菌肥，增强苗木抗病力。喷洒 80% 敌敌畏 500 ~ 800 倍液。

（7）褐斑病。症状：叶背面出现棕色麻点状，后叶面出现深褐色圆形病斑，导致早期落叶，果实长不大，严重的剥削树木长势，幼苗矮小衰退，重则全株枯死。防治：每年秋后清除病叶并烧毁，每年新叶展开后，开始喷洒波尔多液，每半个月一次喷到 8 月下旬。喷洒 90% 敌百虫 300 ~ 800 倍液。

2. 树木虫害的防治

树木虫害，是正常生长发育的树木，遭受地上地下种类繁多的昆虫的危害，影响树木各部分营养器官，甚至引起全株死亡的现象。

为了保护树木、清洁环境，必须对树木虫害进行深入细致的调查研究，掌握其发生发展的规律，采用有效的防治方法，控制或消灭虫害的蔓延。尤其是花灌木，极易受到蚜虫等虫害侵袭，也极易与周围大环境中的树木、庄家虫害相互感染传播。要及时准确的搞好虫情预报。预防为主，防重于治。特别是大环境的综合防治，可起到事半功倍的效果。对虫害要治早、治小、治了，使用农药要狠准巧。巧就是把农药用在关键的时刻；准就是掌握病虫发生发展的规律，打中要害；"狠"就是集中药量、集中时间、集中人力，一举歼灭。

二、环境保护和改善

道路的发展决不会因为道路对环境产生诸多的影响而停滞不前，相反，中国道路的发展还远不能满足经济发展的需要。为此，必须尽早采取措施，发挥道路的积极影响，抑制或改善其负面作用。如何采取相应的措施，把这种不利的影响降到最低限度，已成为公路建设中所要考虑的问题。

1. 完善环保法规及政策

许多发达国家，如日本、美国、加拿大、法国等都已制定了较为完备的环保法规。我国在这方面刚刚起步，虽然也制定了一些相关的法规政策，但内容上很不完整，加之有些部门只顾眼前的利益，使这些仅有的法规实施很不规范。针对这种情况，应该借鉴、吸收国外的先进经验，结合我国公路建设的实际情况，进一步制定和完善环境保护的法规、政策，并使之操作具体化、规范化，把公路建设中的环境保护问题提高到应有的地位。

2. 公路规划与环境相协调

公路规划时应进行各种调查、研究，如气象、生物种类、数量、占地、城市规划、工文化、遗址、居住人口、公用及文娱设施等，以了解公路沿线的现状及其环境，充分考虑路线的走向，尽量减少毁坏水利设施，少占农田，避绕村镇，避免大规模的拆迁。对沿线经过的大中城市，采取"远而不疏，近而不进"的原则，并紧密结合它们的城市发展规划及国土开发计划。在规划中应考虑不同的土地利用形态所产生的交通需求，通过协调交通与土地使用的关系，降低敏感区域内的交通需求，减少污染产生的基础。另外，在规划区内进行空间敏感性调查，按其生态环境划分敏感区，并根据其保护价值确定敏感程度，通过各区域的敏感度叠加绘制规划区敏感等级分布图，使路线走向尽量避免敏感等级高的地区，从而避免对生态系统的过大影响。最后，需对公路网规划的方案进行比较，优化公路网的格局，降低营运期间汽车排放污染的程度。

3. 公路设计与环境设计相协调

为降低和减少公路建设的污染程度，使公路与环境相协调，应把公路主体设计与环保工程设计有机地结合起来。首先研究公路的动态环境，了解人们行车时的感受，从而指导环境设计工作。在满足路线设计规范的条件下，调查路线线位和高程，注意沿线的地形，植被特征，改善构造物的结构和位置，保持原有土体的面层结构，尽量减少工程对环境的不良影响。在公路征用土地范围内补种或养殖相当数量的同类物种，以保持生态平衡。对原有物类造成的影响需采用一定的措施进行补偿，例如：通过新开池塘补偿被路线占压的低湿软土地带等。

4. 对噪声的防治

研究表明：交通状况、音源、声音传播与噪声量密切相关。因此，防治噪声的主要方法有以下几种：一是加强交通管理，上路前进行车辆噪声监测，管制重车百分比、交通量及行车速度；二是调整纵坡，减少纵坡过大可能导致汽车爬坡时增加的噪声量；三是改进路面结构类型，改善面层混合料成分，适度修正横向刮纹间距或改作纵向拖纹处理，以谋求降低交通噪声；四是尽可能采用降噪效果好的路堑形式，尤其是路线通过敏感区时；五是适当设置遮蔽物，可在公路两侧设置隔声林带、隔音墙、隔音堤等，以降低噪声位级；六是实施减少噪声最直接有效的方法，即改善车辆本身构造。

5. 完善绿化对环境的保护作用

绿化是公路建设的重要组成部分。它能改善道路景观，美化环境。调节气候，延长公路的使用寿命。净化空气，改善大气环境。降低交通噪声。加固斜坡，防止水土流失，保持路基稳定。诱导视线，防眩遮光，确保行车安全。因此搞好公路的绿化，使之成为一个"生态绿化带"是至关重要的。调整公路绿化时应注意：绿化工程要进行总体规划，体现经济与实用，绿化与美化，近期与远期相结合的原则。绿化植物品种要因地制宜，根据当地的自然地理环境（地形、土质、气象等），并结合设计要求及本地区草木的生长情况而确定。绿化施工的最佳工期是雨季到来前。绿化物的外形、高矮和色彩需有节奏的变化，并注意提高绿化物的管理水平及绿化工程本身的收益。

6. 汽车排放污染的防治

汽车排放的废气与固体微粒对大气的污染最为严重。这些污染会引起金属腐蚀，对建筑物和雕塑品造成破坏，抑制动植物生长，给经济、文化领域造成损失。因此，必须制定相关的汽车排放标准，机动车上路前需进行尾气检测。完善汽车的自身结构，改进发动机，采用电子控制燃油喷射，发明使用电动机、太阳能汽车和其他不污染环境的新型能源车。采用现代燃料，优先使用无铅汽油，增加以液化石油气或压缩天然气为燃料的气瓶车，推广气体燃料，使用符合规定的润滑剂和燃油添加剂。研制和推广废气减毒装置，完善汽车保养和修理制度，推广节油装置。通过以上的措施，可将汽车排放物造成的污染降到较低程度。

7. 保护沿线的动植物和自然景观

公路修建及通车后的废气、噪声等影响，必然会改变沿线动植物的生活环境，因此，必须采取合理的措施，加以补偿。如设置高架桥、隧道工程来减少对野生动物两区交往的影响。对路线两侧因施工破坏了的植被进行人工恢复等。另外在公路的建设中，尽可能保持原有的绿地、水库和地形的差异，保护自然环境、历史遗址、名胜古迹及保护区，必要时可以改变公路设计方案和施工方案，公路的线形、收费站、服务区的建筑应与周围的自然、人文环境相融合，尽量做到不留人为破坏的痕迹，减少对自然环境的破坏。

第四节　环境保护管理办法

一、总则

第一条　为加强 ×× 高速公路建设项目环境保护管理，预防工程建设项目对环境造成不良影响，确保工程建设项目"同时设计、同时施工、同时投入使用"制度以及 ×× 高速公路环境影响报告书中有关环保措施的落实，依据《中华人民共和国环境保护法》《中华人民共和国水土保持法》《中华人民共和国海洋环境保护法》《交通建设项目环境保护管理办法》等法律及上级部门的有关规定，并结合工程实际，制定本办法。

第二条 本办法适用于××高速公路项目建设期的参建各方（业主、设计、施工、监理等单位）。

第三条 ××高速公路各参建单位应充分认识到环境保护的重要性，切实处理好工程建设与环境保护的关系。

第四条 建设单位与施工单位须签订水保、环保责任书，或在施工合同上载明水保、环保的相关条款和责任。施工单位在施工地同时接受当地环保部门的管理和监督。

二、一般规定

第五条 施工单位应遵守国家和地方所有关于控制环境污染、保持水土流失的法律和法规，施工过程中采取必要的措施防止施工中的燃料、油、沥青、化学物质、污水、废料和垃圾以及土方等有害物质对河流、湖泊、池塘和水库的污染。防止扬尘及其他有害物质对大气的污染，并且应采取科学和规范化的施工方法，把施工对环境、邻近单位和居民生活的影响减少到最低程度。在实施环保工程过程中必须严格执行《公路工程质量检验评定标准》（JTG F80-2004）的有关规定。

第六条 在市区和靠近学校、医院及住宅区的地方，施工单位应按限定的作业时间施工。

第七条 除本规定外，其他对环境保护的有关要求，施工单位在施工阶段都应予严格遵守，任何因施工造成的环境污染，施工单位都有责任采取措施予以防止和消除。

三、施工期间的具体规定

第八条 施工单位在各分项工程开工前须向监理单位提交水土保持、环境保护的具体措施。监理单位应对无环保措施的开工报告，不予批复；对正在施工无环保措施的，应立即停工，待措施满足要求后，准许复工。

第九条 水土保持

1. 积水与排水

（1）施工期间，施工场地的排水应保持良好状态，排水区内应修建足够的临时排水沟渠，设置沉淀池并与永久性排水设施相连通，在排水区内应避免积水或冲蚀。

（2）在雨季，路堤修筑从开挖、运料、填筑和压实应依次进行，不得延迟。每层填土的表面应设2%～3%的横坡，不致造成积水。

2. 冲刷与淤积

（1）施工单位应采取有效预防措施，防止其所占有的土地或临时使用的土地以及任何河流、水道、灌溉或排水系统的床底、沟底或堤岸、沟坡的土壤受到冲刷。

（2）施工单位应采取有效预防措施，防止因工程施工开挖或冲刷产生的泥土、材料，在任何河流、水道、灌溉或排水系统中产生淤积。

（3）施工中临时排水系统，应最大限度地减少水土流失及水文状态的改变。

（4）开挖或填筑的土质路基边坡应及时铺设草皮或者说其他类型的防护物，防止雨季到来时水流对坡面的冲刷而造成对排水系统的影响，减少对附近水体的污染。

（5）施工期间工程破坏植被的面积要严格控制，除了不可避免的工程占地、砍伐以外，不应再发生其他形式的人为破坏，如在路旁两侧进行伐木或砍伐供燃料使用等。

第十条　废土（渣）处理

1. 废土（渣）的堆积和废弃不应影响排灌系统与排灌设施。弃土场尽可能缩小范围，按图纸规定的位置设置或由监理工程师指定。

2. 挖方工程及其他工程的弃土方应采取以下水土保持措施：

（1）废土（渣）方的堆放点应统筹安排，堆放点应远离河道，也不要压盖植被，尽可能选择荒地；

（2）及时对弃土方进行压实，并在其表面进行植被的覆盖，可以种植草皮、灌木或树木，一则防止水土流失，二则美化环境；

（3）也可以对弃土方整平用作耕地；

（4）桥梁施工中，需砌筑专用的泥浆池，避免泥浆漫流，钻孔废渣及硬化后的泥浆需及时运至弃土场。

第十一条　借土场、弃土场

施工单位与地方签订借土、弃土协议时，必须有植被恢复的条款和详尽的可操作性措施。施工过程中应特别注意，严禁对周围农田、水源等造成污染，否则由此引起的一切纠纷与索赔由施工单位负责。

第十二条　水污染的预防

1. 施工单位应在施工前对施工范围内以及附近现在的灌溉或排水系统进行调查，如果设计图纸中没有考虑临时的灌溉或排水系统，施工单位有责任免费修建临时的灌溉或排水系统。

2. 施工单位应注意对路基填土的保护，防止填土被雨水或其他地面水冲刷，流入农田、鱼塘、河流等。

3. 水上施工需严格管理，钻孔泥浆需加强密闭，严禁漏入相关水源；钻孔废渣需及时清运，避免掉入水源；严禁丢废弃物品到水源。

4. 施工的机械应防止漏油，在施工机械正常运转中产生的油污水或维修施工机械时油污水不经处理不得直接排放。

5. 清理施工机械、设备及工具的废水、废油等有害物质，不得直接排放于河流、湖泊，或其他水域中，更不得倾泻于饮用水源附近的土地上，以防止污染水质和土壤。

6. 清洗集料的用水、工程废水或含有沉淀物的水在排放前应进行过滤、沉淀或采用其他方法处理，以使沉淀物含量不大于施工前河湖中所达到的含量；

7. 施工期间，施工物料如沥青、水泥、油料、化学品、外加剂的堆放应严格管理并对库房进行防渗处理，防止在雨季物料随雨水径流排入地表及相应的水域造成污染；

8. 施工期间和完工之后，建筑场地、砂石料应进行适当处理，尽量减少对河道和溪流的侵蚀；

9. 施工营地尽量租用沿线民房，如自行搭建的住房产生的生活污水不应直接排入农田、耕地、供饮用的水源、灌溉、水库或地表水系，应经隔油隔渣处理后排入化粪池，防止污染。工地临时厕所，化粪池应采取防渗漏、防蝇、灭蛆措施。

第十三条　大气污染的防治

1. 施工现场道路应指定专人定期洒水清扫，形成制度，防止道路扬尘。

2. 车辆开出工地要做到不带泥沙，基本做到不撒土、不扬尘，减少对周围的环境污染。

3. 在全部施工期间，应对施工场地洒水使尘土飞扬减到最低程序。此外，应按劳动保护条例为工地操作人员配备各种防尘设施。

4. 容易起尘的细料和松散材料应予以覆盖或适当地洒水喷湿。这些材料在运输期间应用帆或类似的遮盖物覆盖。

5. 运转时有粉尘发生的施工场地，如水泥混凝土拌和机场、大型轧石机场、沥青拌和机场等的投料器均应有防尘设备。

6. 机动车都要安装减少尾气排放的装置，确保符合国家标准。

7. 除设有符合规定的装置外，禁止在施工现场焚烧油毡、橡胶、塑料、皮革、树叶、枯草、各种包装物品以及其他会产生有毒、有害烟尘和恶臭气体的物质。

第十四条　沥青混合料拌和厂（场）污染的控制

1. 施工单位在确定沥青混合料拌和厂（场）的位置时，应征得当地环境管理部门的同意；

2. 如果沥青混合料拌和厂（场）位置在居民聚居区的上风向，则其位置应离开聚居区至少1000m以外；

3. 沥青混合料的运输应采用无热源移动式高温容器，避免混合料中散发的气体直接逸散至大气中。

第十五条　噪声的管理

1. 尽量采用低噪声设备和工艺代替高噪声设备与加工工艺，如低噪声振捣器、风机、电动空压机、电锯等，并在适当位置设置消声器。

2. 按要求尽量利用吸声、隔声材料，或减振降噪设施来控制噪声的传播。

3. 进入施工现场不得高声喊叫、无故甩打模板、乱吹哨，限制高音喇叭的使用，最大限度地减少噪声扰民。

4. 公路施工现场200m之内有居民区时，施工单位应合理安排施工时间，尽可能将噪声大的作业安排在白天（6：00～22：00）施工，必须在夜间施工时，施工单位首先应征得当地政府及环境管理部门的书面同意；其次，必须加强临时降噪措施，若采取降噪措施后依然达不到规定限值的，施工单位应找当地居委会、村委会协调，出安民告示，求得群众谅解。

第十六条　保护公路两旁的植被

1. 施工单位应尽量保护公路用地范围之外的现有绿色植被。若因修建临时工程破坏了绿色植被，应负责在拆除临时工程时予以恢复；

2. 要保护公路两旁及公路用地范围内的价值珍贵的树种，没有有关部门的同意，不得随意砍伐或迁移树木。

第十七条　临时驻地的环境管理

1. 生活用水应符合世界健康组织对饮用水的要求；

2. 化粪池及水处理系统应经适当的设计；污水净化池中的污泥应予定期清除；

3. 生活和固体垃圾要有固定的弃置场地并设置定期处理的垃圾箱；

4. 施工单位不得在驻地和临时工程用地范围以外堆积和储存材料、停放机械和车辆；

5. 工程完工后，施工单位应拆除其驻地设施，并将该区域恢复原状。

第十八条　历史遗迹保护

1. 开挖工程施工中，当发现有化石、硬币、有价值的物品或文物、建筑结构以及具有质疑或考古价值的其他遗迹或物品时，业主或施工单位均应视为国家财产，应按合同有关条款的规定由业主妥善处理。施工单位应采取合理的预防措施，防止其工人或其他任何人员移动或损坏任何此类物品，并且一旦发现上述物品，应在移动之前，立即将此类发现通知有关部门和人员进行及时处理；

2. 土方工程以及其他需要的借土、弃土，对现有的或规划的文物遗址应采取远离保护的原则选择地点。

四、罚则

第十九条　以上有关条款，有关单位和人员须认真执行，否则，由此所引发的法律和经济责由相关单位和人员承担。

第二十条　业主、监理单位应经常性的巡视工地，发现问题立即制止，对存在的隐患应预先采取措施，对于不听劝阻或造成污染、影响极坏的施工单位，除按有关要求负责污染治理、消除影响外，根据影响程度，另将予经济处罚。

第十章 BIM技术及大数据技术在公路工程中的应用

第一节 BIM技术及大数据技术

一、BIM技术

BIM建筑信息模型（Building Information Modeling）（"下文简称BIM"）是近年来在计算机辅助建筑设计领域出现的新技术，BIM技术在2002年由Autodesk公司率先提出，作为一种全新的理念，正受到国内外学者和业界的普遍关注。目前世界各国都在积极推动BIM产业及本土化发展，欧美国家对于BIM的应用研究已经比较成熟，而中国对BIM的研究起步比较晚，改革开放以来，中国的经济飞速地向前增长，随之而来中国建筑市场也发生着日新月异的变化。

在国内，随着建筑业对信息化要求的不断提高、国家科研投入不断增多及大力推动和基于BIM技术的软件开发商宣传下，相关机构和各个部门已经开始着手研究和应用BIM技术。但是目前对BIM技术的研究和应用也仅仅处于起步阶段，各研究机构对BIM技术的研究相对分散，并没有形成一套完整的技术体系。

（一）BIM的发展背景

1. 国际行业解释

1975年，"BIM之父"——乔治亚理工大学的Charles Eastman教授创建了BIM理念至今，BIM技术的研究经历了三大阶段：萌芽阶段、产生阶段和发展阶段。BIM理念的启蒙，受到了1973年全球石油危机的影响，美国全行业需要考虑提高行业效益的问题，1975年"BIM之父"Eastman教授在其研究的课题"Building Description System"中提出"a computer-based description of-abuilding"，以便于实现建筑工程的可视化和量化分析，提高工程建设效率。

引用美国国家BIM标准（NBIMS）对BIM的定义，定义由三部分组成：

（1）BIM是一个设施（建设项目）物理和功能特性的数字表达；

（2）BIM是一个共享的知识资源，是一个分享有关这个设施的信息，为该设施从建设到拆除的全生命周期中的所有决策提供可靠依据的过程；

（3）在项目的不同阶段，不同利益相关方通过在BIM中插入、提取、更新和修改信息，以支持和反映其各自职责的协同作业。

2. 国内行业解释

BIM是以三维数字技术为基础，集成了建筑工程项目各种相关信息的工程数据模型，BIM是对工程项目设施实体与功能特性的数字化表达。一个完善的信息模型，能够连接建筑项目生命期不同阶段的数据、过程和资源，是对工程对象的完整描述，可被建设项目各参与方普遍使用。BIM具有单一工程数据源，可解决分布式、异构工程数据之间的一致性和全局共享问题，支持建设项目生命期中动态的工程信息创建、管理和共享。建筑信息模型同时又是一种应用于设计、建造、管理的数字化方法，这种方法支持建筑工程的集成管理环境，可以使建筑工程在其整个进程中显著提高效率和大量减少风险。

住房和城乡建设部工程质量安全监管司处长对BIM做出了解释。她表示：BIM技术是一种应用于工程设计建造管理的数据化工具，通过参数模型整合各种项目的相关信息，在项目策划、运行和维护的全生命周期过程中进行共享和传递，使工程技术人员对各种建筑信息做出正确理解和高效应对，为设计团队以及包括建筑运营单位在内的各方建设主体提供协同工作的基础，在提高生产效率、节约成本和缩短工期方面发挥重要作用。

（二）技术特点

1. 可视化

可视化即"所见所得"的形式，对于建筑行业来说，可视化的真正运用在建筑业的作用是非常大的，例如经常拿到的施工图纸，只是各个构件的信息在图纸上的采用线条绘制表达，但是其真正的构造形式就需要建筑业参与人员去自行想象了。对于一般简单的东西来说，这种想象也未尝不可，但是近几年建筑业的建筑形式各异，复杂造型在不断地推出，那么这种光靠人脑去想象的东西就未免有点不太现实了。所以BIM提供了可视化的思路，让人们将以往的线条式的构件形成一种三维的立体实物图形展示在人们的面前，所以可视化的结果不仅可以用来效果图的展示及报表的生成，更重要的是，项目设计、建造、运营过程中的沟通、讨论、决策都在可视化的状态下进行。

2. 协调性

这个方面是建筑业中的重点内容，不管是施工单位还是业主及设计单位，无不在做着协调及相配合的工作。一旦项目的实施过程中遇到了问题，就要将各有关人士组织起来开协调会，找各施工问题发生的原因，及解决办法，然后出变更，做相应补救措施等进行问题的解决。在设计时，往往由于各专业设计师之间的沟通不到位，而出现各种专业之间的碰撞问题，BIM的协调性服务就可以帮助处理这种问题，也就是说BIM建筑信息模型可在建筑物建造前期对各专业的碰撞问题进行协调，生成协调数据，提供出来。

3. 模拟性

模拟性并不是只能模拟设计出的建筑物模型，还可以模拟不能够在真实世界中进行操作的事物。在设计阶段，BIM 可以对设计上需要进行模拟的一些东西进行模拟实验，例如：节能模拟、紧急疏散模拟、日照模拟、热能传导模拟等；在招投标和施工阶段可以进行 4D 模拟（三维模型加项目的发展时间），也就是根据施工的组织设计模拟实际施工，从而来确定合理的施工方案来指导施工。同时还可以进行 5D 模拟（基于 3D 模型的造价控制），从而来实现成本控制；后期运营阶段可以模拟日常紧急情况的处理方式的模拟，例如地震人员逃生模拟及消防人员疏散模拟等。

4. 优化性

事实上整个设计、施工、运营的过程就是一个不断优化的过程，当然优化和 BIM 也不存在实质性的必然联系，但在 BIM 的基础上可以做更好的优化、更好地做优化。优化受三样东西的制约：信息、复杂程度和时间。没有准确的信息做不出合理的优化结果，BIM 模型提供了建筑物的实际存在的信息，包括几何信息、物理信息、规则信息，还提供了建筑物变化以后的实际存在。复杂程度高到一定程度，参与人员本身的能力无法掌握所有的信息，必须借助一定的科学技术和设备的帮助。现代建筑物的复杂程度大多超过参与人员本身的能力极限，BIM 及与其配套的各种优化工具提供了对复杂项目进行优化的可能。基于 BIM 的优化可以做下面的工作：

（1）项目方案优化：把项目设计和投资回报分析结合起来，设计变化对投资回报的影响可以实时计算出来；这样业主对设计方案的选择就不会主要停留在对形状的评价上，而更多的可以使得业主知道哪种项目设计方案更有利于自身的需求。

（2）特殊项目的设计优化：例如裙楼、幕墙、屋顶、大空间到处可以看到异型设计，这些内容看起来占整个建筑的比例不大，但是占投资和工作量的比例和前者相比却往往要大得多，而且通常也是施工难度比较大和施工问题比较多的地方，对这些内容的设计施工方案进行优化，可以带来显著的工期和造价改进。

5. 可出图性

BIM 并不是为了出大家日常多见的建筑设计院所出的建筑设计图纸，及一些构件加工的图纸。而是通过对建筑物进行了可视化展示、协调、模拟、优化以后，可以帮助业主出如下图纸：

（1）综合管线图（经过碰撞检查和设计修改，消除了相应错误以后）；（2）综合结构留洞图（预埋套管图）；（3）碰撞检查侦错报告和建议改进方案。

（三）价值意义

建立以 BIM 应用为载体的项目管理信息化，提升项目生产效率、提高建筑质量、缩短工期、降低建造成本。具体体现在：

1. 三维渲染，宣传展示

三维渲染动画，给人以真实感和直接的视觉冲击。建好的 BIM 模型可以作为二次渲染开发的模型基础，大大提高了三维渲染效果的精度与效率，给业主更为直观的宣传介绍，提升中标概率。

2. 快速算量，精度提升

BIM 数据库的创建，通过建立 5D 关联数据库，可以准确快速计算工程量，提升施工预算的精度与效率。由于 BIM 数据库的数据粒度达到构件级，可以快速提供支撑项目各条线管理所需的数据信息，有效提升施工管理效率。BIM 技术能自动计算工程实物量，这个属于较传统的算量软件的功能，在国内此项应用案例非常多。

3. 精确计划，减少浪费

施工企业精细化管理很难实现的根本原因在于海量的工程数据，无法快速准确获取以支持资源计划，致使经验主义盛行。而 BIM 的出现可以让相关管理条线快速准确地获得工程基础数据，为施工企业制订精确人才计划提供有效支撑，大大减少了资源、物流和仓储环节的浪费，为实现限额领料、消耗控制提供技术支撑。

4. 多算对比，有效管控

管理的支撑是数据，项目管理的基础就是工程基础数据的管理，及时、准确地获取相关工程数据就是项目管理的核心竞争力。BIM 数据库可以实现任一时点上工程基础信息的快速获取，通过合同、计划与实际施工的消耗量、分项单价、分项合价等数据的多算对比，可以有效了解项目运营是盈是亏，消耗量有无超标，进货分包单价有无失控等等问题，实现对项目成本风险的有效管控。

5. 虚拟施工，有效协同

三维可视化功能再加上时间维度，可以进行虚拟施工。随时随地直观快速地将施工计划与实际进展进行对比，同时进行有效协同，施工方、监理方、甚至非工程行业出身的业主领导都对工程项目的各种问题和情况了如指掌。这样通过 BIM 技术结合施工方案、施工模拟和现场视频监测，大大减少建筑质量问题、安全问题，减少返工和整改。

6. 碰撞检查，减少返工

BIM 最直观的特点在于三维可视化，利用 BIM 的三维技术在前期可以进行碰撞检查，优化工程设计，减少在建筑施工阶段可能存在的错误损失和返工的可能性，而且优化净空，优化管线排布方案。最后施工人员可以利用碰撞优化后的三维管线方案，进行施工交底、施工模拟，提高施工质量，同时也提高了与业主沟通的能力。

7. 冲突调用，决策支持

BIM 数据库中的数据具有可计量（computable）的特点，大量工程相关的信息可以为工程提供数据后台的巨大支撑。BIM 中的项目基础数据可以在各管理部门进行协同和共享，工程量信息可以根据时空维度、构件类型等进行汇总、拆分、对比分析等，保证工程基础数据及时、准确地提供，为决策者制订工程造价项目群管理、进度款管理等方面的决策提供依据。

（四）BIM在中国的应用模式

近十年来，建筑信息模型技术在美国、日本、中国香港等国家和地区的建筑工程领域取得了大量的应用成果。国内不少具有前瞻性与战略眼光的施工企业开始思考如何应用BIM技术来提升项目管理水平与企业核心竞争力。BIM首次引入中国是在2002年，由欧特克公司引进。目前在中国，BIM正在为越来越多的人了解，建筑行业正在经历着一场BIM的洗礼。软件公司、设计单位、房地产开发商、施工单位、高校科研机构等都已经开始设立BIM研究机构。值得一提的是，国内已经有不少建设项目在项目建设的各个阶段不同程度地运用了BIM技术，其中上海中心大厦是全生命周期应用BIM的典型案例。上海中心大厦目前是中国第二高楼，整个项目实施过程由业主主导，运用BIM对设计、施工、运营进行全方位规划。BIM在该项目中的全程应用尚属首次，为以后BIM更广泛的应用奠定了基础，进一步推动了BIM在中国的发展势头。

目前BIM的应用主要在设计阶段和施工阶段，从BIM技术的应用方来分，国内关于BIM的应用模式主要包括：设计方主导模式、施工单位主导模式、业主方主导模式。

1. 设计方主导模式

设计方主导模式是BIM在工程项目建设中应用的比较早的一种模式，也是最多的一种模式。设计单位为了更好地表达自己的设计意图，增加中标的概率，特别是大型建筑项目都会采用BIM技术进行三维设计，用于向业主展示设计理念及设计成型后的效果图，当设计方案为业主接受与了解后，如业主不做要求，则设计单位就不再继续扩充利用BIM模型。也就是说设计方主导模式是在项目设计阶段初期使用BIM技术，而没有在全生命周期中使用。

2. 施工单位主导模式

施工单位主导模式是指施工单位为了提高企业竞争力，节约企业成本，而采用BIM技术进行施工模拟，以提前排除建设过程中可能发生的冲突。施工单位采用BIM技术主要包括两个原因：一是增加中标机会，施工单位可以利用BIM的施工模拟技术向业主直观地展示施工方案，包括进度安排、资源调度安排、施工工序搭接，等等，提高业主的主观感受；二是提高施工管理的效率，在工程项目建设中，尤其是大型项目，不确定因素很多，施工的工序搭接、进度安排，资源调度安排等等往往存在着众多矛盾，施工单位通过BIM模型可在项目施工之前预先模拟项目施工过程，提前将可能出现的问题找出并加以解决，保证项目的顺利进行，保证工期的同时也节约了返工等带来的不必要成本。

3. 业主方主导模式

业主方主导模式是随着 BIM 不断发展而产生的，这种模式是最符合 BIM 全生命周期的理念的，由业主方主导可以在建设项目的全生命周期内运用 BIM 技术进行项目的管理。业主方主导模式加强了业主方对建设项目的控制力，有效克服了业主方工程专业知识不足的缺点，为建设项目各参与方提供了协同工作的平台。

设计阶段，BIM 模型成为业主与设计单位的沟通平台，一方面，业主可以及时了解项目设计情况，控制设计的进度，另外一方面业主可以主观上了解项目建成后的几何形状以及周边布局情况。另外，通过变换项目各种不确定因素来预测项目在不同环境下的成本、工期等的变化，从而对项目方案进行优化比选，最终选定一个较为满意的方案。

施工阶段，BIM 模型作为信息交流平台，业主可以很好地控制施工进度，合理安排进度款的支付，起到监督施工的作用，保证项目工期的同时保证了项目质量。

运营阶段，BIM 信息模型经过设计单位、施工单位的完善已经包括了项目所有的相关信息以及设施的法律、财务和物理信息等，利用 BIM 模型中的信息可以对建筑物进行空间与设施运营管理，全面提升 BIM 的应用价值。

（五）BIM 在全球范围的应用

自 2002 年，工程建设行业开始采用 BIM 这一词汇，目前 BIM 在全球已经得到了很大的发展。

1. 美国

美国是较早启动建筑业信息化研究的国家，发展至今，BIM 研究与应用都走在世界前列。目前，美国大多建筑项目已经开始应用 BIM，BIM 的应用点也种类繁多，而且存在各种 BIM 协会，也出台了各种 BIM 标准。根据 McGraw Hill 的调研，2012 年工程建设行业采用 BIM 的比例从 2007 年的 28% 增长至 2009 年的 49% 直至 2012 年的 71%。其中 74% 的承包商已经在实施 BIM 了，超过了建筑师（70%）及机电工程师（67%）。BIM 的价值在不断被认可。

2. 英国

英国政府要求强制使用 BIM 的文件得到了英国建筑业 BIM 标准委员会的支持。2012 年，针对政府建设战略文件，英国内阁办公室还发布了"年度回顾与行动计划更新"的报告中，报告显示，英国司法部下有四个试点项目在制定 BIM 的实施计划；在 2013 年底前，有望 7 个大的部门的政府采购项目都使用 BIM；BIM 的法律、商务、保险条款制定基本完成；COBie 英国标准 2012 已经在准备当中；大量企业、机构在研究基于 BIM 的实践。

英国的设计公司在 BIM 实施方面已经领先全球，因为伦敦是众多全球领先设计企业的总部，如 Foster and Partners、Zaha Hadid Architects、BDP 和 Arup Sports，也是很多领先设计企业的欧洲总部，如 HOK、SOM 和 Gensler。在这些背景下，一个政府发布的强制使用 BIM 的文件可以得到有效执行，也因此，英国的 AEC 企业与世界其他地方相比，发展速度更快。

3. 北欧国家

北欧国家包括挪威、丹麦、瑞典和芬兰，是一些主要的建筑业信息技术的软件厂商所在地，如 Tekla 和 Solibri，而且对发源于邻近匈牙利的 ArchiCAD 的应用率也很高。因此，这些国家是全球最先一批采用基于模型的设计的国家，也在推动建筑信息技术的互用性和开放标准，主要指 IFC。北欧国家冬天漫长多雪，这使得建筑的预制化非常重要，这也促进了包含丰富数据、基于模型的 BIM 技术的发展，这也导致了这些国家及早地进行了 BIM 的部署。

4. 日本

在日本，有"2009 年是日本的 BIM 元年"之说。大量的日本设计公司、施工企业开始应用 BIM，而日本国土交通省也在 2010 年 3 月表示，已选择一项政府建设项目作为试点，探索 BIM 在设计可视化、信息整合方面的价值及实施流程。2010 年秋天，日经 BP 社 2010 年调研了 517 位设计院、施工企业及相关建筑行业从业人士，了解他们对于 BIM 的认知度与应用情况。结果显示，BIM 的知晓度从 2007 年的 30.2% 提升至 2010 年的 76.4%。2008 年的调研显示，采用 BIM 的最主要原因是 BIM 绝佳的展示效果，而 2010 年人们采用 BIM 主要用于提升工作效率。此外，日本建筑学会于 2012 年 7 月发布了日本 BIM 指南，从 BIM 团队建设、BIM 数据处理、BIM 设计流程、应用 BIM 进行预算、模拟等方面为日本的设计院和施工企业应用 BIM 提供了指导。

5. 香港

香港的 BIM 发展也主要靠行业自身的推动。早在 2009 年，香港便成立了香港 BIM 学会。2010 年时，香港 BIM 学会主席梁志旋表示，香港的 BIM 技术应用目前已经完成从概念到实用的转变，处于全面推广的最初阶段。香港房屋署自 2006 年起，已率先试用建筑信息模型；为了成功地推行 BIM，自行订立 BIM 标准、用户指南、组建资料库等等设计指引和参考。这些资料有效地为模型建立、管理档案，以及用户之间的沟通创造良好的环境。2009 年 11 月，香港房屋署发布了 BIM 应用标准。香港房屋署署长冯宜萱女士提出，在 2014 年到 2015 年该项技术将覆盖香港房屋署的所有项目。

6. 台湾

台湾的政府层级对 BIM 的推动有两个方向。首先，对于建筑产业界，政府希望其自行引进 BIM 应用，官方并没有具体的辅导与奖励措施。对于新建的公共建筑和公有建筑，其拥有者为政府单位，工程发包监督都受政府的公共工程委员会管辖，则要求在设计阶段与施工阶段都以 BIM 完成。另外，台北市、新北市、台中市都是直辖市，这三个市政府的建筑管理单位为了提高建筑审查的效率，正在学习新加坡的 eSummision，致力于日后要求设计单位申请建筑许可时必须提交 BIM 模型，委托公共资讯委员会研拟编码工作，参照美国 MasterFormat 的编码，根据台湾地区性现况制作编码内容。预计两年内会从公有建筑物开始试办。

（六）BIM 存在的问题及建议

1. 法律问题

模型所有权问题。BIM 模型主要由设计单位负责建立，由施工单位应用并继续扩展维护。目前关于 BIM 模型建构费用标准尚未确定，模型由设计单位构建，收益方是业主，对设计单位来说缺少构建模型的动机，而如果由施工单位构建则达不到全生命周期使用的目的而且业主也无法获得 BIM 模型的所有权，对于后期的运营管理又存在着争议。针对 BIM 模型所有权问题可以有以下两种解决方法。

（1）模型所有权归业主所有，业主承担模型正确性的责任。这种方法的优点是所有权单纯，简单明了，不存在扯皮现象，在项目应用中各参与者之间冲突较小。缺点是业主的初期成本会有所增加，同时业主需要独自承担模型错误的责任。

（2）所有权归建模者所有。BIM 模型由各专业建模厂商取得所有权，建模者对模型的正确性承担责任。这种方式的优点是建模者就是所有权拥有者；业主仅需付授权使用费就能获得模型的使用权，成本较低。缺点是在项目应用中使用权的取得与权力计算复杂；建模者可能因为责任问题不愿分享完整模型。

2. 技术问题

建设项目涉及多个专业设计，工程专业性导致 BIM 建模平台多元化，各专业 BIM 建模平台的数据结构、格式不同，因此存在着跨平台数据交换标准与兼容性的问题。

针对这一问题有采用如下解决方案：单一 BIM 模型包含建筑、结构、机电等所有信息，可分开或协作建模。这种建模方式的优点是档案管理以及模型修改比较容易、设计变更反应快、无格式兼容性问题。缺点：档案庞大，系统执行效率低。

3. 管理问题

BIM 模型中包含着建设项目全生命周期的所有信息，模型数据量庞大，系统处理负担沉重，而 BIM 模型数据格式不同于传统 CAD 及文本文件，跨平台间资料交换标准尚未全统一，所以就存在着数据分类命名的问题以及档案管理的问题。传统的工程编码体系主要有两大类，一类 MasterFormat 体系，它是依据项目执行结果而不是设备产品分类，无法处理项目早期对象编码问题，这种分类方法更适合项目 WBS 分解，而不适用用于 BIM 编码。还有一类是 Uniformat 体系，这种分类体系是依据项目要素分类，可解决项目早期的 BIM 编码。

（七）BIM 未来的趋势及展望

1. 趋势

（1）以移动技术来获取数据

随着互联网和移动智能终端的普及，人们现在可以在任何地点和任何时间来获取信息。

而在建筑设计领域，将会看到很多承包商，为自己的工作人员都配备这些移动设备，在工作现场就可以进行设计。

（2）数据的暴露

现在可以把监控器和传感器放置在建筑物的任何一个地方，针对建筑内的温度、空气质量、湿度进行监测。然后，再加上供热信息、通风信息、供水信息和其他的控制信息。这些信息汇总之后，设计师就可以对建筑的现状有一个全面充分的了解。

（3）云端技术：无限计算

不管是能耗，还是结构分析，针对一些信息的处理和分析都需要利用云计算强大的计算能力。甚至，我们渲染和分析过程可以达到实时的计算，帮助设计师尽快地在不同的设计和解决方案之间进行比较。

（4）数字化现实捕捉

这种技术，通过一种激光的扫描，可以对于桥梁、道路、铁路等等进行扫描，以获得早期的数据。我们也看到，现在不断有新的算法，把激光所产生的点集中成平面或者表面，然后放在一个建模的环境当中。3D 电影《阿凡达》就是在一台电脑上创造一个 3D 立体 BIM 模型的环境。因此，我们可以利用这样的技术为客户建立可视化的效果。值得期待的是，未来设计师可以在一个 3D 空间中使用这种进入式的方式来进行工作，直观地展示产品开发的未来

（5）协作式项目交付

BIM 是一个工作流程，而且是基于改变设计方式的一种技术，而且改变了整个项目执行施工的方法，它是一种设计师、承包商和业主之间合作的过程，每个人都有自己非常有价值的观点和想法。所以，如果能够通过分享 BIM 让这些人都参与其中，在这个项目的全生命周期都参与其中，那么，BIM 将能够实现它最大的价值。

2. 展望

BIM 是对工程项目信息的数字化表达，是数字技术在建筑业中的直接应用，它代表了信息技术在我国建筑业中应用的新方向。BIM 涉及整个建筑工程全寿命周期各环节的完整实践过程，但它不局限于整个实践过程贯穿后才能实现其价值，而是可以由工程设计先行并实现阶段性的价值。基于此，我国建筑工程设计行业应努力克服非本土化的诸多应用障碍，随着我国经济的飞速发展和能源问题的日益严重，建筑节能设计变得越来越重要。不久的将来，综合利用 BIM 和建筑能耗分析进行绿色建筑设计的技术，会越来越完善和成熟。我们只有结合中国特色认真学习、结合实际、努力实践、勇于探索才能尽快走出一条新的发展之路。

二、大数据技术

大数据（big data），指无法在一定时间范围内用常规软件工具进行捕捉、管理和处

理的数据集合，是需要新处理模式才能具有更强的决策力、洞察发现力和流程优化能力的海量、高增长率和多样化的信息资产。

对于"大数据"（Big data）研究机构 Gartner 给出了这样的定义。"大数据"是需要新处理模式才能具有更强的决策力、洞察发现力和流程优化能力来适应海量、高增长率和多样化的信息资产。

麦肯锡全球研究所给出的定义是：一种规模大到在获取、存储、管理、分析方面大大超出了传统数据库软件工具能力范围的数据集合，具有海量的数据规模、快速的数据流转、多样的数据类型和价值密度低四大特征。

大数据技术的战略意义不在于掌握庞大的数据信息，而在于对这些含有意义的数据进行专业化处理。换而言之，如果把大数据比作一种产业，那么这种产业实现盈利的关键，在于提高对数据的"加工能力"，通过"加工"实现数据的"增值"。

从技术上看，大数据与云计算的关系就像一枚硬币的正反面一样密不可分。大数据必然无法用单台的计算机进行处理，必须采用分布式架构。它的特色在于对海量数据进行分布式数据挖掘。但它必须依托云计算的分布式处理、分布式数据库和云存储、虚拟化技术。

随着云时代的来临，大数据（Big data）也吸引了越来越多的关注。分析师团队认为，大数据（Big data）通常用来形容一个公司创造的大量非结构化数据和半结构化数据，这些数据在下载到关系型数据库用于分析时会花费过多时间和金钱。大数据分析常和云计算联系到一起，因为实时的大型数据集分析需要像 MapReduce 一样的框架来向数十、数百或甚至数千的电脑分配工作。

大数据需要特殊的技术，以有效地处理大量的容忍经过时间内的数据。适用于大数据的技术，包括大规模并行处理（MPP）数据库、数据挖掘、分布式文件系统、分布式数据库、云计算平台、互联网和可扩展的存储系统。

最小的基本单位是 bit，按顺序给出所有单位：bit、Byte、KB、MB、GB、TB、PB、EB、ZB、YB、BB、NB、DB。

（一）大数据技术

1. 云计算技术

大数据常和云计算联系到一起，因为实时的大型数据集分析需要分布式处理框架来向数十、数百或甚至数万的电脑分配工作。可以说，云计算充当了工业革命时期的发动机的角色，而大数据则是电。

云计算思想的起源是麦卡锡在 20 世纪 60 年代提出的：把计算能力作为一种像水和电一样的公用事业提供给用户。

如今，在 Google、Amazon、Facebook 等一批互联网企业引领下，一种行之有效的模式出现了：云计算提供基础架构平台，大数据应用运行在这个平台上。可以这么形容两者的关系：没有大数据的信息积淀，则云计算的计算能力再强大，也难以找到用武之地；没有云计算的处理能力，则大数据的信息积淀再丰富，也终究只是镜花水月。

那么大数据到底需要哪些云计算技术呢？

这里暂且列举一些，比如虚拟化技术，分布式处理技术，海量数据的存储和管理技术，NoSQL、实时流数据处理、智能分析技术（类似模式识别以及自然语言理解）等。

云计算和大数据之间的关系可以用下面的一张图来说明，两者之间结合后会产生如下效应：可以提供更多基于海量业务数据的创新型服务；通过云计算技术的不断发展降低大数据业务的创新成本。

如果将云计算与大数据进行一些比较，最明显的区分在两个方面：第一，在概念上两者有所不同，云计算改变了IT，而大数据则改变了业务。然而大数据必须有云作为基础架构，才能得以顺畅运营。第二，大数据和云计算的目标受众不同，云计算是CIO等关心的技术层，是一个进阶的 IT 解决方案。而大数据是 CEO 关注的、是业务层的产品，而大数据的决策者是业务层。

2. 分布式处理技术

分布式处理系统可以将不同地点的或具有不同功能的或拥有不同数据的多台计算机用通信网络连接起来，在控制系统的统一管理控制下，协调地完成信息处理任务—这就是分布式处理系统的定义。

以 Hadoop（Yahoo）为例进行说明，Hadoop 是一个实现了 MapReduce 模式的能够对大量数据进行分布式处理的软件框架，是以一种可靠、高效、可伸缩的方式进行处理的。而 MapReduce 是 Google 提出的一种云计算的核心计算模式，是一种分布式运算技术，也是简化的分布式编程模式，MapReduce 模式的主要思想是将自动分割要执行的问题（例如程序）拆解成 map（映射）和 reduce（化简）的方式，在数据被分割后通过 Map 函数的程序将数据映射成不同的区块，分配给计算机机群处理达到分布式运算的效果，在通过 Reduce 函数的程序将结果汇整，从而输出开发者需要的结果。

3. 存储技术

大数据可以抽象的分为大数据存储和大数据分析，这两者的关系是：大数据存储的目的是支撑大数据分析。到目前为止，还是两种截然不同的计算机技术领域：大数据存储致力于研发可以扩展至 PB 甚至 EB 级别的数据存储平台；大数据分析关注在最短时间内处理大量不同类型的数据集。

提到存储，有一个著名的摩尔定律相信大家都听过：18 个月集成电路的复杂性就增加一倍。所以，存储器的成本大约每 18 ~ 24 个月就下降一半。成本的不断下降也造就了大数据的可存储性。比如，Google 大约管理着超过 50 万台服务器和 100 万块硬盘，而且 Google 还在不断地扩大计算能力和存储能力，其中很多的扩展都是基于在廉价服务器和普通存储硬盘的基础上进行的，这大大降低了其服务成本，因此可以将更多的资金投入到技术的研发当中。

以 Amazon 举例，Amazon S3 是一种面向 Internet 的存储服务。该服务旨在让开发人员能更轻松地进行网络规模计算。Amazon S3 提供一个简明的 Web 服务界面，用户可通过它随时在 Web 上的任何位置存储和检索的任意大小的数据。此服务让所有开发人员都能访问同一个具备高扩展性、可靠性、安全性和快速价廉的基础设施，Amazon 用它来运行其全球的网站网络。再看看 S3 的设计指标：在特定年度内为数据元提供 99.999999999% 的耐久性和 99.99% 的可用性，并能够承受两个设施中的数据同时丢失。S3 很成功也确实卓有成效，S3 云的存储对象已达到万亿级别，而且性能表现相当良好。S3 云已经拥万亿跨地域存储对象，同时 AWS 的对象执行请求也达到百万的峰值数量。目前全球范围内已经有数以十万计的企业在通过 AWS 运行自己的全部或者部分日常业务。这些企业用户遍布 190 多个国家，几乎世界上的每个角落都有 Amazon 用户的身影。

4. 大数据采集技术

（1）大数据智能感知层：主要包括数据传感体系、网络通信体系、传感适配体系、智能识别体系及软硬件资源接入系统，实现对结构化、半结构化、非结构化的海量数据的智能化识别、定位、跟踪、接入、传输、信号转换、监控、初步处理和管理等。必须着重攻克针对大数据源的智能识别、感知、适配、传输、接入等技术。

（2）基础支撑层：提供大数据服务平台所需的虚拟服务器，结构化、半结构化及非结构化数据的数据库及物联网络资源等基础支撑环境。重点攻克分布式虚拟存储技术，大数据获取、存储、组织、分析和决策操作的可视化接口技术，大数据的网络传输与压缩技术，大数据隐私保护技术等。

5. 大数据预处理技术

主要完成对已接收数据的辨析、抽取、清洗等操作。

（1）抽取：因获取的数据可能具有多种结构和类型，数据抽取过程可以帮助我们将这些复杂的数据转化为单一的或者便于处理的构型，以达到快速分析处理的目的。

（2）清洗：对于大数据，并不全是有价值的，有些数据并不是我们所关心的内容，而另一些数据则是完全错误的干扰项，因此要对数据通过过滤"去噪"从而提取出有效数据。

6. 大数据分析及挖掘技术

大数据分析技术：改进已有数据挖掘和机器学习技术；数据挖掘：就是从大量的、不完全的、有噪声的、模糊的、随机的实际应用数据中，提取隐含在其中的、人们事先不知道的、但又是潜在有用的信息和知识的过程。

（1）可视化分析。数据可视化无论对于普通用户或是数据分析专家，都是最基本的功能。数据图像化可以让数据自己说话，让用户直观地感受到结果。

（2）数据挖掘算法。图像化是将机器语言翻译给人看，而数据挖掘就是机器的母语。分割、集群、孤立点分析还有各种各样五花八门的算法让我们精炼数据，挖掘价值。这些算法一定要能够应付大数据的量，同时还具有很高的处理速度。

（3）预测性分析。预测性分析可以让分析师根据图像化分析和数据挖掘的结果做出一些前瞻性判断。

（4）语义引擎。语义引擎需要设计到有足够的人工智能足以从数据中主动地提取信息。语言处理技术包括机器翻译、情感分析、舆情分析、智能输入、问答系统等。

（5）数据质量和数据管理。数据质量与管理是管理的最佳实践，透过标准化流程和机器对数据进行处理可以确保获得一个预设质量的分析结果。

大数据展现和应用技术：大数据技术能够将隐藏于海量数据中的信息和知识挖掘出来，为人类的社会经济活动提供依据，从而提高各个领域的运行效率，大大提高整个社会经济的集约化程度。

在我国，大数据将重点应用于以下三大领域：商业智能、政府决策、公共服务。例如：商业智能技术，政府决策技术，电信数据信息处理与挖掘技术，电网数据信息处理与挖掘技术，气象信息分析技术，环境监测技术，警务云应用系统（道路监控、视频监控、网络监控、智能交通、反电信诈骗、指挥调度等公安信息系统），大规模基因序列分析比对技术，Web 信息挖掘技术，多媒体数据并行化处理技术，影视制作渲染技术，其他各种行业的云计算和海量数据处理应用技术等。

（二）大数据实践

1. 互联网的大数据

互联网上的数据每年增长 50%，每两年便将翻一番，而目前世界上 90% 以上的数据是最近几年才产生的。据 IDC 预测，到 2020 年全球将总共拥有 35ZB 的数据量。互联网是大数据发展的前哨阵地，随着 WEB2.0 时代的发展，人们似乎都习惯了将自己的生活通过网络进行数据化，方便分享以及记录并回忆。

互联网上的大数据很难清晰的界定分类界限，我们先看看 BAT 的大数据：

百度拥有两种类型的大数据：用户搜索表征的需求数据；爬虫和阿拉丁获取的公共web 数据。搜索巨头百度围绕数据而生。它对网页数据的爬取、网页内容的组织和解析，通过语义分析对搜索需求的精准理解进而从海量数据中找准结果，以及精准的搜索引擎关键字广告，实质上就是一个数据的获取、组织、分析和挖掘的过程。搜索引擎在大数据时代面临的挑战有：更多的暗网数据；更多的 WEB 化但是没有结构化的数据；更多的WEB 化、结构化但是封闭的数据。

阿里巴巴拥有交易数据和信用数据。这两种数据更容易变现，挖掘出商业价值。除此之外阿里巴巴还通过投资等方式掌握了部分社交数据、移动数据。如微博和高德。

腾讯拥有用户关系数据和基于此产生的社交数据。这些数据可以分析人们的生活和行为，从里面挖掘出政治、社会、文化、商业、健康等领域的信息，甚至预测未来。

在信息技术更为发达的美国，除了行业知名的类似 Google，Facebook 外，已经涌现了很多大数据类型的公司，它们专门经营数据产品，比如：Metamarkets：这家公司对

Twitter、支付、签到和一些与互联网相关的问题进行了分析，为客户提供了很好的数据分析支持。Tableau：他们的精力主要集中于将海量数据以可视化的方式展现出来。Tableau为数字媒体提供了一个新的展示数据的方式。他们提供了一个免费工具，任何人在没有编程知识背景的情况下都能制造出数据专用图表。这个软件还能对数据进行分析，并提供有价值的建议。ParAccel：他们向美国执法机构提供了数据分析，比如对 15000 个有犯罪前科的人进行跟踪，从而向执法机构提供了参考性较高的犯罪预测。他们是犯罪的预言者。

这里简要归纳一下，在互联网大数据的典型代表性包括：

（1）用户行为数据（精准广告投放、内容推荐、行为习惯和喜好分析、产品优化等）

（2）用户消费数据（精准营销、信用记录分析、活动促销、理财等）

（3）用户地理位置数据（O2O 推广，商家推荐，交友推荐等）

（4）互联网金融数据（P2P，小额贷款，支付，信用，供应链金融等）

（5）用户社交等 UGC 数据（趋势分析、流行元素分析、受欢迎程度分析、舆论监控分析、社会问题分析等）

2. 政府的大数据

2012 年，奥巴马政府宣布投资 2 亿美元拉动大数据相关产业发展，将"大数据战略"上升为国家意志。奥巴马政府将数据定义为"未来的新石油"，并表示一个国家拥有数据的规模、活性及解释运用的能力将成为综合国力的重要组成部分，未来，对数据的占有和控制甚至将成为陆权、海权、空权之外的另一种国家核心资产。

在国内，政府各个部门都握有构成社会基础的原始数据，比如，气象数据，金融数据，信用数据，电力数据，煤气数据，自来水数据，道路交通数据，客运数据，安全刑事案件数据，住房数据，海关数据，出入境数据，旅游数据，医疗数据，教育数据，环保数据等等。这些数据在每个政府部门里面看起来是单一的，静态的。但是，如果政府可以将这些数据关联起来，并对这些数据进行有效的关联分析和统一管理，这些数据必定将获得新生，其价值是无法估量的。

具体来说，现在城市都在走向智能和智慧，比如，智能电网、智慧交通、智慧医疗、智慧环保、智慧城市，这些都依托于大数据，可以说大数据是智慧的核心能源。从国内整体投资规模来看，2012 年年底全国开建智慧城市的城市数超过 180 个，通信网络和数据平台等基础设施建设投资规模接近 5000 亿元。"十二五"期间智慧城市建设拉动的设备投资规模将达 1 万亿元人民币。大数据为智慧城市的各个领域提供决策支持。在城市规划方面，通过对城市地理、气象等自然信息和经济、社会、文化、人口等人文社会信息的挖掘，可以为城市规划提供决策，强化城市管理服务的科学性和前瞻性。在交通管理方面，通过对道路交通信息的实时挖掘，能有效缓解交通拥堵，并快速响应突发状况，为城市交通的良性运转提供科学的决策依据。在舆情监控方面，通过网络关键词搜索及语义智能分析，能提高舆情分析的及时性、全面性，全面掌握社情民意，提高公共服务能力，应对网络突发的公共事件，打击违法犯罪。在安防与防灾领域，通过大数据的挖掘，可以及时发现人为或自然灾害、恐怖事件，提高应急处理能力和安全防范能力。

3. 企业的大数据

企业的 CXO 们最关注的还是报表曲线的背后能有怎样的信息，他该做怎样的决策，其实这一切都需要通过数据来传递和支撑。在理想的世界中，大数据是巨大的杠杆，可以改变公司的影响力、带来竞争差异、节省金钱、增加利润、愉悦买家、奖赏忠诚用户、将潜在客户转化为客户、增加吸引力、打败竞争对手、开拓用户群并创造市场。那么，哪些传统企业最需要大数据服务呢？抛砖引玉，先举几个例子：1）对大量消费者提供产品或服务的企业（精准营销）；2）做小而美模式的中长尾企业（服务转型）；3）面临互联网压力之下必须转型的传统企业（生死存亡）。

对于企业的大数据，还有一种预测：随着数据逐渐成为企业的一种资产，数据产业会向传统企业的供应链模式发展，最终形成"数据供应链"。这里尤其有两个明显的现象：1）外部数据的重要性日益超过内部数据。在互联互通的互联网时代，单一企业的内部数据与整个互联网数据比较起来只是沧海一粟；2）能提供包括数据供应、数据整合与加工、数据应用等多环节服务的公司会有明显的综合竞争优势。

对于提供大数据服务的企业来说，他们等待的是合作机会，就像微软史密斯说的："给我提供一些数据，我就能做一些改变。如果给我提供所有数据，我就能拯救世界。"然而，一直做企业服务的巨头将优势不在，不得不眼看新兴互联网企业加入战局，开启残酷竞争模式。为何会出现这种局面？从 IT 产业的发展来看，第一代 IT 巨头大多是 ToB 的，比如 IBM、Microsoft、Oracle、SAP、HP 这类传统 IT 企业；第二代 IT 巨头大多是 ToC 的，比如 Yahoo、Google、Amazon、Facebook 这类互联网企业。大数据到来前，这两类公司彼此之间基本是井水不犯河水；但在当前这个大数据时代，这两类公司已经开始直接竞争。比如 Amazon 已经开始提供云模式的数据仓库服务，直接抢占 IBM、Oracle 的市场。这个现象出现的本质原因是：在互联网巨头的带动下，传统 IT 巨头的客户普遍开始从事电子商务业务，正是由于客户进入了互联网，所以传统 IT 巨头们不情愿地被拖入了互联网领域。如果他们不进入互联网，他们业务必将萎缩。在进入互联网后，他们又必须将云技术，大数据等互联网最具有优势的技术通过封装打造成自己的产品再提供给企业。

4. 个人的大数据

个人的大数据这个概念很少有人提及，简单来说，就是与个人相关联的各种有价值数据信息被有效采集后，可由本人授权提供第三方进行处理和使用，并获得第三方提供的数据服务。

第二节　BIM 技术在公路工程应用

随着我国城市基础设施的不断规划和建设，以及信息技术的不断发展，两者进行了结合。在高速公路交通建设的过程中，通过利用 BIM 技术对高速公路交通建设，进行了有效的虚拟建造，并且在高速公路交通规划的过程中，BIM 技术可以根据高速公路的宽度，对高速公路交通的断面进行随时调整，这样可以有效地避免设计图和现实发生不符的现象发生。另外，BIM 技术在对高速公路交通进行的规划的过程中，也可以对高速公路交通建设的总施工工程范围和数量，进行一定程度上的统计，为工作人员在进行高速公路规划的过程中，提供了便利，减少了工作压力。但是，在高速公路交通建设规划的过程中，也要注意 BIM 技术的科学性、合理性等原则，这也是本文主要阐述的内容。

一、重要性

BIM 技术在到交通建设的过程中，存在于每一个施工项目中，对每一项施工项目中显现出其中的优势，下面就对 BIM 技术在高速公路交通建设中的作用进行简单的分析：

1. 高速公路交通规划方面的优势

在高速公路交通规划的过程中，工作人员利用 BIM 技术对整个高速公路交通，进行全面的模拟、对比、分析和研究，以此确定具有良好性能的建筑物。同时，在 BIM 技术对高速公路交通进行规划的过程中，可以利用可视化设计、协同设计等形式，对高速公路交通的每项路段进行模拟和分析，对整个高速公路交通建设结构与设备之间、管线与设备之间等产生的碰撞问题、进行分析，这样可以有效地解决施工中障碍物的出现。另外，在利用 BIM 技术在高速公路交通建设的应用过程中，可以对施工中的各项设备进行一定程度上的协调，保证施工图与实际情况相符，避免发生停工进行的二次修改、延长施工工期等现象的发生，保证了高速公路交通建设的质量。

2. 高速公路交通施工方面的优势

BIM 技术可以对高速公路交通建设施工进行模拟，对高速公路交通的规划和施工方案进行对比，以此选择最佳的高速公路规划和施工方案。BIM 技术在高速公路交通建设应用的过程中，对设计和现实环境进行对比，分析高速公路交通规划方案精准性，避免了规划设计方案与现实施工发生不符的现象，提高了建设的质量。另外，BIM 技术也可以对工程的总预算进行一定程度上计算，并且具有较高的精准度，对建设施工的工程量进行统计，并对高速公路交通施工进行全面的管理，为工作人员在规划和设计的过程中，提供了极大的便利，减轻了工作量。

二、BIM 技术的应用

1. 在高速公路交通规划设计中的应用

在传统的高速公路交通规划和设计的过程中，通过利用二维的形式将三维的空间进行一定程度上转化，在规划和设计的过程中，一些重要的信息和数据会发生丢失，这样就对高速公路交通规划方案的质量造成严重的影响。但是，BIM 技术在高速公路交通规划设计应用的过程中，避免了这一问题。在规划和设计的过程中，BIM 技术的设计结果，是一个数字化的信息模型，并且与施工中和完工后的实际形态相符。同时，在 BIM 技术设计的过程中，可以利用其自身的特点，将工作人员的设计理念完全展现出来，也将高速公路交通建设结构的特点全面展现出来，并且进行准确的表达。另外，在 BIM 技术对高速公路交通规划设计的过程中，工作人员也可以利用 BIM 技术的自身的性能和优势，对自定义的参数进行全面的组建，即使复杂参数，也可以利用 BIM 技术进行简化，并且对每项建筑高速公路交通建设工程进行详细的描述。

2. 对整个高速公路交通进行的模拟

BIM 技术对高速公路交通建设具有较强的分析和模拟能力。BIM 技术在高速公路交通设计的过程中，可以将设计的图纸进行详细的模拟，并且可以与现实的环境保持一致。因此，工作人员完全可以利用这一特点，对高速公路交通建设的设计方案进行全面的模拟，并在模拟过程中发现存在的问题，对设计方案进行及时调整。从工作人员的角度进行分析，在 BIM 技术对高速公路模拟的过程中，及时发现高速公路交通中的不足，并制定解决方案，可以对规划和设计阶段中的各种问题进行解决。另外，BIM 技术在高速公路交通应用的过程中，根据高速公路的实际宽度，对高速公路的断面进行调整，保证了高速公路交通建设施工的正常运行，避免了因为设计方案和实际情况不符，发生停工对设计方案进行二次调整的现象发生，保证了高速公路交通建设施工的进度。同时，BIM 技术在高速公路交通建设应用过程中，可以将工作人员的设计理念进行转化，形式三维立体的形态，并且在修改过程中，直接在三维的形态上进行修改，将传统的设计流程进行一定的简化。

3. 提供了准确的信息

BIM 技术作为一种先进的高速公路交通建设信息技术，为高速公路交通前期的工作人员和后期的施工人员，都提供了重要的信息数据。在传统高速公路交通建设过程中，工作人员需要对现实环境进行考察，并通过复杂的计算形式，对高速公路交通建设施工的工程量和预算进行计算，其结果也存在着较大的误差。由于工作人员在现实环境分析过程中，地形估算的结果存在误差，导致最后的结构也会存在较大的误差。但是，BIM 技术在高速公路交通建设应用过程中，对设计方案和现实的环境进行模拟和对比，将其误差减小到最低。由于 BIM 技术是属于三维模型的一种设计形式，在设计过程中，将各个模型进行整合，再将各个子模型的数据和现实环境进行对比，可以将整个数据的准确性进行提高。因此，

BIM技术在高速公路交通建设的过程中，可以将高速公路的面积、宽度、长度等进行计算，为施工人员提供较为准确的总的施工量。另外，在计算过程中，根据现实环境的地形、曲面，可以对整个施工的工程量进行进一步的计算，可以提高计算结果的准确性，提高高速公路交通建设的整体质量。

4. BIM技术在高速公路施工安全应用

随着我国交通行业的发展，其对信息化技术的应用越来越深入，而信息化技术的应用也对我国的施工安全管理起到了巨大的促进作用，特别是基于BIM技术的高速公路施工安全管理，其通过全面的技术模拟，对当前我国高速公路施工中存在的问题进行了有效的总结，从而大大提高了我国当前高速公路的建设水平，保证了施工人员的生命安全。

（1）基于BIM技术的施工安全评估标准的建立

BIM技术在当前我国的高速公路施工安全管理中的应用越来越多，大大促进了我国高速公路施工的信息化建设，为了使高速公路施工具有较高的安全水平，在进行施工之前需要根据工程的具体要求制定全面的BIM评估标准。而一个全面的BIM安全评估标准的建立不是一朝一夕就能够完成的，因此，在进行安全评估标准的建立之前，需要对高速公路的整个生命周期进行全面的调查和了解，然后在此基础上对整个施工进行全面准确的预算估计，通过这种实践调查，能够对整个工程施工有一个全面的了解，保证BIM的安全评估标准建设完成之后能够更加有效地保证建设施工的安全管理。另外，为了保证BIM安全评估标准的建立符合对应的理论研究，在进行BIM安全评估标准的建立时，还需要大量参考相关的理论文献，使建设的BIM安全评估标准能够对高速公路中存在的问题进行全面准确地反映，保证高速公路的安全管理水平得到有效的提高，促进我国的高速公路施工安全管理水平的整体发展。

（2）基于BIM技术的施工方案防护性能的确立

对于高速公路来说，BIM技术的应用能够对工程的生命周期确定起到巨大的促进作用，且BIM技术的应用还能使整个施工过程中的安全防护工作得到有效的提高，保证施工人员的生命安全。通过BIM技术的应用，能够为高速公路施工创建一个高标准的防护性能方案，保证高速公路施工期间的各项作业在安全施工的范围之内。随着高速公路的发展，其对安全防护工作的要求越来越高，而BIM技术的应用则为这一要求提供了有效的技术保证，通过BIM技术的应用，使施工方案能够对施工过程中可能出现的各种影响因素进行全面的考虑，从而在整体上提高高速公路施工的安全防护工作质量。而在BIM技术方案的建设过程中，需要对整体施工方案中设计的内容，如高速公路生命周期和各个施工阶段中所采用的数据资料等进行全面的覆盖，保证建设完成的BIM建筑模型能够对整体施工方案中涉及的所有问题有一个全面地反映，促进高速公路施工过程中安全管理水平的提高。

（3）基于 BIM 技术的施工安全管理

BIM 技术在施工管理过程中还可通过自身虚拟建造技术，使高速公路在环境功能、外观特征以及施工等各方面直接显示在模型中。管理人员在施工前便可通过对虚拟模型的观察，分析施工中可能会出现的质量问题和安全隐患，采取针对性的预防策略，整个施工管理工作在虚拟环境中便可实现。除此之外，施工中的进度管理也是现代高速公路中关注的重要内容，包括施工方案、环境因素、技术应用等各方面都可能对施工进度产生影响。一旦出现实际施工进度与预期计划进度出现过大偏差，会导致工程质量无法保证且施工单位与业主发生矛盾，若一味地追求进度，还会带来安全隐患。在高速公路施工的过程中引入 BIM 技术，其可直接进行 4D 施工模拟，主要将施工界面、顺序以直观形式展现出来，为总承包方与分包施工单位提供较为专业、清晰的施工工序，并将 4D 施工模拟结合施工组织方案和安全管理方案，这样施工管理中如机械排班、劳动力与材料的分配、安全管理流程更加明确。另外，近年来也有很多施工企业直接利用 BIM 技术中的 4D 施工模拟进行项目进度跟踪，防止因进度控制不合理而为施工带来更多安全隐患问题。

三、大数据技术的应用

"大数据"无疑是当前"互联网+"时代最热门的话题。高速公路在网络信息经济高速发展的今天，各行各业都将"大数据"、高速公路"云计算"作为未来发展的关键技术，通过数据挖掘，建立高速公路行业分析模型为企业的发展提供了新的增长点。目前，交通高速公路运输部已加入国家"互联网+"行动计划编制工作组，将互联高速公路网产业与传统交通运输业进行有效渗透与融合，向现代服务高速公路业转型升级，为公众出行提供更加便捷、人性化的服务，为高速公路行业管理提供更加科学的辅助决策支持。

目前，在互联网+交通领域的探索与思考更多的是利用无高速公路线信息技术的便利为民众的出行提供优质的信息服务。例如，高速公路打车软件的丰富提供了便捷的出行工具；信息查询平台提供高速公路了实时的路况信息与出行路线的规划；功能更先进的 ETC、高速公路"城市一卡通"等管理手段提供了更智能的用户体验。相对高速公路于公众服务环节的升级，互联网+时代对于公路养护管理工作高速公路理念革命的思考则相对缺乏。随着我国公路里程的不断突破高速公路新高以及路网功能的日趋完善，公路养护管理的重要性将日高速公路渐突出。积累路网的技术状况信息，运用"大数据"技术对高速公路历年的数据进行回归分析，掌握路网使用性能的衰减规律，高速公路利用有限的资金合理地进行路网养护规划，使路网公路技术高速公路状况保持在最佳的使用性能状态，保障路网的安全性、通畅高速公路性。因此，"大数据""云计算""物联网"等先进技术及理高速公路念在公路养护管理中的应用将具有重要的意义。

（一）国内外现状与应用

公路管理部门真正开始进行信息化、数字化管理可以追溯到路面养护管理系统的应用。现代公路养护管理技术起源于 20 世纪 70 年代初对公路路面管理系统（Pavement Management System）的研究。随着路面管理系统各项技术研究的深入与扩展，路面管理系统在全世界范围内得到了广泛的使用。其中，较有代表性的有：美国加州路面管理系统、美国陆军工兵团的 PAVER 系统、丹麦路面管理系统等。

我国从 1984 年开始陆续引进了英国的 BSM 路面评价系统，芬兰 FPMS 路面管理系统，以及世界银行 HDM-III 公路投资效益分析模型。"七五"期间在引进消化的基础上建立了我国的路面管理系统 CPMS。随着网路化的应用拓展，多数省市公路养护主管部门开发了省级的公路养护综合管理系统。但是，总体而言，我国公路养护综合管理系统技术落后，养护管理部门对综合管理系统的使用性能、养护需求、养护投入和投资决策缺乏系统的规划性，公路养护计划编制也主要依赖经验判断。

（二）当前国内管理养护系统存在的问题

公路养护管理系统的核心技术是基于路网技术状况评定数据，结合养护历史、交通量等信息，建立起相关的分析预测模型，并提供技术咨询服务。但是我国现行的系统在数据收集、分析应用上存在着这样那样的问题。

（1）公路技术状况评定数据是客观反映公路技术状况水平，指导公路养护生产的重要依据，一般由拥有相应检测资质的单位进行数据采集。但通常养管单位受招、投标或检测资金等因素限制，导致检测单位水平参差不齐，检测手段、检测时间不统一造成检测数据质量不高，导致数据的标准不统一，那么在此基础上进行的养护分析决策就更谈不上科学性。

（2）在现有体制下，各级养护管理单位为了应付上级的相关规定制度要求及检测，管理系统未得到充分的应用。有限的基础数据没有得到充分分析利用，无法对公路技术状况进行深入分析评价；检测结果与养护规划、计划、对策脱节，无法为养护决策提供基础性支撑，使得公路技术状况检测数据丧失了应用的功能。

（3）当前公路路网呈现出"综合交通"的特性，整个路网牵一发而动全身，以往单纯计划"一时、一地"的养护模式将严重滞后，基于"路网技术状况大数据管理与养护应用分析系统"研究尚处于初级阶段。今后更应当考虑针对路网"大数据"的特点进行深入分析，统筹全局开展养护工作，合理分配养护资金，使投资效益比最大化，才能全面提公路养护工作的信息化、科学化。

（三）"大数据"与公路管理养护的结合点

随着科技的发展，"大数据"被赋予各种各样的定义，大数据具有 4V 的特点是公认的，即 Volume（大量）、Velocity（高速）、Variety（多样）、Value（价值），公路路网数据正是符合大数据的这些特性。公路技术状况评定数据、养护历史数据、交通流量等数据信息随着公路的通车运营不断地产生新数据，并不积累形成公路路网的"大数据"。因此，应用大数据技术解决公路养护管理工作的问题具有现实的、重要的意义，应当是今后研究发展的方向。

充分发挥大数据特性，收集管理公路行业所有信息，将公路建设图纸、检测评定的数据、交通量、养护施工、桥梁健康监测等全部公路信息进行存储、建档，建立起一个丰富的、动态的"公路资产全寿命信息数据库"，记录路网中每一条公路不同时期的数据信息，为将来的数据分析提供全面、真实有效的数据源。

（2）运用大数据思维，对路网数据进行充分的、深度的挖掘，从海量的数据中发现规律，建立路面使用性能的衰减模型、养护施工效果的预测模型、养护决策的分析模型等，进而科学的应用到公路养护管理工作中，使整个公路养护管理系统更具有科学性，真正推动转变当前的养护管理工作机制，起到辅助决策作用。

（3）进一步结合整个流程，建立公路资产信息的 3D 模型库，可以直观的、快速地查看公路基础设施的历史情况及当前信息；利用无线技术将管理系统与检测设备、监控系统、技术专家进行互联互通，既可以实时掌控交通事故、水毁灾害等突发事件情况，又可以进一步研究制定解决方案快速响应。

（四）前景展望

大数据技术于公路养护管理系统的应用将会起到质变的效果，对公路养护管理工作有重大的意义与广阔的前景。建立养护数据管理与应用的技术服务平台，将公路技术状况快速检测技术、数据管理系统、道路地理信息、养护分析规划等功能统一集成在一起。运用大数据、云计算等信息化技术及理念，进行分析预测，提出具有针对性的路网级养护建议与规划，以此作为统筹养护科学决策的重要依据，从而极大提升路网养护管理服务水平与科技含量。提升路网整体服务水平，极大提高公众对公路交通服务的满意度。可向行驶于路网中的驾驶人员及时推送路况拥堵、封闭信息以及绕行建议路线，避免公路使用者不必要的时间浪费，节约公众出行时间；向公路管理者及时推送路网突发事件与应急保障信息，为管理者提供快速处治方案，保障公路的畅通运行，使之成为综合信息公共平台。

大数据技术与公路养护管理系统的结合将产生令人欣喜的化学反应，通过对海量路网数据的挖掘分析，研究建立起路面性能与设计、材料、结构、养护、交通量、环境和地理位置之间的关系，为养护管理工作提供科学的、透明的辅助决策与技术支持。其中，数据的挖掘分析、预测模型的建立需要反复的推演与验证的过程，最终达到应用水平需要经过一个较长的周期。同时，大数据技术于公路养护管理工作的应用是一门综合技术，需要同时具备施工管理、数据分析、材料实验等多方面的知识储备，这也对我们的管理部门与技术服务机构提出了更高的要求。

结　语

　　高速公路建成通车后，因承受车轮的磨损和冲击，受到暴雨、洪水、风沙、冰雪、日晒、冰融等自然力的侵蚀和风化，以及人为的破坏和修建时遗留的某些缺陷，高速公路使用质量会逐渐降低。因此，高速公路建成通车后必须采取养护维修措施，并不断进行更新改善。高速公路养护必须及时修复损坏部分，否则将导致修复工程的投资加大，缩短公路的使用寿命，并给用路者造成损失。高速公路维修还必须注意进行紧急服务和抢修，保持公路畅通无阻。在中国及其他发展中国家，高速公路养护还要对原有技术标准过低的路段、构造物和沿线设施进行局部改善、更新和添建，以提高公路的通行能力和服务水平。

　　随着国家高速公路网的建设，高速公路总里程的加长，公路养护的需求与日俱增，公路养护行业发展前景广阔。因此，国内优秀的公路养护运营企业愈来愈重视对行业市场的研究，特别是对企业发展环境和客户需求趋势变化的深入研究。正因如此，一大批国内优秀的公路养护运营企业迅速崛起，逐渐成为公路养护行业中的翘楚。

参考文献

[1] 尤晓暐编著.实用公路养护技术与管理 [M].北京：北京交通大学出版社，2012.12.

[2] 金雷，张国育主编.河南高速公路绿化管养指南 [M].郑州：河南科学技术出版社，2012.

[3] 刘少伟，王演兵主编.公路养护技术与施工管理知识问答 [M].赤峰：内蒙古科学技术出版社，2007.04.

[4] 周余明主编；《高速公路养护管理》编委会编.高速公路养护管理 [M].北京：人民交通出版社，2001.05.

[5] 张争奇编著.高速公路沥青路面维修养护技术 [M].北京：人民交通出版社，2010.09.

[6] 王玉顺，朱敏清主编.高速公路沥青路面预防性养护技术与应用 [M].北京：中国建材工业出版社，2008.07.

[7] 云南公投建设集团有限公司编著.高速公路养护站建设指南 [M].北京：人民交通出版社，2017.04.

[8] 黄维蓉.高速公路养护工程质量检验评定标准 [M].人民交通出版社，2018.04.

[9] 曾胜编著.高速公路养护无损检测技术 [M].人民交通出版社股份有限公司，2014.11.

[10] 陈健蕾，潘海，张杰著.山区高速公路养护管理概论 [M].人民交通出版社股份有限公司，2015.11.

[11] 佘廉等著.公路交通灾害预警管理 [M].石家庄：河北科学技术出版社，2004.01.

[12] 吴华金等著.山区公路滑坡灾害典型实例剖析 [M].昆明：云南科学技术出版社，2006.04.

[13] 张俊峰著.公路地质灾害危险性评价及防治决策支持系统研究 [M].北京：中国水利水电出版社，2017.09.

[14] 程胜高编著.高速公路环境评价与发展 [M].北京：中国环境科学出版社，2002.12.

[15] 赵永国著.公路灾害防治与新技术应用 [M].北京：中国科学技术出版社，2004.07.

[16] 李家春编著.公路洪水灾害防治指导手册 [M].北京：人民交通出版社，2010.11.

[17] 李家春编著.公路地质灾害防治指导手册 [M].北京：人民交通出版社，2010.11.